区域旅游
空间经济分析

魏鹏 杜婷 ◎编著　QUYU LUYOU KONGJIAN JINGJI FENXI

17年国家社科规划项目"丝绸之路（长安—天山廊道）非物质文化景观基因图谱研究"（17BSH051）的阶段性成果

吉林大学出版社

长春

图书在版编目（CIP）数据

区域旅游空间经济分析 / 魏鹏，杜婷编著. —长春：吉林大学出版社，2018.8
ISBN 978-7-5692-3081-9

Ⅰ.①区… Ⅱ.①魏…②杜… Ⅲ.①区域旅游—旅游经济—研究—甘肃 Ⅳ.① F592.742

中国版本图书馆 CIP 数据核字（2018）第 210802 号

书　　名	区域旅游空间经济分析 QUYU LÜYOU KONGJIAN JINGJI FENXI
作　　者	魏　鹏　杜　婷　编著
策划编辑	卢　婵
责任编辑	卢　婵
责任校对	柳　燕
封面设计	汤　丽
出版发行	吉林大学出版社
社　　址	长春市人民大街 4059 号
邮政编码	130021
发行电话	0431-89580028/29/21
网　　址	http://www.jlup.com.cn
电子邮箱	jdcbs@jlu.edu.cn
印　　刷	北京市金星印务有限公司
开　　本	787mm×1092mm　　1/16
印　　张	19
字　　数	343 千字
版　　次	2018 年 10 月　第 1 版
印　　次	2018 年 10 月　第 1 次
书　　号	ISBN 978-7-5692-3081-9
定　　价	66.00 元

版权所有　翻印必究

前　言

"旅""游"就是人们通过空间流动的"旅",面向不同空间旅游吸引物的"游",而获得旅游满足的过程,"空间属性"是旅游和旅游业的根本属性,空间优化是区域旅游发展的根本保障。本书力图整合旅游活动的供、需经济要素与区域旅游空间的点、线、面空间要素,综合经济学均衡分析、地理学空间分析方法,借鉴社会学网络分析、心理学空间及效用认知等分析方法,构建区域旅游空间经济分析的研究范式体系,并进行实证应用。全书包括:

一、理论基础部分

本书将"空间"作为具有稀缺性与效用性的资源,在可辨识并包括多维空间要素的"区域"尺度内,将旅游活动纳入供、需两个主体行为分析框架中,以经济学的供、需双方主体进行资源选择与配置的逻辑与方法,探讨旅游者与旅游供给者的空间行为选择,在供需选择均衡实现条件分析的框架中,探讨区域旅游空间结构的表现、形成机理与优化方向,并以点、线、面的空间要素呈现这些选择、表现与优化,从而构建区域旅游空间经济分析的逻辑框架与研究范式。

二、实证应用部分

本书以具有典型"旅长游短"空间特征与空间要素瓶颈制约的甘肃省为主要例证，依据长期积累的区域旅游统计数据与抽样调查数据，遵循理论部分给出的供需分析框架与点、线、面空间维度，遵照"现状表征—历史演变—未来趋势"的分析路径，显现特定区域旅游空间结构的现状与历史演变的特征，分析其成因，预测未来演变趋势，提出优化对策，并为其他类似区域旅游空间结构进一步研究提供借鉴。

目　录

第一章　绪　论………………………………………………………… 1

　第一节　选题的背景……………………………………………… 1

　第二节　相关研究进展…………………………………………… 3

　　一、研究现状…………………………………………………… 3

　　二、研究现状评价……………………………………………… 13

　第三节　内容体系与技术路线…………………………………… 14

　　一、区域旅游空间结构的要素解析…………………………… 15

　　二、旅游者区域空间的选择…………………………………… 15

　　三、旅游供给的区域空间决定………………………………… 15

　　四、区域旅游业发展空间分析………………………………… 15

　　五、旅游业空间结构的演变趋势分析………………………… 16

　第四节　旅游空间经济分析基本理论与方法…………………… 17

　　一、空间分析古典理论………………………………………… 17

　　二、空间经济分析方法………………………………………… 30

　　三、地理分析技术方法………………………………………… 39

四、网络结构分析方法…………………………………………42
　第五节　研究区概况与数据来源………………………………………53
　　一、研究区概况…………………………………………………53
　　二、数据来源……………………………………………………54

第二章　区域旅游空间结构解析……………………………………57
　第一节　区域旅游空间结构的概念……………………………………57
　第二节　区域旅游空间结构要素………………………………………58
　　一、旅游活动要素………………………………………………59
　　二、旅游区位要素………………………………………………61
　　三、区域旅游空间结构要素……………………………………63
　第三节　区域旅游空间结构系统………………………………………66

第三章　区域旅游者的空间选择……………………………………68
　第一节　旅游者空间选择的理论框架…………………………………68
　　一、旅游需求……………………………………………………68
　　二、旅游者的空间偏好与效用…………………………………69
　　三、旅游者空间选择的约束……………………………………70
　　四、旅游者的空间选择…………………………………………73
　　五、旅游空间选择的影响因素…………………………………77
　　六、旅游需求函数………………………………………………80
　　七、旅游者空间选择的风险决策………………………………81
　第二节　旅游者空间决策过程…………………………………………86
　　一、假设…………………………………………………………86
　　二、研究方法……………………………………………………90

三、研究分析 …………………………………………… 95

　第三节　区域旅游者空间选择的实证研究 ……………… 97

　　　一、抽样调查 …………………………………………… 98

　　　二、国内旅游市场空间分析 …………………………… 98

第四章　旅游供给的区域空间决定 ……………………… 102

　第一节　旅游企业空间选择的目标与约束 ……………… 102

　　　一、旅游供给的概念与特征 …………………………… 102

　　　二、旅游企业的目标与约束 …………………………… 104

　　　三、旅游企业空间选择的影响因素 …………………… 107

　第二节　旅游企业空间选择与供给的决定 ……………… 110

　　　一、区位与供给 ………………………………………… 110

　　　二、单个企业的空间选择 ……………………………… 116

　　　三、规模与旅游企业的空间选择 ……………………… 136

　第三节　旅游供给空间分布的实证分析 ………………… 138

　　　一、甘肃省旅游景区空间分布 ………………………… 138

　　　二、旅游交通空间状况 ………………………………… 148

　　　三、旅游饭店空间分布 ………………………………… 150

第五章　区域旅游业发展的空间分析 …………………… 155

　第一节　旅游市场的空间均衡 …………………………… 155

　　　一、旅游市场空间均衡的状态 ………………………… 155

　　　二、旅游市场空间均衡的调整 ………………………… 157

　　　三、旅游供需的空间均衡 ……………………………… 163

　第二节　区域旅游者空间分布决定的实证分析 ………… 166

　　　一、旅游者空间分布概况 ……………………………… 166

二、旅游者空间分布结构演变分析 …………………… 169
　　三、旅游者空间分布结构的模型解释 ……………… 173
　　四、结论 ……………………………………………… 186
第三节　区域旅游流空间网络结构的实证分析 ……………… 188
　　一、调查数据 ………………………………………… 188
　　二、对等性分析 ……………………………………… 189
　　三、网络密度分析 …………………………………… 190
　　四、中心性分析 ……………………………………… 191
　　五、空间凝聚分析 …………………………………… 193
第四节　区域旅游收入水平空间结构的实证分析 …………… 196
　　一、旅游收入空间分布结构分析 …………………… 196
　　二、旅游人均支出的空间分布结构分析 …………… 199
　　三、旅游收入空间分布演变分析 …………………… 202
第五节　旅游空间结构特征与成因 …………………………… 206
　　一、旅游空间结构现状特征 ………………………… 206
　　二、旅游空间结构现状特征的成因分析 …………… 208

第六章　区域旅游空间经济分析的预测应用 …………… 213

第一节　"十三五"旅游发展的空间布局 …………………… 213
　　一、整体布局 ………………………………………… 213
　　二、旅游发展布局 …………………………………… 214
　　三、旅游交通的建设 ………………………………… 221
第二节　旅游者空间分布结构的演变趋势预测 ……………… 223
　　一、基于时间序列的预测 …………………………… 223
　　二、基于规划布局的预测 …………………………… 228

三、两种方法预测的比较 ·················· 231

第三节　基于"十三五"规划的空间结构演变特征 ········· 233

　　一、分布特征比较 ······················ 233

　　二、分布变化特征 ······················ 236

第四节　旅游空间结构优化对策 ·················· 238

　　一、提升交通网络水平 ···················· 238

　　二、强化中心辐射作用 ···················· 241

　　三、完善景区产品体系 ···················· 242

第七章　结论与不足 ·················· 245

第一节　研究结论 ························· 245

　　一、关于甘肃省旅游空间结构的特征、成因及各要素间的
　　　　相互关系 ························ 245

　　二、关于甘肃省旅游空间结构历史演变特征与成因 ······ 247

　　三、关于甘肃省旅游业空间结构演变的趋势特征与比较 ··· 248

第二节　研究的创新点 ······················ 250

　　一、区域旅游空间结构要素体系的重新梳理 ·········· 250

　　二、针对西部欠发达地区省级区域旅游空间结构各要素的
　　　　定量系统分析 ····················· 250

　　三、地理、经济、社会等多学科方法的结合揭示空间特征
　　　　与关系 ························· 251

　　四、旅游者空间分布定量模型分析的改进与验证 ········ 252

第三节　研究的不足 ························ 252

　　一、基础数据有待完善 ···················· 252

　　二、机理研究有待深入 ···················· 253

三、优化标准有待明确 …………………………………… 253

四、模型要素有待充实 …………………………………… 253

参考文献 ………………………………………………… 254

附　录 …………………………………………………… 275

后　记 …………………………………………………… 293

第一章 绪 论

第一节 选题的背景

"旅""游",就是人们通过空间流动的"旅",面向不同空间旅游吸引物的"游",而获得旅游满足的过程。旅游活动因旅游吸引物而产生,旅游产业因旅游活动而存在。旅游吸引物具有明确的空间属性,旅游活动过程本身就是空间活动过程。因此,"空间属性"是旅游和旅游业的根本属性,空间研究是旅游研究的重要领域。区域旅游业快速、健康发展的前提是产业空间结构的优化,这有赖于对区域旅游业空间结构形态特征的认识和演化过程的梳理。

旅游业的大发展是我国经济快速发展后,人们的生活需求从物质追求到精神追求转变的必然要求。2009年,国务院出台的《关于加快发展旅游业的意见》指出,旅游业"资源消耗低,带动系数大,就业机会多,综合效益好",在保增长、扩内需、调结构等方面具有积极作用,明确了我国旅游业的发展方向是国民经济的战略性支柱产业和人民群众更加满意的现代服务业[1]。2014年,国务院出台的《关于促进旅游业改革发展的若干意见》

---

[1] 国务院.国务院关于加快发展旅游业的意见(国发〔2009〕41号)[EB/OL].http://www.gov.cn/xxgk/pub/govpublic/mrlm/200912/t20091203_56294.html,2009-12-01.

提出"到 2020 年，境内旅游总消费额达到 5.5 万亿元，城乡居民年人均出游 4.5 次，旅游业增加值占国内生产总值的比重超过 5%"[①]。

甘肃地处内陆，自然条件严酷、生态环境脆弱，基础设施薄弱，经济欠发达，人民生活水平低。但是，甘肃国土面积大，地质地貌复杂多样；历史悠久，多元文明融合，文化积淀深厚。甘肃自然景观和文化遗产等旅游资源丰富而独特，具有发展旅游业得天独厚的优势。加快发展旅游，发挥旅游业资源消耗低、带动系数大、就业机会多、综合效益好的产业特质，是甘肃加快经济结构调整和发展方式转变的必然要求，是甘肃实现经济发展与生态环境改善多重目标的合理选择。近年来，甘肃旅游业取得了长足的发展，产业规模不断扩大，产业体系日趋完善。2010 年，《国务院办公厅关于进一步支持甘肃经济社会发展的若干意见》提出，甘肃建设"中华民族重要文化资源宝库"的战略定位，明确了甘肃经济发展的核心任务是"大力发展特色优势产业，推进产业结构优化升级"，确定了旅游业作为甘肃特色优势产业的战略地位。2010 年，《中共甘肃省委甘肃省人民政府关于加快发展旅游业的意见》中提出，要加快甘肃旅游业发展，"实现旅游资源大省向旅游产业大省的跨越，把旅游业培育成为现代服务业的龙头产业和国民经济的战略性支柱产业，努力建设中国西部旅游胜地和旅游目的地"。2013 年，甘肃省建设华夏文明传承创新区获国务院正式批准，进一步明确了甘肃建设文化大省的战略任务，提出了工作布局，突出了文化与生态旅游深度融合的发展方向，这必将进一步促使甘肃省文化资源的保护传承与创新发展，促进以文化遗产为主要资源的甘肃旅游大发展。甘肃全省辖 12 个地级市和 2 个自治州，86 个县（区）。甘肃属经济欠发达地区，2015 年 GDP 总量约占全国的 1.0%，人均 GDP 仅相当于全国平均水平的 53.1%。甘肃旅游资源丰富而独特，近年来在建设华夏文明传承创新区与文化旅游大省的政策驱动下，旅游业发展快速，2015 年，全省共接待旅

---

① 国务院. 国务院关于促进旅游业改革发展的若干意见（国发〔2014〕31 号）[EB/OL]. http://www.gov.cn/zhengce/content/2014-08/21/content_8999.htm，2014-08-21.

者1.56亿人次，约占全国的3.8%，实现旅游收入975亿元，约占全国的2.4%，两项指标分别较上年增长24%和25%。甘肃省各地旅游的客源市场趋同特征明显。

近年来，旅游空间研究已然成为旅游研究的热门，并呈快速上涨趋势。据不完全统计，1988—2004年，关于旅游空间研究的国家自然科学基金10项，年均0.6项；2004—2012年，关于旅游空间研究的自然科学基金19项，年均2.4项。据CKI搜索"旅游"+"空间"题名的论文，1988—2004年，共搜索到论文146篇，年均8.1篇；2004—2012年，共搜索到论文1810篇，年均131.1篇；2013—2015年，共搜索到论文914篇，年均304.7篇。据ScieceDirect引擎搜索"tour*"+"space*"题名的论文，并排除"space tour*（太空旅游）"的论文，1988—2004年搜索到17篇，年均1.1篇；2004—2015年，有62篇，年均5.6篇。

第二节 相关研究进展

一、研究现状

国外关于区域旅游空间结构研究始于20世纪50年代区域旅游规划研究过程中，80年代以来得到迅速发展。国内最初进行旅游研究的学者大多是经济地理学家，使得开端于70年代末的国内旅游研究自始就关注空间问题。目前，国内外与本书相关的研究主要涉及以下几个方面。

（1）区域旅游空间结构的要素构成。区域旅游空间结构的要素识别是解析区域旅游空间结构，认识区域旅游空间特征的起点。学者们主要从区域旅游系统或旅游体系角度对旅游空间结构构成要素进行分析。国外学者主要是在进行旅游规划研究时，对旅游系统要素进行区分。Pearce将旅游空间系统按尺度分为全国水平、区域水平和地方水平三个层次[1]；Gu提

---

[1] Pearce D. Tourist Development. A Geographical Analysis [M].New York：Longman Press，1989.

出了目的地带（TDZ）模型，认为旅游目的地系统是由服务社区、旅游吸引物、对外通道和内部通道四要素组成[①]。Dredge 提出的目的地空间结构模式包括单节点目的地、多节点目的地和链状节点目的地三种[②]。国内学者侧重于对旅游目的地和旅游城市系统空间要素进行区分，目前已形成了为数众多的要素类型体系，如表 1-1 所示。

表 1-1 国内研究中的旅游空间结构要素识别的主要类型列表

研究对象	构成要素	划分层次
旅游目的地系统	旅游供给要素、旅游需求要素，以及联系供求的旅游通道和旅游线路[③]	三要素
	中心地系统、旅游域系统和旅游通道系统[④]	
	点、线、面三大基本要素；旅游区、旅游中心地、景点、景区、旅游线路、旅游基质、对外通道七个构成要素[⑤]	三大基本要素/七个构成要素
	点（旅游节点）、线（旅游线路）、面（目的地域面）、网络（区际空间关联）[⑥]	四要素
	节点、通道、流、网络、体系[⑦]	五要素
区域旅游系统	旅游目的地区域（TDD）、旅游区、旅游节点、区内路径、区域入口通道、旅游客源市场[⑧]	六要素
	兼具客源地与目的地功能的旅游地、区域旅游环境、旅游通道、旅游信息、旅游流[⑨]	五要素

---

① Gunn C.A. Tourism Planning: Basics, Concepts, Cases [M]. New York: Taylor & Francis Press, 2002.

② Dredge D & John J. Stories of Practice: Tourism Policy and Planning (New Directions in Tourism Analysis) [M]. Surrey: Ashgate Publishing Limited, 2011.

③ 张玲.旅游空间结构及演化模式研究[J].桂林旅游高等专科学校学报, 2005, 16 (6): 65-68.

④ 刘俊.区域旅游目的地空间系统初探[J].桂林旅游高等专科学校学报, 2003, 14 (1): 45-48.

⑤ 朱青晓.旅游目的地系统空间结构优化研究[D].开封：河南大学.2005.

⑥ 王宝平.成长型旅游目的地空间结构与游客行为研究[D].西安：西北大学.2007.

⑦ 陈修颖.区域空间结构重组：理论基础、动力机制及其实现[J].经济地理, 2003, 23 (4): 445-450.

⑧ 杨新军, 马晓龙, 霍云霈.旅游目的地区域（TDD）及其空间结构研究——以西安为例[J].地理科学, 2004, 24 (5): 620-626.

⑨ 黄华, 王洁, 明庆忠, 王峰.基于本地旅游需求驱动的旅游地空间系统重构[J].旅游学刊, 2012, 27 (9): 40-45.

续表

研究对象	构成要素	划分层次
城市旅游系统	节点、通道、域面[①]	三要素
	点、线、面三大基本要素；具体分为旅游节点、旅游线路、对外通道、旅游集散中心、城市旅游区、游憩中心地、旅游基质、城市旅游目的地区域八个构成要素[②]	三大基本要素/八个构成要素
	观光游憩点、游憩中心地、旅游基本线路与旅游通道、旅游集散中心、主题街、公园道路[③]	六要素

（2）区域旅游空间结构的表征与演化。目前学界主要是采用传统的区位分析方法对区域旅游空间结构的表征与演化进行分类并分别予以说明。主要内容包括：①结构形态的描述方法。史密斯运用数学或地理方法对多种空间结构进行了归纳和描述，其中的主要方法包括平均中心点、标准距离、标准偏差椭圆、紧密度系数等[④]。②旅游要素的空间分布特征。毛小岗等针对北京[⑤]、袁俊针对武汉[⑥]、卞显红针对长江三角洲地区[⑦]、朱竑针对全国[⑧]的A级景区的空间分布与演变特征进行了研究。潘竟虎等运用GIS技术，对全国的4A级及以上旅游景点（区）空间可达性进行了测量[⑨]。③旅游增长极的表征与演化。马勇等对增长极理论及其在旅游规划

---

① 陶伟，戴光全，吴霞."世界遗产地苏州"城市旅游空间结构研究[J].经济地理，2002，22（4）：487-491.

② 臧晓．青岛城市旅游空间结构及其优化研究[D]．青岛：青岛大学．2006.

③ 吴承照．城市旅游的空间单元与空间结构[J]．城市规划学刊，2005，3：82-87.

④ 史密斯．旅游决策分析方法[M]．李天元，译．天津：南开大学出版社，2006.

⑤ 毛小岗，宋金平，于伟．北京市A级旅游景区空间结构及其演化[J]．经济地理，2011，31（8）：1382-1386.

⑥ 袁俊，余瑞林，刘承良，等．武汉城市圈国家A级旅游景区的空间结构[J]．经济地理，2010，30（2）：324-328.

⑦ 卞显红．长江三角洲国家4A级旅游区空间结构[J]．经济地理，2007，27（1）：157-160.

⑧ 朱竑，陈晓亮．中国A级旅游景区空间分布结构研究[J]．地理科学，2008，28（5）：607-615.

⑨ 潘竟虎，从忆波．中国4A级及以上旅游景点（区）空间可达性测度[J]．地理科学，2012，32（11）：1321-1327.

与开发中的应用形式进行了研究①，卞显红对城市旅游增长极进行了系统研究②。④旅游"点—轴"空间结构的表征与演化。汪德根等对基于"点—轴"理论的旅游地系统空间结构演变进行了研究③，马勇等认为旅游"点—轴"渐进扩散的结果，将形成"旅游点—旅游轴—旅游集聚区（旅游圈）"的空间结构，并提出区域旅游空间结构演化的一个更高阶段是旅游网状形态阶段④。Judd对城市旅游地的空间结构进行了研究，认识到并进一步证实了城市旅游景点及旅游设施基本上呈线状及簇状形态分布⑤。Pearce认为沿海岸线旅游度假胜地呈"梳"状分布是一种典型的沿海岸线旅游"点—轴"空间结构形态⑥。高楠等运用该理论分析了陕西旅游空间结构的特征。石培基等运用该理论分析了西北地区旅游开发的空间布局⑦。⑤旅游"核心—边缘"空间结构的表征与演化。Ludgre和Britto建立了"核心—边缘"理论⑧。Weaver分析了客观存在"核心—边缘"关系的主岛屿与从属岛屿在旅游发展过程中的相互影响⑨。Papatheodorou从旅游流角度探讨了区域旅游"核心—边缘"空间结构的形成机制⑩。Pearce对带状旅游"核心—

---

① 马勇，李玺，李娟文.旅游规划与开发［M］.北京：科学出版社，2004.

② 卞显红.城市旅游空间结构形成机制分析：以长江三角洲为例［D］.南京：南京师范大学，2007.

③ 汪德根，陆林，陈田，刘昌雪.基于点–轴理论的旅游地系统空间结构演变研究［J］.经济地理，2005，25（6）：904-909.

④ 马勇，李玺，李娟文.旅游规划与开发［M］.北京：科学出版社，2004.

⑤ Judd D.R.Promoting Tourism in US Cities［J］.Tourism Management.1995，16（3）：175-187.

⑥ Pearce D. Tourist Development. A Geographical Analysis［M］.New York：Longman Press，1989.

⑦ 石培基，李国柱.点–轴系统理论在我国西北地区旅游开发中的运用［J］.地理与地理信息科学，2003，（5）：91-95.

⑧ 吴必虎.区域旅游规划原理［M］.北京：中国旅游出版社，2001.

⑨ Weaver D.B.Peripheries of The Periphery：Tourism in Tobago and Barbuda［J］.Annals of Tourism Research.1998，25（2）：292-313.

⑩ Papatheodorou A. Exploring The Evolution of Tourism Resorts［J］.Annals of Tourism Research.2004，31（1）：219-237.

边缘"空间结构进行了分析,把旅游核心区域分为一级与二级2个等级,并把沿一级与二级旅游核心而环绕形成的边缘区域由内及外依次分为一至四级带①。汪宇明认为"核心—边缘"理论为区域旅游规划提供了建构区域旅游空间结构系统的认知模型②。翁瑾等对中国城市旅游"核心—边缘"空间结构中的集聚与扩散机制进行了分析③。卞显红等对城市旅游发展的空间动态过程与旅游"核心—边缘"区域的变化、"核心—边缘"理论在旅游规划中的应用等方面进行了分析④,对城市旅游的这种空间结构形成的机制进行了分析⑤。庞闻等对关中天水经济区"核心—边缘"旅游空间结构演变过程和内在机理进行了解析⑥。⑥旅游圈层空间结构的形成与演化。马勇等提出了城市旅游圈层空间规划布局模式的功能结构和空间结构的具体拓展方案⑦。刘名俭以武汉为例对大城市旅游圈的构建与发展模式进行了研究。1999年颁布执行的北京市旅游发展总体规划将北京市划分为3个圈层,即中心城区旅游圈、近郊旅游圈和远郊旅游圈⑧。

(3)区域旅游空间结构的形成与演化机理。目前,学者们主要通过旅游者、旅游企业、旅游市场、政府等不同主体的行为表现,以及产业的空间扩展过程等角度对其进行研究。内容主要包括:①区域旅游空间结构影响要素的识别。Pearce认为区域旅游供给包括五大空间影响要素:吸引物、

---

① Pearce D. Tourist Development. A Geographical Analysis [M]. New York: Longman Press, 1989.

② 汪宇明.核心—边缘理论在区域旅游规划中的运用 [J].经济地理,2002,23(12):372-375.

③ 翁瑾,杨开忠.旅游空间结构的理论与应用 [M].北京:新华出版社,2005.

④ 卞显红,王苏洁.长江三角洲城市旅游空间一体化分析及其联合发展战略 [M].北京:经济科学出版社,2006.

⑤ 卞显红.城市旅游核心—边缘空间结构形成机制 [J].地域研究与开发,2009,28(4):67-71.

⑥ 庞闻,马耀峰.关中天水经济区核心—边缘旅游空间结构解析[J].人文地理,2012,123(1):152-160.

⑦ 马勇,董观志.武汉大旅游圈的构建与发展模式研究 [J].经济地理,1996(2):99-104.

⑧ 吴必虎.区域旅游规划原理 [M].北京:中国旅游出版社,2001.

交通、住宿、支持设施和基础设施。Fagece 则从区域旅游规划的角度把握影响旅游空间格局，对其要素进行了深入研究，诊断区域旅游空间结构的影响因素包括旅游地的区位（位置）、旅游资源的类型和聚集程度、旅行路线与旅游网络、舒适度、空间发展布局等[①]。②区域旅游业空间规划研究。Dredge 构建了旅游目的地空间规划布局模式，对目的地的空间规划设计进行了卓有成效的研究[②]。卞显红认为城市旅游空间规划布局是在综合评价城市旅游发展潜能的基础上，通过对城市旅游优先开发的地域确定、旅游生产要素的配置和城市旅游接待网络的策划，实现城市旅游空间结构合理化及空间规划布局优化，城市旅游空间规划布局主要受资源、区位、市场、社会经济及旅游交通等多种因素的影响和制约[③]。林岚等以福建省为例，采用分形理论对旅游目的地的旅游吸引物、旅游城镇、旅游交通三大系统的耦合关系进行了讨论[④]。③旅游供给要素空间分布机理研究。Urtasua 与 Gutiérrez 构建了饭店产品与地理空间区位选择模型[⑤]。胡志毅、张兆干发现南京城市星级饭店向交通干道附近高度集聚、饭店等级结构受商业区等级差异影响、向著名风景区适度集聚等规律[⑥]。王筱春等阐述了旅游目的地空间结构的形成规律[⑦]。董雪旺则借助生态学的观念去解释区域内各景区的相互空间关系[⑧]。④旅游者空间分布机理研究。翁瑾等构建了一个不对

---

① Pearce, D. Tourist Development. A Geographical Analysis [M]. New York: Longman Press, 1989.

② Dredge, D.Destination Place Planning and Design[J].Annals of Tourism Research. 1999, 26(4): 772-791.

③ 卞显红. 城市旅游空间结构研究 [J]. 地理与地理信息科学.2003, 19（1）: 105-108.

④ 林岚, 杨蕾蕾, 戴学军, 唐得昊. 旅游目的地系统空间结构耦合与优化研究——以福建省为例 [J]. 人文地理, 2011, 120（4）: 140-146.

⑤ Urtasuna, A. & Gutiérrez I. Tourism Agglomeration and Its Impact on Social Welfare: An Empirical approach to The Spanish Case [J].Tourism Management, 2006, 27: 901-912.

⑥ 胡志毅, 张兆干. 城市饭店的空间布局分析 [J]. 经济地理, 2002, 22（1）: 106-111.

⑦ 王筱春, 赵世林. 云南旅游目的地空间结构研究 [J]. 地理学与国土研究, 2002, 18（1）: 99-102.

⑧ 董雪旺. 旅游地空间关系的生态学解释——以山西省旅游业发展为例 [J]. 经济地理, 2004, 24（1）: 110-114.

称的垄断竞争旅游空间结构模型，把规模经济、旅行成本、多样性偏好和产品差异等因素纳入这个统一的垄断竞争框架中，通过局部均衡，分析研究了三者对旅游业（旅游者）空间分布及其变动的影响[①]，并进行了动态模拟研究[②]。Miossec 和 Gormse 分别从空间结构和空间动力学的角度讨论了旅游目的地的演变过程，并将旅游者的行为和类型同其地理分布模型结合起来考虑[③]。杨吾扬等介绍了旅游消费效用函数模型[④]。李渊等考察了旅游者时间约束下的空间行为特征[⑤]。⑤旅游流研究。首先，是对旅游流时空分布特征、结构及规律研究。Mercer、Rajotte、Ruppert 等国外学者较早从空间角度分析旅游流特征，如认为旅游流空间尺度与旅游者闲暇时间长短有关，一日游旅游带、周末游旅游带和长期假日度假带在空间上扩展范围明显不同。Pearce 论述了国际、国内旅游流的空间特征。Jase 认为旅游流空间尺度有区域、国家和国际尺度。学者们普遍认同旅游流与出行距离之间具有距离衰减规律特征，Murphy 等提出描述旅游流空间分布特征的三种空间使用曲线类型：基本型、U 型、Max-well-boltzman 型。Coor 等采用RBSim 对一个区域内的旅游流时空规律进行实证研究，提供了一个很好的观察旅游流的技术方法[⑥]。对于旅游流时空特征及规律研究，国内学者积累了较多实证研究成果，学者们普遍认同水平流动和垂直流动是我国区域

---

① 翁瑾，杨开忠.旅游空间结构的理论与应用［M］.北京：新华出版社，2005.

② 薛领，翁瑾.我国区域旅游空间结构演化的微观机理与动态模拟研究［J］.旅游学刊，2010，25（8）：26-33.

③ Pearce, D. Tourist Development. A Geographical Analysis［M］. New York: Longman Press, 1989.

④ 杨吾扬，梁进社.高等经济地理学［M］.北京：北京大学出版社，2000.

⑤ 李渊，丁燕杰，王德.旅游者时间约束和空间行为特征的景区旅游线路设计方法研究［J］.旅游学刊，2016，31（9）：50-61.

⑥ Connor A.O, Zerger A. & B.Itami. Geo-temporal Tracking and Analysis of Tourist Movement［J］. Mathematics and Computers in Simulation.2005，69：135-150.

城市旅游流的两种基本模式，其中以水平流动为主[1]-[5]。杨国良等的研究则表明我国国内旅游流规模结构符合 Zipf 定律，具有分段特征[6]。薛莹引入系统的自组织理论考察了区域内旅游流的表现[7]。章锦河、刘法建等运用社会网络分析方法考察了我国入境和国内旅游流的情况。[8]其次，是旅游流模式研究。国外具有代表性的研究有："O-D"旅游客流联系模式；Mariot 的三种类型旅游路径模式；Campbell 的休闲度假模式；Ludgre 的旅行模式和空间分层运动模式；Thurot 的国际旅游流模式；Pearce 的城市旅游流模式；Migs、McHugh 的旅游者旅行空间结构模式；Crompto 的多目的地旅行模式；Mieczkowski 的旅游区内分散化集中模式和 Stewart、Vogt 等的多目的地旅行模式等。此外，一些学者还提出揭示旅游区位与旅行行为关系的旅游地模式，如 Miossec、Gormse 的旅游地演变模式，陈野信道的旅游区位假设模式和旅游城镇体系结构模式[9]。国内关于旅游流模式研究较为薄弱，楚义芳将大尺度旅行分为周游型和逗留型[10]，杨新军提出以城市为中心的区域旅游行为空间模式[11]，吴必虎提出以城市为中心的区域垂直旅游

---

[1] 马耀峰，李天顺.中国入境旅游研究［M］.北京：科学出版社，1999.

[2] 张红，李九全.桂林境外游客结构特征及时空动态模式研究［J］.地理科学，2000，20（4）：350-354.

[3] 保继刚，郑海燕.桂林国内客源市场的空间结构演变［J］.地理学报，2002，57（1）：96-106.

[4] 杨新军，马晓龙.大西安旅游圈：国内旅游客源空间分析与构建［J］.地理研究，2004，23（5）：695-704.

[5] 吴必虎，徐斌，邱扶东.中国国内旅游客源市场系统研究［M］.上海：华东师范大学出版社，1999.

[6] 杨国良，张捷，艾南山，刘波.旅游流齐夫结构及空间差异化特征——以四川省为例［J］.地理学报，2006，61（12）：1281-1289.

[7] 薛莹.旅游流在区域内聚：从自组织到组织——区域旅游研究的一个理论框架［J］.旅游学刊，2006，21（4）：47-54.

[8] 章锦河，张捷，李娜，梁琳，刘泽华.中国国内旅游流空间场效应分析［J］.地理研究，2005，24（2）：293-303.

[9] Pearce D. Tourist Development. A Geographical Analysis［M］.New York：Longman Press，1989.

[10] 楚义芳.旅游的空间经济分析［M］.西安：陕西人民出版社，1992.

[11] 杨新军，牛栋，吴必虎.旅行行为空间模式及其评价［J］.经济地理，2000，20（4）：105-117.

行为空间模式"环城游憩带（ReBAM）"①。再次，是旅游流数理模型研究。国外许多学者重视旅游流数理模型研究。具体有涉及未来客流量预测模型，如 Smith 提出的结构模型、动向外推模型、模拟模型和定性模型等类型；表征旅游流特征模型，如 Taylor 等提出的距离衰减模型，Crompto 等提出的引力模型，Smith 等提出的效用最大化旅行模型。目前，距离衰减引力模型及其变型已成为旅游流研究的基本数理模型。此外，一些学者根据旅游地空间作用及其对旅游者空间行为的影响，提出了与旅游流相关的数理模型，如 Wilso 的熵最大化模型、Fotherigham 的旅游目的地竞争模型等。近年来，在商业预测领域得到有效运用的马科夫模型也被引入到对旅游流的研究之中②。国内学者主要针对国外旅游流数理模型介绍③④，个别涉及实证应用分析⑤及修正研究⑥。⑥旅游者空间行为动机研究。学者们认为旅游动机会随不同的人、不同市场、不同目的地及不同决策过程而表现不同，同时也认同在众多发挥作用的旅游动机中存在主导动机，它是旅游行为最主要的动力。学者们也广泛接受 Crompto 提出的推拉力理论对旅游动机的解释，认为推因子是与内在或情感方面因子有关，拉因子是与外在、环境或感知方面有关。目前对推拉因素的概念性分析较多，如目的地因子（吸引物系统）、认知距离、闲暇时间、旅游动机、经济因素等⑦⑧⑨，而对于推拉力两者关系研究则较少。在 Freud 精神分析理论、Murray 分类图表、

---

① 吴必虎.区域旅游规划原理［M］.北京：中国旅游出版社，2001.

② Jian H.X & Zeephongsekul P. Spatial and Temporal Modelling of Tourist Movements Using Semi-Markov Processes［J］.Tourism Management，2011，32：844-851.

③ 韩德宗.旅游需求预测重力模型和旅行发生模型［J］.预测，1986（6）：66-70.

④ 张凌云.旅游地引力模型的回顾和前瞻［J］.地理研究，1989，8（1）：76-86.

⑤ 张捷，都金康.观光旅游地客流时间分布特性的比较研究［J］.地理科学，1999，19（1）：49-54.

⑥ 牛亚菲.旅游供给与需求的空间关系研究［J］.地理学报，1996，51（1）：80-87.

⑦ Crompton L.J.The Influence of Cognitive Distance in Vacation Choice［J］. Annals of Tourism Research，2001，（2）：512-515.

⑧ Fondness D. Measuring Tourist Motivation［J］.Annals of Tourism Research，1994，21（3）：555-581.

⑨ Sirakaya E. & Woodside A. G. Building and Testing Theories of Decision Making by Travelers［J］.Tourism Management，2005，26（6）：815-832.

Maslow需要层次理论之后，许多动机类型被明确提出并用于对旅游空间行为的解释[1]。因国籍、文化差异、个人心理[2]所导致的旅游动机行为差异，也受到学者们的关注[3][4][5]。国内学者也十分关注旅游者空间行为动机研究，保继刚最早对旅游者动机行为进行实证研究[6]，谢彦君等通过定量研究方法分析旅游者动机因子，积累了大量实证研究成果[7][8]，马耀峰等则通过实证分析，提出了旅游者的地理认知模式[9][10]。⑦旅游目的地与客源地空间关系研究。旅游者的出行空间对距离具有强烈的敏感性，铃木忠义提出三种有关基本距离的原理："距离与行动圈""距离与频度"和"距离与观光内容"等，这表明了区域旅游开发空间构造中设施和旅游地区位选择时相对于客源市场距离考察的重要性。[11]吴必虎运用抽样调查的方法在上海进行实证研究，最后发现了大中城市客源市场随距离分配的基本规律。[12]

---

[1] 舒伯阳，冯玮主.旅游消费者行为研究［M］.大连：东北财经大学出版社，2005.

[2] 刘力，陈浩.自我一致性对旅游者决策行为的影响——理论基础与研究模型［J］.旅游学刊，2015，30（6）：57-72.

[3] Marrocu E & Paci R. They Arrive with New information. Tourism Flows and Production Efficiency in The European Regions［J］.Tourism Management，2011，32（2）：750-758.

[4] Seddighi H.R. & Nuttall M.W. & Theocharous A.L. Does Cultural Background of Tourists Influence The Destination Choice？An Empirical Study with Special Reference to Political Instability［J］.Tourism Management，2001，22：181-191.

[5] Kozak M. Comparative Analysis of Tourist Motivations by Nationality and Destinations［J］.Tourism Management，2002，23：221-232.

[6] 保继刚，郑海燕.桂林国内客源市场的空间结构演变［J］.地理学报，2002，57（1）：96-106.

[7] 谢彦君，吴凯.期望与感受：旅游体验质量的交互模型［J］.旅游科学，2000（2）：1-4.

[8] 陆林.山岳风景区旅游者空间行为研究——兼论黄山与美国黄石公园之比较［J］.地理学报，1996，51（4）：346-353.

[9] 马耀峰，李君轶.旅游者地理空间认知模式研究［J］.遥感学报，2008，12（2）：378-384.

[10] 张卫红.旅游动机定量分析及其对策研究［J］.山西财经大学学报，1999，21（4）：99-103.

[11] 铃木忠义.现代观光论［M］.东京：有斐阁株式会社.1990.

[12] 吴必虎.上海城市游憩者流动行为研究［J］.地理学报，1994，49（2）：117-127.

（4）甘肃省空间结构的研究。目前，专门针对甘肃省空间结构的研究还很少。汪威运用中心地与"点—轴"理论对丝绸之路甘肃段旅游中心城市体系构建进行了研究[①]。程胜龙等运用聚类分析方法，分析了甘肃旅游资源的类型空间组合特点以及其空间集中性[②]。基于甘肃旅游资源空间分布分散和旅游经济发展水平不高的现状，何爱红提出了以旅游中心城市为核心，旅游城镇为节点，重要旅游景区为支点，专题和特色旅游热线为纽带的发展模式，以及"12356910"的总体布局与战略安排[③]。

二、研究现状评价

现有研究沿承地理学区域研究的传统，对区域旅游空间结构要素构成，空间结构的形态模式，形成与演化过程，以及形成与演变的区位和产业机理进行了较深入的分析，为本书奠定了较为坚实的基础。

现有研究的不足主要表现在以下几个方面：（1）区域旅游空间结构的要素认识不完整。现有的研究承袭地理学或旅游学研究传统，分别以区位系统或旅游系统为主进行要素解析，忽视了区域旅游空间结构是"旅游"与"空间"两个维度要素的组合，造成了要素系统认识不完整。（2）区域旅游空间结构研究的内容体系不完整。国外研究主要采用抽样调查的统计数据，对旅游活动要素进行微观定量的研究，主要包括旅游者与旅游资源的空间分布，旅游者与旅游企业空间选择的动力机制等。国内研究主要是依据入境旅游者与A级景区的统计，而针对这两者的空间结构进行研究，或者笼统地阐述旅游产业在空间中的形态与演变。现有研究还缺乏针对某一研究区空间结构各要素的系统分析，研究对象内容体系不完整，还无

---

① 汪威.丝绸之路甘肃段旅游中心城市体系构建及其空间一体化发展研究[D].兰州：西北师范大学，2007.

② 程胜龙，陈思源，马交国，周武生，王乃昂.甘肃旅游资源类型及其空间结构研究[J].人文地理，2008，（4）：105-111.

③ 何爱红.甘肃旅游资源开发的空间布局选择[J].干旱区资源与环境，2009，23（3）：194-200.

法揭示区域旅游空间结构的全貌，更无法系统地分析其成因。（3）区域旅游空间结构研究尺度不完善。对于旅游空间结构，国外研究侧重于社区尺度，国内研究侧重于宏观尺度，研究全国的空间结构，或是地形区尺度，如长江三角洲地区、珠江三角洲地区、黄河上游地区等等，系统地对省级区域的空间结构研究还很少。在我国，省级区域应是区域旅游空间分析的重要尺度。从区域旅游空间结构研究尺度的内在要求来看，空间研究尺度的分辨率与范围成反比，尺度范围过大，分辨率过小，无法反映特性；尺度范围过小，分辨率过大，无法揭示规律以反映共性。在我国，旅游空间结构的省级差异明显，但省级区域又是由为数众多的下级区域构成，对其研究能够揭示出区域内空间结构的特性与共性规律。从产业的运行角度，旅游业进行规划布局、协调安排政策与投资，一般都是以省级行政区划进行的。从旅游者的角度看，旅游者对旅游产品的选择实质就是对目的地空间的选择，它有赖于旅游者的空间认知，这种认知具有等级层次，过程具有"自上而下"的特性，对于外地旅游者，省级区域是旅游者空间认知与选择的重要空间尺度。省级区域研究的不足，造成了研究对区域旅游发展政策实施与空间优化实践支撑不足。（4）实证定量研究不多。现有研究，对"核心—边缘""点—轴"等旅游空间分布模式的具体表现、演变过程，对区域旅游吸引半径的真实尺度、影响因素，对于区域旅游引力大小、决定因素，对旅游空间分布解释模型等，都缺乏系统的实证定量研究。（5）甘肃省旅游空间结构研究缺乏。甘肃省经济落后、生态脆弱、旅游资源丰富，大力发展旅游，对于甘肃经济社会发展实现多重目标具有重要意义，但甘肃空间跨度大，空间结构复杂，使得甘肃旅游的发展必须建立在空间结构优化的基础上，相关研究的缺失，使得甘肃省旅游空间结构优化方案与政策缺乏科学的研究支持。

第三节 内容体系与技术路线

本书的主要内容包括：

一、区域旅游空间结构的要素解析

该部分的任务是，解析要素类型，明确研究对象。要素解析是区域旅游空间结构分析的基础，本书将区域旅游空间结构理解为"供—需"双方所引起的旅游活动在空间区位上分布的状态与组合。因此，通过旅游活动"供—需"要素与"点—线—面"区位要素两个维度的组合，识别区域旅游空间结构的要素，提出基于"供—需"两类要素组合而构建的区域旅游空间结构要素系统。

二、旅游者区域空间的选择

该部分将旅游者对区域空间的选择纳入消费者基于效用对产品选择的理论框架中，以在闲暇时间与预算支出约束条件下，旅游者效用的实现理论来构建其对区域空间的选择理论，并进一步考虑风险等对其选择的影响。在此基础上，引入空间意境认知的理论与方法，以实证性调研数据，显现旅游者区域空间选择的决策过程。最后以特定区域——甘肃省的抽样统计数据所显示的区域旅游者客源市场空间分布为例，逆向分析旅游者区域空间选择的实例特征。

三、旅游供给的区域空间决定

该部分将旅游供给的区域空间作为一个旅游企业开展生产所必要的生产要素，将空间选择问题转换为要素配置问题，从而以"成本—效益"比较的方式展开讨论，并着重讨论旅游业中最主要的具有垄断与垄断竞争特征的两种空间市场状况，检视规模经济所引起的效益。在此基础上，依据甘肃省的统计数据，系统显现特定区域旅游供给空间的状况。

四、区域旅游业发展空间分析

该部分将旅游产业发展的空间状态，视为"供—需"均衡的结果表现。

在阐释"供—需"均衡决定空间发展理论的基础上，依据旅游者效用与供给关联关系，借鉴现有经济学与地理学相关模型，构建旅游者的空间结构分布的解释模型，将甘肃省的旅游统计数据带入模型中，得到估计参数，对旅游者空间分布结构进行定量解释，以此反映区域旅游发展空间结构。在各要素间相关性分析的基础上，基于系统认识，分析区域旅游空间结构特征形成的原因。

五、旅游业空间结构的演变趋势分析

该部分在前述章节的基础上，依据"供-需"关系对于区域空间关系解释的理论进行预测应用。首先，对甘肃省"十三五"旅游发展空间布局政策进行梳理，以反映旅游供给空间结构的变化趋势。再分别采用时间序列预测和模型方法预测两种方法对甘肃省旅游者空间分布结构的演变趋势进行预测。时间序列的方法就是将2004—2015年旅游者空间结构的状况，采用线性回归、平滑指数、灰色模型的方法取合格的均值进行预测。模型方法则是将旅游供给要素的空间结构变化数据代入解释模型中进行预测运用。最后，基于两种预测方法的横向比较以及现状与预测值的纵向比较，分析基于甘肃省"十三五"旅游空间布局而产生的空间结构变化的特征，针对不足，提出优化对策。

本书拟采取的技术路线如图1-1。

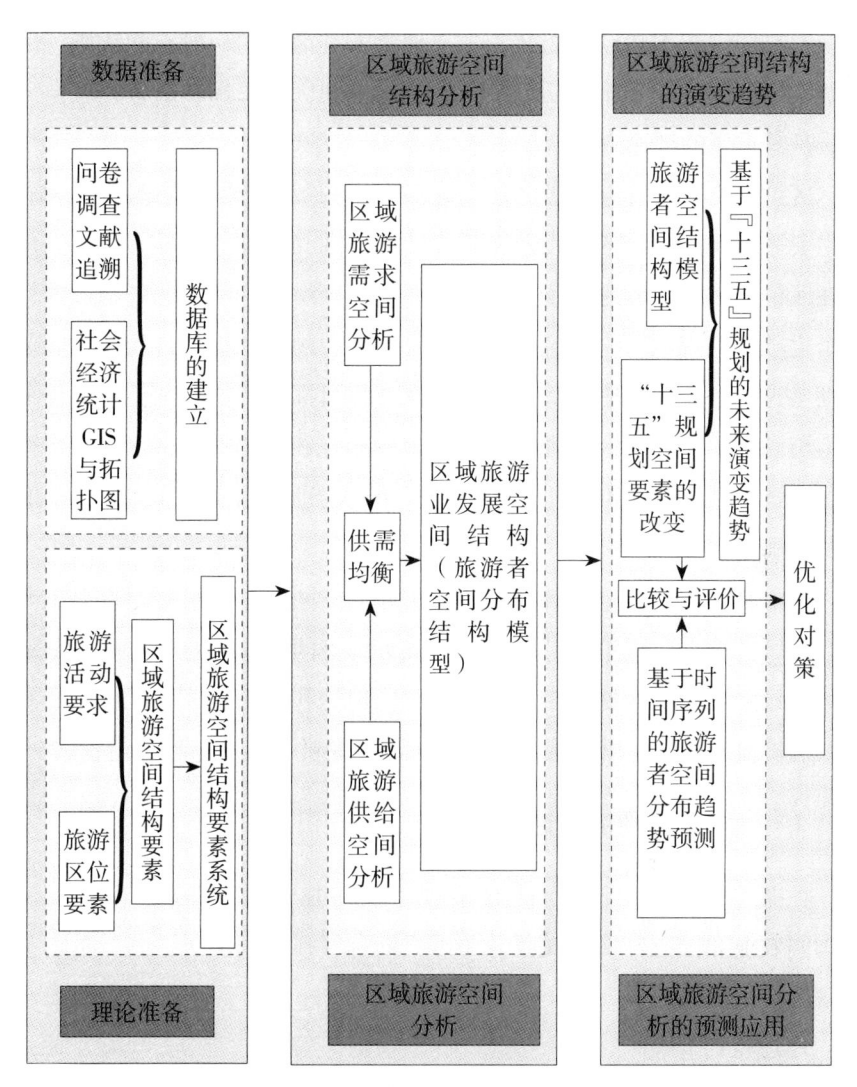

图 1-1 本书拟采取的技术路线

第四节 旅游空间经济分析基本理论与方法

一、空间分析古典理论

区位理论是关于人类活动所占有场所的理论。它研究人类活动的空间选择及空间内人类活动的组合，主要探索人类活动的一般空间法则。区域旅游空间研究是关于旅游活动中各主体的空间区位选择和组合，区位研究方法是其重要的理论方法。

区位理论有古典与现代之分，现代区位理论是古典区位论发展的结果，其主要区别在于立论依据以及考虑问题的范围和内容的差异。古典区位理论在区位主体上仅考虑一个生产地，而现代区位理论则考虑到企业内外的多个生产地；古典区位理论仅考虑区位主体中的单一部分，而现代区位理论则考虑到区位主体中的综合行为；在区位目标上，古典区位理论仅考虑成本与利润，而现代区位理论则还考虑到非金钱上的收益；古典区位理论的区位选择基准是成本最小，而现代区位理论则考虑前述具体目标中的风险及不确定性等。

旅游空间区位分析是针对旅游中主体的空间选择与组合，本书主要依据古典区位论，审视单纯"旅游"语境下的空间选择问题，立论基础是古典区位论。在古典区位论中，杜能农业区位论和韦伯的工业区位论具有开创性的价值，也为本书的旅游空间区位研究提供了启示与理论借鉴。

（一）杜能农业区位论[①]

杜能（Johan Heinrich von Thunen，1783—1850）于 1826 年完成了《孤立国同农业和国民经济的关系》（以下简称《孤立国》）一书，奠定了农业区位理论的基础。

1. 理论的背景

杜能农业区位理论是当时德国（普鲁士）企业型农业建立的时代社会经济背景下的产物。19 世纪初，德国（普鲁士）进行了农业制度改革，所有的国民都可拥有动产，并可自由分割及买卖。取缔了所有依附于土地所有者的隶属关系，农民在法律上成为自由农民，可独立支配属于自己的农场。尽管这种农业制度改革，取消了贵族阶级的许多特权，但贵族却成为

[①] 李小建.经济地理学［M］.北京：高等教育出版社，2006：36-42.

大的土地所有者，并由此成了独立的农业企业家。同时，由于土地的自由买卖关系，在这一时期出现了大量的农业劳动者。由农业企业家和农业劳动者构成的农业企业式经营由此出现。杜能试图要解答的主要问题就是，企业型农业建立时代的合理农业生产方式是什么。

杜能研究的目的是探索农业生产方式的地域配置原则。当时，著名的农业学家泰尔的合理农业论占主导地位。泰尔提出：为了改变普鲁士农业的落后状况，应该在普鲁士全面取代三圃式农业生产方式而改为轮作式农业生产方式。针对上述泰尔的合理农业论，杜能的《孤立国》试图论证对于各地域而言，并非轮作式农业一定都有利这一观点，从而提出合理经营农业的一般地域配置原则。杜能为了弄清这一问题，从一个假想空间，即"孤立国"出发，探索合理农业生产方式的配置原则。为了研究的需要，杜能本人从1810年起在德国梅克伦堡购置了特洛农场。十多年的农业经营数据他都详细地记载下来，成为他用来检验自己提出的假说的数据基础。

2. 理论前提

杜能对于其假想的"孤立国"，给定了以下六个假定条件：（1）肥沃的平原中央只有一个城市；（2）不存在可用于航运的河流与运河，马车是唯一的交通工具；（3）土质条件一样，任何地点都可以耕作；（4）距城市50英里之外是荒野，与其他地区隔绝；（5）人工产品供应仅来源于中央城市，而城市的食物供给则仅来源于周围平原；（6）矿山和食盐坑都在城市附近。

于是产生了下面两个问题：（1）在这样一种关系下，农业将呈现怎样的状态；（2）合理经营农业时，距离城市的远近将对农业产生怎样的影响。即为了从土地取得最大的纯收益，农场的经营随着距城市距离的增加将如何变化。孤立国的前提条件除上述给定的六个外，从需要解答的问题中可知，企业经营型农业是追求利益最大化（即合理的）的农业。因此，追求利益最大化也是其重要的前提条件。

3. 形成机制

根据前述各种假设，以及运费与距离及重量成比例，运费率因作物不同而不同，农产品的生产活动是追求地租收入最大的合理活动等前提条件，杜能给出的一般地租收入公式如下：

$$R = pQ - CQ - KtQ = (P - C - Kt)Q \qquad (公式1-1)$$

式中：R 为地租收入；P 为农产品的市场价格；C 为农产品的生产费；Q 为农产品的生产量（等同于销售量）；K 为距城市（市场）的距离；t 为农产品的运费率。地租收入 R 对同样的作物而言，随距市场距离增加的运费增多而减少。当地租收入为零时，即使耕作技术可能，经济上也不合理，而成为某种作物的耕作极限。在市场（运费为零）点的地租收入和耕作极限连接的曲线被称为地租曲线。每种作物都有一条地租曲线，其斜率大小由运费率所决定，不容易运输的农作物一般斜率较大，相反则较小。杜能对所有农业生产方式的土地利用进行计算，得出各种方式的地租曲线的高度以及斜率（图1-2上部）。因农产品的生产活动，是以追求地租收入为最大的合理活动，所以农场主选择最大的地租收入的农作物进行生产，从而形成了农业土地利用的杜能圈结构（图1-2下部）。

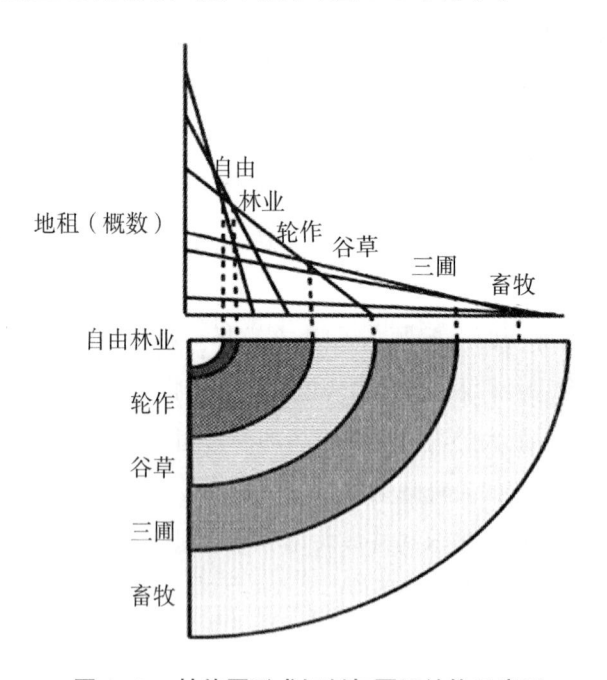

图1-2 杜能圈形成机制与圈层结构示意图

4.农业生产方式的空间配置原则

如图 1-2 所示,农业生产方式的空间配置,一般在城市近处种植相对于其价格而言笨重而体积大的作物,或者是生产易于腐烂或必须在新鲜时消费的产品。而随着距城市距离的增加,则种植相对于农产品的价格而言运费小的作物。在城市的周围,将形成在某一圈层以某一种农作物为主的同心圆结构。随着种植作物的不同,农业的全部形态随之变化,将能在各圈层中观察到各种各样的农业组织形式。以城市为中心,由里向外依次为自由式农业、林业、轮作式农业、谷草式农业、三圃式农业、畜牧业这样的同心圆结构。

杜能农业区位论揭示了即使在同样的自然条件下,也能够出现农业的空间分异。这种空间分异源于生产区位与消费区位之间的距离,致使各种农业生产方式在空间上呈现出同心圆结构。除此之外,还有对于农业地理学而言具有同样重要意义的两个原理:(1)不存在对于所有地域而言的绝对优越的农业生产方式,也即只存在农业生产方式的相对优越性;(2)距市场越近,单位面积收益越高的农业生产方式的布局是合理的,由此而形成的农业生产方式布局,从农业地域总体上看收益最大。总而言之,杜能农业区位论的重要贡献在于对农业地域空间分异现象进行的理论性、系统性的总结。杜能农业区位论对经济区位研究而言,其孤立化的研究思维方法,最具重要意义。

(二)韦伯工业区位论[①]

韦伯(Alfred Weber,1868—1958)是德国经济学家,他于 1909 年出版了《工业区位论:区位的纯理论》一书,从而创立了工业区位论。韦伯提出工业区位论的时代,是德国在产业革命之后,近代工业有了较快发展,从而伴随着大规模人口的地域间移动,尤其是产业与人口向大城市集中的现象极为显著的时代。在这种背景下,韦伯从经济区位的角度,探索资本、

[①] 李小建.经济地理学[M].北京:高等教育出版社,2006:43-52.

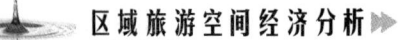

人口向大城市移动（大城市产业与人口集聚现象）背后的空间机制。在上述背景以及目的之下，韦伯在经济活动的生产、流通与消费三大基本环节中，挑选了工业生产活动作为研究对象。通过探索工业生产活动的区位原理，试图解释人口的地域间大规模移动以及城市的人口与产业的集聚原因。

1. 基本概念与理论前提

（1）基本概念

在韦伯工业区位论中，有两个重要的概念，其一是区位因子，其二是原料指数。区位因子为经济活动在某特定地点所进行时得到的利益。利益即费用的节约。从工业区位论角度讲，即在特定区位进行特定产品生产可比别的场所用较少的费用。区位因子分为一般因子和特殊因子。一般因子与所有工业有关，例如，运费、劳动力、地租等；而特殊因子与特定工业有关，例如，空气湿度等。在区位因子中，使工业企业向特定地点布局的区位因子，被称为区域性因子。例如，工业受运费的影响，而向某一特定地点集中，那么运费即区位因子中的区域性因子。区域性因子是形成工业区位基本格局的基础。而由集聚利益（相关工业集聚以及相关设施的有效利用）向某一地点集聚，或由于集聚而导致地价上升而向其他地点分散，则为集聚、分散因子。集聚、分散因子对地域条件所决定的工业区位基本格局，发生偏移作用。

一般区位因子的确定，即在区位因子中寻求与所有工业均相关的区域性因子。具体识别办法是通过分析某些孤立的生产过程与分配过程，找出影响工业生产与分配的成本因素。从工业产品的生产到分配过程中，主要成本包含如下方面：布局场所的土地和固定资产（不动产与设备）费、获取加工原料和动力燃料费、制造过程中的加工费、物品的运费。在整个生产过程与分配过程中，都必须投入资本与劳动。因此与资本有关的利率、固定资产折旧率，以及和劳动有关的劳动费也必须纳入生产与分配成本中去。因此，一般成本因素如下：布局场所的土地费、固定资产（不动产与设备）费、获取加工原料和动力燃料费、劳动成本、物品的运费、资本的利率、固定资产的折旧率。在上述七种成本因素中，固定资产的折旧率以

及利率没有区位意义；土地费（地租）在考虑集聚、分散因素之前认为是一样的，因此不宜作为区域性区位因子；固定资产费主要反映在购入价格上，一般不与区位发生直接关系；因此可以排除上述七种成本因素中的四种，只剩下以下三种：原料与燃料费、劳动成本、运输费用。

获取同种同质量的原料与动力燃料的价格，因产地不同而不同，工厂区位接近价格相对低廉的原料、燃料地，将有利于成本的节约，因此原料、燃料费是一个区域性区位因子。劳动成本因各区域劳动力供给状况以及生活水准差异变化很大，这种差异水平直接影响到工厂区位是趋近还是远离某一地区，因此，劳动成本是一个区域性区位因子。运费是原料、燃料获取以及产品分配过程中必不可少的成本，同时运费依工厂区位不同而不同，因此，运费也是一个区域性区位因子。由此可知，原料、燃料费，劳动成本，以及运费是三个影响所有工业的一般区位因子。出于理论研究以及便于处理，可将原料、燃料价格的地区差异用运费差异来替代，这样，影响工业区位的一般区位因子分别为运费和劳动费。

（2）理论前提与构建步骤

韦伯工业区位理论是建立在以下三个基本假定条件基础上的：已知原料供给地的地理分布；已知产品的消费地与规模；劳动力存在于多数的已知地点，不能移动；各地的劳动成本是固定的，在这种劳动花费水平下可以得到劳动力的无限供应。在上述三种假定条件下，韦伯分成三个阶段逐步构建其工业区位论。第一阶段：不考虑运费以外的一般区位因子，即假定不存在运费以外的成本区域差异，影响工业区位的因子只有运费一个。即韦伯工业区位论中的运费指向论。由运费指向形成地理空间中的基本工业区位格局。第二阶段：将劳动费用作为考察对象，考察劳动费用对由运费所决定的基本工业区位格局的影响，即考察运费与劳动费合计为最小时的区位。即韦伯工业区位论中的劳动费指向论。劳动费指向论，可以使在运费指向所决定的基本工业区位格局发生第一次偏移。第三阶段：将集聚与分散因子作为考察对象，考察集聚与分散因子对由运费指向与劳动费指向所决定的工业区位格局的影响，即为韦伯工业区位论中的集聚指向论。集聚指向可以使运费指向与劳动费指向所决定的基本工业区位格局再次偏移。

2. 运费指向论

在给定原料产地和消费地条件下，如何确定仅考虑运费的工厂区位，即运费最小的区位，是运费指向论所要解决的问题。运费主要取决于重量和运距，而其他因素，如运输方式，货物的性质等都可以换算为重量和距离。工业生产与分配中的运输重量主要来源于原料（包括燃料）以及最终产品的重量。

按原料的空间分布状况可分为遍在原料和局地原料。遍在原料即为任何地方都存在的原料；局地原料是指只有在特定场所才存在的原料。根据局地原料生产时的重量转换状况不同，将其分为纯原料和损重原料。纯原料即在工业产品中包含有局地原料的所有重量，而损重原料则为其部分重量被容纳到最终产品中。运费指向论主要是使用原料指数（material index）判断工业区位指向。

$$原料指数（MI）= \frac{局地原料重量（W_m）}{产品重量（W_p）} \quad （公式1-2）$$

原料指数为产品重量与局地原料重量之比，即：原料指数大小，决定理论上工厂的区位。从上式中可知原料指数是生产一个单位产品时，需要多重的局地原料。而在整个工业生产与分配过程中，需要运送的总重量为最终产品和局地原料的和。每单位产品需要运送的总重量为区位重量（locational weight）。

$$区位重量 = \frac{局地原料重量 + 产品重量}{产品重量} = \frac{局地原料重量}{产品重量} + 1$$

$$= 原料指数 + 1 \quad （公式1-3）$$

在生产过程不可分割，消费地和局地原料地只有一个的前提下，依据最小运费原理的区位为：仅使用遍在原料时，为消费地区位；仅使用纯原料时，为自由区位；仅使用损重原料时，为原料地区位。这里，可以用上

述的原料指数以及区位重量来得出一般的区位法则：原料指数（MI）＞1（或区位重量＞2）时，工厂区位在原料地；原料指数（MI）＜1（或区位重量＜2）时，工厂区位在消费地；原料指数（MI）=1（或区位重量=2）时，工厂区位在原料地、消费地都可（自由区位）。在生产过程不可分割，原料地为两个，且同市场不在一起时，其区位图形为一三角形，即区位三角形［图1-3（a）］；而当原料地为多个，并不同市场在一起，其区位图形为一多边形（区位多边形）［图1-3（b）］。韦伯对于区位的推求，采用了力学方法，即"范力农构架"［图1-3（c）］。即在给定生产1单位供应市场（C）的产品，需原料产地1（M_1）供应3单位原料，原料产地2（M_2）供应2单位原料的区位三角形［图1-3（c）］中，工厂区位（P）应该选择在哪里。根据运费指向论，工厂区位应该在运费最小地点。韦伯假定运费只与距离和重量有关，那么运费最小地点应是M_1、M_2和C的重力中心［图1-3（c）］。

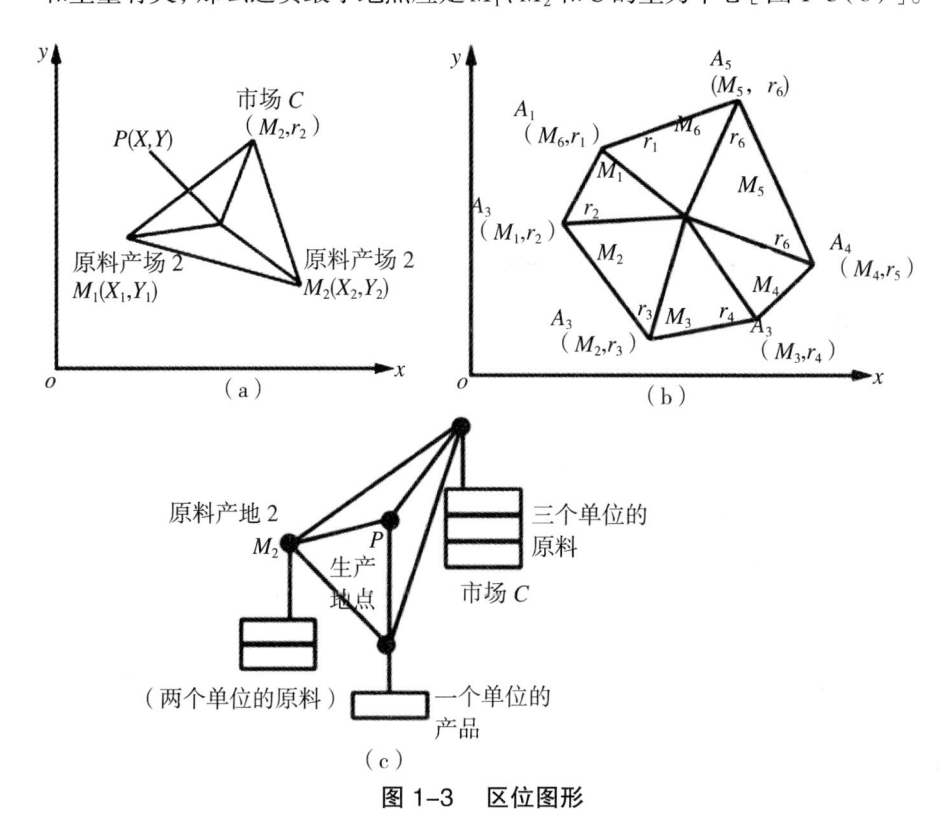

图1-3 区位图形

"范力农构架"可用以下公式来表示。即对于多原料地和市场的区位多边形而言，求解运费最小点即是求解区位多边形（包括区位三角形）的 P 点的坐标。图1-3（b）中，A_1，A_2，A_3，A_4，A_5 为区位多边形的各个顶点，坐标已知；假设 P 点为运费最小点，其坐标为 (x, y)，P 与各点间的距离分别为 r_i，原料和产品的重量为 W_i。那么在运费与距离、重量成比例的情况下，总运送费 K 可由下式来表示：

$$K=\sum_{i=1}^{n} w_i r_i = \sum_{i=1}^{n} w_i \sqrt{(x-x_i)^2+(y-y_i)^2} \qquad （公式1-4）$$

求最小值需满足以下方程组：

$$\frac{\delta k}{\delta x}=\sum_{i=1}^{n} \frac{w_i}{r_i}(x-x_i)=0$$

$$\frac{\delta k}{\delta y}=\sum_{i=1}^{n} \frac{w_i}{r_i}(y-y_i)=0 \qquad （公式1-5）$$

"范力农构架"［图1-3（c）］就是求解上述方程组的一种模拟解法（静力类比法）。

最小运费指向是韦伯工业区位论的骨架，可以用综合等费用线来形象地加以说明。综合等费用线是运费相等点的连线，可以图示如下（图1-4）。图1-4中，设在单一市场 N 和单一原料 M 下，运输一个单位重量的原料，每千米需1个单位货币；而运输一个单位的产品，每千米只需1/2个单位货币；这样表示相同运输费用线将分别围绕 N，M 呈同心圆状。同心圆的一个货币单位的间隔就 N 而言，则为2km；对 M 而言，则为1km。这种呈同心圆状的线为等费用线。而综合等费用线则为全部运费相等地点的连线，图中 $A—B—C—D—E—F$ 各点的连线，就是运费为7个货币单位的综合等费用线。A 点是原料地 M 的2个单位，市场 N 的5个单位的等费用线的交点；而 B 点是原料地 M 的3个单位，市场 N 的4个单位的等费用线的交点，依次类推。

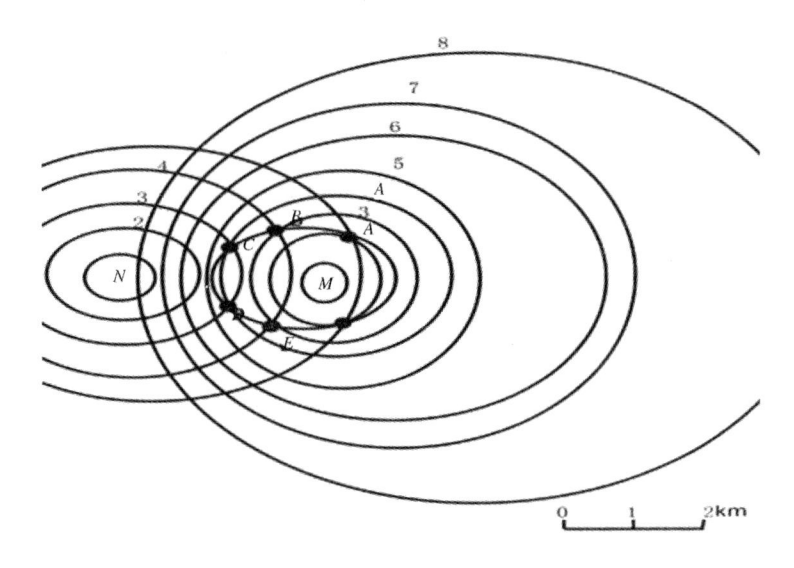

图 1-4 综合等费用线示意图

3. 劳动费指向论

运费随着空间距离的变化，表现出一定的空间规律性；而劳动费则不具有这种特性，它是属于地区差异性因子，它是使运费形成的区位格局发生变形的因子。在此所说的劳动费不是指工资的绝对额，而是指每单位重量产品的工资部分。它不仅反映了工资水平，同时也体现了劳动能力的差距。劳动费主要反映在地区间的差异性上。韦伯劳动费指向论的思路是：工业区位由运费指向转为劳动费指向仅限于节约的劳动费大于增加的运费。即在低廉劳动费地点布局带来的劳动费用节约额，比由最小运费点移动产生的运费增加额大时，劳动费指向就占主导地位。对此韦伯用临界等费用线进行了分析。如图 1-5 中，围绕 P 的封闭连线即从运费最小点 P 移动而产生的运费增加额相同点的连线，这即相当于图 1-5 中的综合等费用线。在这些综合等费用线中，与低廉劳动供给地 L 的劳动费节约额相等的那条综合等费用线称为临界等费用线。

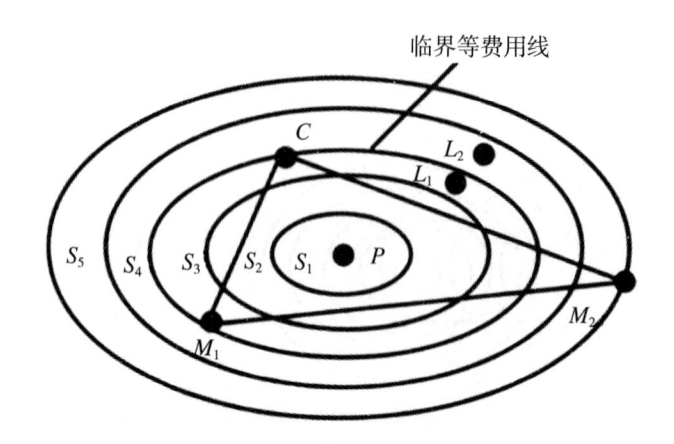

图 1-5 劳动费用最低区位图解

在图 1-5 中，P 为运费最小地点，劳动力低廉地为 L_1、L_2，如果在 L_1、L_2 处布局工厂，分别比 P（最小运费地点）处劳动费低 3 个单位。临界等费用线为标记 3 的综合等费用线，因 L_1 在临界等费用线的内侧，即增加运费低于节约的劳动费，工厂区位将移向 L_1 处；相反，由于 L_2 在临界等费用线的外侧，则不会转向 L_2 处。

韦伯提出了"劳动费指数"的概念，以判断工业受劳动费用指向的影响程度，即每单位重量产品的平均劳动费。如果劳动费用指数大，那么，从最小运费区位移向廉价劳动费区位的可能性就大；否则，这种可能性就小。韦伯也认为劳动费指数只是判断劳动费指向的可能性的大小，而不是决定因素。因为尽管某种产品的劳动费指数高，但如果该产品生产所需要的区位重量非常大的话，也不会偏离运费最小区位。为此，他又提出了"劳动系数"的概念，即每单位区位重量的劳动费，用它来表示劳动费的吸引力，即：劳动系数 = 劳动费 / 区位重量。劳动系数大，表示远离运费最小区位的可能性大；劳动系数小则表示运费最小区位的指向强。进一步也可以说劳动系数越高，工业也就会更加向少数劳动廉价地集中。劳动费指向受到现实中各种各样条件的影响，韦伯把这些条件称为环境条件。在环境条件中，人口密度和运费率对劳动费指向的作用较大。人口密度低的地区自然的劳动力的密度也低，人口密度高的地区劳动力的密度也高。劳动费

指向与人口密度相关，人口密度低的地区劳动费相差小，人口密度高的地区劳动费相差大。因此，人口稀疏的地区工业区位倾向于运费指向；人口稠密的地区则倾向于劳动费指向。工业区位从运费最小地点转向廉价劳动力地点，取决于运费增加程度。当运费率低时，即使远离运费最小地点，增加的运费也不至于很多，从而增加的运费比节约的劳动费少的可能性就大。因此，可使工业区位集中在这个特定的劳动供给地。可见，决定劳动费指向有两个条件：一是基于特定工业性质的条件，该条件是通过劳动费指数和劳动系数来测定；二是人口密度和运费率等环境条件。韦伯同时也论述了技术进步与区位指向的关系，他认为运输工具的改善会降低运费率，劳动费供给地的指向将变强。而机械化会带来劳动生产率的提高，降低劳动系数，导致在劳动供给地布局的工业会因运费的作用转向消费地。因此，技术的进步会产生两种相反的倾向。

4. 集聚指向论

集聚因子就是一定量的生产集中在特定场所带来的生产或销售成本降低。与此相反，分散因子则是集聚的反作用力，是随着消除这种集中而带来的生产成本降低。集聚因子的作用分为两种形态：一是由经营规模的扩大而产生的生产集聚。大规模经营相对于明显分散的小规模经营可以说是一种集聚，这种集聚一般是由"大规模经营的利益"或"大规模生产的利益"所产生。二是由多种企业在空间上集中产生的集聚。这种集聚利益是通过企业间的协作、分工和基础设施的共同利用所带来的。集聚又可分为纯粹集聚和偶然集聚两种类型：纯粹集聚是集聚因子的必然归属的结果，即由技术性和经济性的集聚利益产生的集聚，也称为技术性集聚；偶然集聚是纯粹集聚之外的集聚，如运费指向和劳动费指向的结果带来的工业集中。分散因子的作用是集聚结果所产生的，可以说是集聚的反作用。这种反作用的方式和强度与集聚的大小有关。其作用主要是消除由于集聚带来的地价上升造成的一般间接费、原料保管费和劳动费的上升。

韦伯研究了集聚利益对运费指向或劳动费指向区位的影响。他认为，集聚节约额比运费（或劳动费）指向带来的生产费用节约额大时，便产生集聚。一般而言，发生集聚指向可能性大的区域是多数工厂互相临近的区域。如图1-6所示，五个工厂不考虑集聚情况下的费用最小地点在图中的各处，假定当三个工厂集聚可由集聚利益使单位产品节约成本2个货币单位。为得到这一集聚利益，工厂必须放弃原有费用最小地点，从而增加运费。工厂移动的前提必须是增加的运费低于2个货币单位。图中围绕各工厂的封闭连线，是同由集聚利益而节约的成本相等的运费增加额曲线，也即临界等费用线。在斜线部分三个工厂集聚可以带来2个单位成本的节约，并且又都在临界等费用线内侧，是最有可能发生集聚的区域。为了判断集聚的可能性，他提出了加工系数的概念：即加工系数等于单位区位重量的加工价值。该系数高的工业，集聚的可能性也大；相反，集聚的可能性就小。

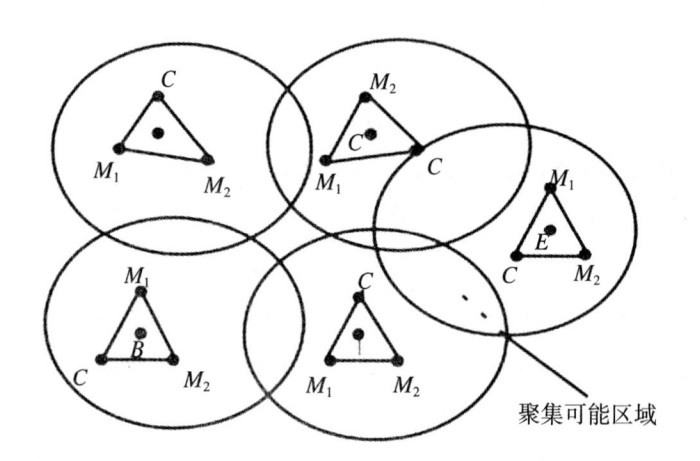

图 1-6 集聚指向的图解

二、空间经济分析方法

（一）相关系数的计算与检验

对于两个要素 x 与 y，如果它们的样本值分别为 x_i 和 y_i（$i=1, 2, \cdots, n$），则它们之间的相关系数被定义为：

$$r_{xy}=\frac{\sum_{i=1}^{n}(x_i-\bar{x})(y_i-\bar{y})}{\sqrt{\sum_{i=1}^{n}(x_i-\bar{x})^2}\cdot\sqrt{\sum_{i=1}^{n}(y_i-\bar{y})^2}} \qquad (公式1-6)$$

在（1-6）式中，$\bar{x}$和$\bar{y}$分别表示两个要素样本值的平均值，即$\bar{x}=\frac{1}{n}\sum_{i=1}^{n}x_i$，$\bar{y}=\frac{1}{n}\sum_{i=1}^{n}y_i$；$r_{xy}$为要素$x$与$y$之间的相关系数，它就是表示该两要素之间相关程度的统计指标，其值在[-1，1]区间之内。$r_{xy}>0$，表示正相关，即两要素同向发展；$r_{xy}<0$，表示负相关，即两要素异向发展。r_{xy}的绝对值越接近于1，表示两要素的关系越密切；越接近于0，表示两要素的关系越不密切。

如果记：$L_{xy}=\sum_{i=1}^{n}(x_i-\bar{x})(y_i-\bar{y})=\sum_{i=1}^{n}x_iy_i-\frac{1}{n}\left(\sum_{i=1}^{n}x_i\right)\left(\sum_{i=1}^{n}y_i\right)$；

$L_{xx}=\sum_{i=1}^{n}(x_i-\bar{x})^2=\sum_{i=1}^{n}x_i^2-\frac{1}{n}\left(\sum_{i=1}^{n}x_i\right)^2$；

$L_{yy}=\sum_{i=1}^{n}(y_i-\bar{y})^2=\sum_{i=1}^{n}y_i^2-\frac{1}{n}\left(\sum_{i=1}^{n}y_i\right)^2$；

则公式（1-7）可以进一步简化为：

$$r_{xy}=\frac{L_{xy}}{\sqrt{L_{xx}L_{yy}}} \qquad (公式1-7)$$

如果问题涉及x_1，x_2，…，x_n等n个要素，则对于其中任何两个要素x_i和x_j，我们都可以按照公式（1-7）或公式（1-8）计算它们之间的相关系数r_{ij}，这样就可得到多要素的相关系数矩阵：

$$\boldsymbol{R}=\begin{bmatrix} r_{11} & r_{12} & \cdots & r_{1n} \\ r_{21} & r_{22} & \cdots & r_{2n} \\ M & M & \cdots & M \\ r_{n1} & r_{n2} & \cdots & r_{nn} \end{bmatrix} \qquad (公式1-8)$$

显然，由公式（1-7）或（1-8）容易知道：（1）$r_{ij}=1$（$i=1$，2，…，n），即每一个要素x_i与它自己本身的相关程度最大；（2）$r_{ij}=r_{ij}$（i，$j=1$，2，…，n），即第i个要素（x_i）对第j个要素（x_j）的相关程度，与第j个要素（x_j）

对第 i 个要素（x_i）的相关程度相等。

当要素之间的相关系数求出之后，还需要对所求得的相关系数进行检验。这是因为，这里的相关系数是根据要素之间的样本值计算出来的，它随着样本数的多少或取样方式的不同而不同，因此它只是要素之间的样本相关系数，只有通过检验，才能知道它的可信度。

表 1-2 检验相关系数 $\rho=0$ 的临界值（r_a）表（$\rho=\{|r|>r_a\}=\alpha$）

f \ a	0.10	0.05	0.02	0.01	0.0001
1	0.98796	0.99692	0.999507	0.999877	0.9999988
2	0.90000	0.95000	0.9800	0.99000	0.999000
3	0.8054	0.8783	0.93433	0.95873	0.991160
4	0.7293	0.8114	0.8822	0.91720	0.97406
5	0.6694	0.7545	0.8329	0.8745	0.95047
6	0.6215	0.7067	0.7887	0.8343	0.92493
7	0.5822	0.6664	0.7493	0.7977	0.8982
8	0.5494	0.6319	0.7155	0.7646	0.8721
9	0.5214	0.6021	0.6851	0.7348	0.8471
10	0.4973	0.5760	0.6581	0.7090	0.8233
11	0.4762	0.5529	0.6339	0.6835	0.8010
12	0.4575	0.5324	0.6120	0.6614	0.7800
13	0.4409	0.5139	0.5923	0.6411	0.7603
14	0.4259	0.4973	0.5742	0.6226	0.7420
15	0.4124	0.4821	0.5577	0.6055	0.7246
16	0.4000	0.4683	0.5425	0.5897	0.7084
17	0.3887	0.4555	0.5285	0.5751	0.6932
18	0.3783	0.4438	0.5155	0.5614	0.6787
19	0.3687	0.4329	0.5034	0.5487	0.6652
20	0.3598	0.4227	0.4921	0.5368	0.6524
25	0.3233	0.3809	0.4451	0.4869	0.5794
30	0.2960	0.3494	0.4093	0.4487	0.5514
40	0.2573	0.3044	0.3578	0.3932	0.4896
45	0.2428	0.2875	0.3384	0.3721	0.4648
50	0.2306	0.2732	0.3218	0.3541	0.4433
60	0.2108	0.2500	0.2948	0.3428	0.4078
70	0.1954	0.2319	0.2737	0.3017	0.3799
80	0.1829	0.2172	0.2565	0.2830	0.3568
90	0.1726	0.2050	0.2422	0.2673	0.3375
100	0.1628	0.1946	0.2301	0.2540	0.3211

一般情况下，相关系数的检验，是在给定的置信水平下，通过查相关

系数检验的临界值表来完成的。表1-2给出了相关系数真值$\rho=0$（即两要素不相关）时样本相关系数的临界值r_a。

在表1-2中，左边的f值称为自由度，其数值为$f=n-2$，这里n为样本数；上方的a代表不同的置信水平；表内的数值代表不同的置信水平下相关系数$\rho=0$的临界值，即r_a；公式$\rho=\{|r|>r_a\}=a$的意思是当所计算的相关系数r的绝对值大于在a水平下的临界值r_a时，两要素不相关（即$\rho=0$）的可能性只有r。如当$f=10-2=8$，在不同的置信水平下的临界值r_a可以从表中查得：$r_{0.1}=0.5494$，$r_{0.05}=0.6319$，$r_{0.02}=0.7155$，$r_{0.01}=0.7646$，$r_{0.001}=0.8721$。一般而言，当$|r|<r_{0.1}$时，则认为两要素不相关，这时的样本相关系数就不能反映两要素之间的关系。

（二）地理要素间的回归分析

地理要素间的相关分析揭示了诸地理要素之间相互关系的密切程度。然而诸要素之间相互关系的进一步具体化，譬如某一地理要素与其他地理要素之间的相互关系若能用一定的函数形式予以近似的表达，那么其实用意义将会更大。在复杂地理系统中，某些要素的变化很难预测或控制，相反，另外一些要素则容易被预测或控制。在这种复杂地理系统中，若能在某些难测难控的要素与其他易测易控的要素之间建立一种近似的函数表达式，则就可以比较容易地通过那些易测易控要素的变化情况，去了解那些难测难控的要素的变化情况。数理统计学为我们提供了回归分析方法，是研究要素之间具体的数量关系的一种强有力的手段，借助于这种方法，可以建立地理要素之间的相关关系模型——回归分析模型。

现代地理科学研究的对象是多层次多要素的复杂系统，其要素之间的相互关系，既有线性的，也有非线性的。因此，地理要素之间的回归分析模型，既有线性回归模型，也有非线性回归模型。但是在回归分析研究中，许多非线性模型都可以通过变量变换将其转化为线性模型来处理。下面我们首先来介绍地理要素之间的线性回归模型。

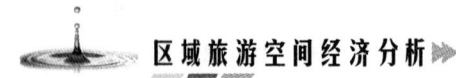

1. 一元线性回归模型

一元线性回归模型描述的是两个要素（变量）之间的线性相关关系。假设有两个地理要素（变量）x 和 y，x 为自变量，y 为因变量。则，一元线性回归模型的基本结构形式为：

$$y_a = a + bx_a + \varepsilon_a \quad （公式1-9）$$

在式1-9中，a 和 b 为待定参数，$a=1, 2, \cdots$；n 为 n 组观测数据（x_1, y_1），（x_2, y_2），$\cdots$，（x_n, y_n）的下标；ε_a 为随机变量。如果记 a 和 b 分别为参数 a 与 b 的拟合值，便得一元线性回归模型表达式为：

$$\hat{y}_i = \beta_0 + \beta_1 x_i \quad （公式1-10）$$

式1-10代表 x 与 y 之间相关关系的拟合直线，常称为回归直线，$\hat{y}$ 是 y 的估计值，亦称回归值。

实际观测值 y_i 与 $\hat{y}_i$ 回归值之差 $e_i = y_i - \hat{y}_i$，刻画了 y_i 与 $\hat{y}_i$ 的偏离程度，即表示实际观测值与回归估计值之间的误差大小。参数 a 与 b 的最小二乘拟合原则要求 y_i 与 $\hat{y}_i$ 的误差的平方和达到最小，即：

$$Q = \sum_{i=1}^{n} e_i^2 = \sum_{i=1}^{n} (x_i - \bar{x})^2 = \sum_{i=1}^{n} (y_i - a - bx_i)^2 \to \min \quad （公式1-11）$$

根据取极值的必要条件，有：

$$\frac{\delta Q}{\delta a} = -2 \sum_{i=1}^{n} (y_i - a - bx_i) = 0$$

$$\frac{\delta Q}{\delta b} = -2 \sum_{i=1}^{n} (y_i - a - bx_i) = 0$$

即：

$$\sum_{i=1}^{n} (y_i - a - bx_i) = 0$$

$$\sum_{i=1}^{n} (y_i - a - bx_i) x_i = 0$$

上述方程组可以进一步写成：

$$na + \left(\sum_{i=1}^{n} x_i\right) b = \sum_{i=1}^{n} y_i$$

$$\left(\sum_{i=1}^{n} x_i\right) a + \left(\sum_{i=1}^{n} x_i^2\right) b = \sum_{i=1}^{n} x_i y_i \quad （公式1-12）$$

方程组 1-12 通常被称为正规方程组，它又可以被写成矩阵形式。

$$\begin{bmatrix} n & \sum_{i=1}^{n} x_i \\ \sum_{i=1}^{n} x_i & \sum_{i=1}^{n} x_i^2 \end{bmatrix} \begin{bmatrix} a \\ b \end{bmatrix} = \begin{bmatrix} \sum_{i=1}^{n} y_i \\ \sum_{i=1}^{n} x_i y_i \end{bmatrix} \quad （公式 1-13）$$

解上述正规方程组，就可以得到关于参数 a 与 b 的拟合值：

$$\hat{a} = \hat{y} - \hat{b}\bar{x} \quad （公式 1-14）$$

$$b = \frac{L_{xy}}{L_{xx}} = \frac{\sum_{i=1}^{n}(x_i - \bar{x})(y_i - \bar{y})}{\sum_{i=1}^{n}(x_i - \bar{x})^2}$$

$$= \frac{\sum_{i=1}^{n} x_i y_i - \frac{1}{n}\left(\sum_{i=1}^{n} x_i\right)\left(\sum_{i=1}^{n} y_i\right)}{\sum_{i=1}^{n} x_i^2 - \frac{1}{n}\left(\sum_{i=1}^{n} x_i\right)^2} \quad （公式 1-15）$$

在式 1-15 和 1-16 中，$\bar{x}$ 和 $\bar{y}$ （$i=1, 2, \cdots, n$）的平均值，$\bar{x} = \frac{1}{n}\sum_{i=1}^{n} x_i$，$\bar{y} = \frac{1}{n}\sum_{i=1}^{n} y_i$。建立一元线性回归模型的过程，就是用变量 x_i 和 y_i 的实际观测数据确定参数 a 和 b 的最小二乘估计值 $\bar{a}$ 和 $\bar{b}$ 的过程。

回归模型建立之后，需要对模型的可信度进行检验，以鉴定模型的质量。线性回归方程的显著性检验是借助于 F 检验来完成的。

在回归分析中，y 的 n 次观测值 $y_1, y_2, \cdots, y_n$ 之间的差异，可用观测值 y_i 与其平均值 $\bar{y}$ 的离差平方和来表示，它被称为总的离差平方和，记为：

$$S_\delta = L_{yy} = \sum_{i=1}^{n}(y_i - \bar{y})^2 \quad （公式 1-16）$$

可以证明：

$$S_\delta = L_{yy} = \sum_{i=1}^{n}(y_i - \bar{y})^2 = \sum_{i=1}^{n}(y_i - \hat{y}_i)^2 + \sum_{i=1}^{n}(\hat{y}_i - \bar{y})^2 = Q + U \quad （公式 1-17）$$

式中，$Q = \sum_{i=1}^{n}(y_i - \hat{y}_i)^2$ 称为误差平方和，或剩余平方和，而 $U = \sum_{i=1}^{n}(\hat{y}_i - \bar{y}_i)^2 = \sum_{i=1}^{n}(a + bx_i - a - b\bar{x})^2 = b^2 \sum_{i=1}^{n}(x_i - \bar{x})^2 = b^2 L_{xy}$ 称为回归平方和。

由式 1-17 可以看出，当 U 对 L_{yy} 的贡献越大时，Q 的影响就越小，回归模型的效果就越好。这样，就可以由统计量

$$F = U / \frac{Q}{n-2} \qquad \text{（公式1-18）}$$

衡量回归模型的效果，显然 F 越大，就意味着模型的效果越佳。事实上，统计量 $F\sim F(1, n-2)$。在显著水平 a 下，若 $F > F_a(1, n-2)$，则认为回归方程效果在此水平下显著。一般地，当 $F < F_{0.10}(1, n-2)$ 时，则认为方程效果不明显。

在多要素的地理系统中，除了在某两个要素之间存在着相互作用和影响而发生某种相关外，在若干个（多于两个）要素之间也存在着相互影响、相互关联的情况。因此，多元地理回归模型更具有普遍性的意义。

2. 多元线性回归模型

假设某一因变量 y 受 k 个自变量 $x_1, x_2, \cdots, x_k$ 的影响，其 n 组观测值为 $(y_a, x_{a1}, x_{a2}, \cdots, x_{ak})$，$a=1, 2, \cdots, n$。那么，多元线性回归模型的结构形式为：

$$y_a = \beta_0 + \beta_1 x_{a1} + \beta_2 x_{a2} + \cdots + \beta_k x_{ak} + \varepsilon_a \qquad \text{（公式1-19）}$$

在式1-19中，$\beta_0, \beta_1, \cdots, \beta_k$ 为待定参数，ε_a 为随机变量。如果 $b_0, b_1, \cdots, b_k$ 分别为 $\beta_0, \beta_1, \beta_2, \cdots, \beta_k$ 的拟合值，则得回归方程：

$$\hat{y} = b_0 + b_1 x + \cdots + b_k b_k \qquad \text{（公式1-20）}$$

在式1-20中，b_0 为常数，$b_1, b_2, \cdots, b_k$ 被称为偏回归系数。偏回归系数 b_i （$i=1, 2, \cdots, k$）的意义是，当其他自变量 x_j （$j \neq i$）都固定时，自变量 x_i 每变化一个单元而使因变量 y 平均改变的数值。

根据最小二乘法原理，β_i （$i=0, 1, 2, \cdots, k$）的估计值 b_i （$i=0, 1, 2, \cdots, k$）要使

$$Q = \sum_{a=1}^{n}(y_a - \hat{y}_a)^2 = \sum_{a=1}^{n}[y_a - (b_0 + b_1 x_{a_1} + \cdots + b_k x_{a_i})^2] \rightarrow \min$$

由求极值的必要条件得

$$\frac{\delta Q}{\delta b_0} = -2 \sum_{a=1}^{n}(y_a - \hat{y}_a) = 0$$

$$\frac{\delta Q}{\delta b_j} = -2 \sum_{a=1}^{n}(y_i - \hat{y}_a) x_{aj} = 0 \ (j=1, 2, \cdots, k) \qquad \text{（公式1-21）}$$

方程组式1-21经展开整理后得：

$$\begin{cases} nb_0 + (\sum_{a=1}^{n} x_a) b_1 + (\sum_{a=1}^{n} x_{a2}) b_2 + \cdots + (\sum_{a=1}^{n} x_{ak}) b_k = \sum_{a=1}^{n} y_a \\ (\sum_{a=1}^{n} x_{a1}) b_0 + (\sum_{a=1}^{n} x^2_{a1}) b_1 + (\sum_{a=1}^{n} x_{a1}x_{a2}) b_1 + \cdots + (\sum_{a=1}^{n} x_{a1}x_{a2}) b_k \\ = (\sum_{a=1}^{n} x_a y_a) \\ (\sum_{a=1}^{n} x_{a1}) b_0 + (\sum_{a=1}^{n} x_{a1}x_{a2}) b_2 + \sum_{a=1}^{n} (x^2_{a2}) b_2 + \cdots + (\sum_{a=1}^{n} x_{a1}x_{ak}) b_k \\ = (\sum_{a=1}^{n} x_{a2} y_a) \\ \cdots\cdots\cdots\cdots\cdots\cdots\cdots\cdots\cdots\cdots \\ (\sum_{a=1}^{n} x_{ai}) b_0 + (\sum_{a=1}^{n} x_{a2}x_{ai}) b_2 + \cdots + (\sum_{a=1}^{n} x^2_{ai}) b_k + \sum_{a=1}^{n} x_{ai} y_a \end{cases} \quad \text{(公式1-22)}$$

方程组式 1-22 称为正规方程组。如果引入以下矩阵：

$$X = \begin{pmatrix} 1 & X_{11} & X_{12} & \cdots X_{1K} \\ 1 & X_{21} & X_{22} & \cdots X_{2K} \\ 1 & X_{31} & X_{32} & \cdots X_{3K} \\ \cdots\cdots\cdots\cdots\cdots\cdots \\ 1 & X_{n1} & X_{2} & \cdots X_{rK} \end{pmatrix}$$

$$A = X^T X = \begin{pmatrix} 1 & 1 & 1 & \cdots & 1 \\ X_{11} & X_{21} & X_{31} & \cdots & X_{n1} \\ X_{12} & X_{22} & X_{32} & \cdots & X_{n2} \\ \cdots\cdots\cdots\cdots\cdots\cdots \\ X_{1K} & X_{2K} & X_{3K} & \cdots & X_{nK} \end{pmatrix} \begin{pmatrix} 1 & 1 & 1 & \cdots & 1 \\ X_{11} & X_{21} & X_{31} & \cdots & X_{n1} \\ X_{12} & X_{22} & X_{32} & \cdots & X_{n2} \\ \cdots\cdots\cdots\cdots\cdots\cdots \\ X_{1K} & X_{2K} & X_{3K} & \cdots & X_{nK} \end{pmatrix}$$

$$= \begin{bmatrix} n & \sum_{a=1}^{n} X_a & \sum_{a=1}^{n} X_{a1} & \cdots\cdots & \sum_{a=1}^{n} X_{ai} \\ \sum_{a=1}^{n} X_{a2} & \sum_{a=1}^{n} X^2_{a1} & \sum_{a=1}^{n} X_{a1}X_{an2} & \cdots\cdots & \sum_{a=1}^{n} X_{a1}X_{ak} \\ \sum_{a=1}^{n} X_{a2} & \sum_{a=1}^{n} X_{a1}X_{a2} & \sum_{a=1}^{n} X^2_{a2} & \cdots\cdots & \sum_{a=1}^{n} X_{a2}X_{ak} \\ \cdots\cdots\cdots\cdots\cdots\cdots\cdots\cdots\cdots \\ \sum_{a=1}^{n} X_{a2} & \sum_{a=1}^{n} X_{a1}X_{ak} & \sum_{a=1}^{n} X_{a2}X_{ak} & \cdots\cdots & \sum_{a=1}^{n} X^2_{ak} \end{bmatrix}$$

$$Y=\begin{pmatrix} y_1 \\ y_2 \\ \cdots \\ y_n \end{pmatrix} \quad b=\begin{pmatrix} b_0 \\ b_1 \\ b_2 \\ \cdots \\ b_n \end{pmatrix}$$

$$B=X^TY\begin{pmatrix} 1 & 1 & 1 & \cdots & 1 \\ X_{11} & X_{21} & X_{31} & \cdots & X_{n1} \\ X_{12} & X_{22} & X_{32} & \cdots & X_{n2} \\ \cdots & & & & \\ X_{1K} & X_{2K} & X_{3K} & \cdots & X_{nK} \end{pmatrix}\begin{pmatrix} y_1 \\ y_2 \\ M \\ y_n \end{pmatrix}=\begin{pmatrix} \sum_{a-1}^{n} y_a \\ \sum_{a-1}^{n} X_a y_a \\ \sum_{a-1}^{n} X_{a2} y_a \\ M \\ \sum_{a-1}^{n} X_{ak} y_a \end{pmatrix}$$

则正规方程组 1-22 可以进一步写成矩阵形式：

$$Ab=B \qquad （公式1-23）$$

求解式 1-23 可得：

$$b=A^{-1}B=(X^TX)^{-1}X^TY \qquad （公式1-24）$$

如果引入记号

$$L_{ij}=L_{ij}=\sum_{a-1}^{n}(X_{a1}-\bar{X}_i)(X_{ij}-\bar{X})$$
$$=\sum_{a-1}^{n}X_{a1}X_{aj}-\frac{1}{n}\left(\sum_{a-1}^{n}X_{a1}\right)\left(\sum_{a-1}^{n}X_{aj}\right) \quad (i,j=1,2,\cdots,k)$$
$$L_{iy}=\sum_{a-1}^{n}(X_{ai}-\bar{X}_i)(y_a-\bar{y})=\sum_{a-1}^{n}X_{ai}y_a-\frac{1}{n}\left(\sum_{a-1}^{n}X_{ai}\right)\left(\sum_{a-1}^{n}y_a\right) \quad (i=1,2,\cdots,k)$$

则正规方程组也可以写成：

$$\begin{cases} L_{11}b_1+L_{12}b_2+\cdots L_{1k}b_k=L_{1y} \\ L_{21}b_1+L_{22}b_2+\cdots L_{2k}b_k=L_{2y} \\ \cdots\cdots\cdots\cdots\cdots\cdots\cdots\cdots \\ L_{k1}b_1+L_{k2}b_2+\cdots L_{kk}b_k=L_{ky} \\ b_0=\bar{y}-b_1\bar{x}_1-b_2\bar{x}_2-\cdots-b_k\bar{x}_k \end{cases} \qquad （公式1-25）$$

与一元线性回归模型一样，当多元线性回归模型建立以后，也需要进行显著性检验。

与前面的一元线性回归分析一样，因变量 y 的观测值 y_1，y_2，$\cdots$，y_n 之间的波动或差异，是由两个因素引起的，一是由于自变量 x_1，x_2，$\cdots$，x_k 的取值不同，另一是受其他随机因素的影响而引起的。为了从 y 的总变差中把它们区分开来，就需要对回归模型进行方差分析，也就是将 y 的总的离差平方和 $S_\text{总}$（或 L_{yy}）分解成两个部分，即回归平方和 U 与剩余平方和 Q：$S_\text{总}=L_{yy}=U+Q$。在多元线性回归分析中，回归平方和表示的是所有 k 个自变量对 y 的变差的总影响，它可以按公式：$U=\sum_{a=1}^{n}(y-\bar{y})^2=\sum_{i=1}^{n}b_iL_{iy}$ 计算，剩余平方和为：$Q=\sum_{a=1}^{n}(y-\bar{y})^2=L_{yy}-U$。以上几个公式与一元线性回归分析中的有关公式完全相似。它们所代表的意义也相似，即回归平方和越大，则剩余平方和 Q 就越小，回归模型的效果就越好。不过，在多元线性回归分析中，各平方和的自由度略有不同，回归平方和 U 的自由度等于自变量的个数 K，而剩余平方和的自由度等于 $n-K-1$，所以 F 统计量为

$$F=\frac{U/K}{Q/(n-K-1)} \qquad （公式1-26）$$

当统计量 F 计算出来之后，就可以查 F 分布表对模型进行显著性检验。

三、地理分析技术方法

本书运用 GIS（地理信息系统）技术编制相关图件，直观表现区域旅游空间结构的状态；运用 GIS 的密度分析、插值分析、趋势线分析等方法，分析区域旅游空间结构要素的分布特征；运用 GIS 自相关分析、最邻近距离分析、缓冲区分析、相交分析等方法，分析区域旅游空间要素之间的相互关系；运用地理网络结构分析方法，分析区域旅游交通网络结构；运用吸引力半径分析、引力模型方法，分析旅游市场的空间状况与结构。

（一）插值分析

一个使用已知采样位置处获取的测量值预测（估算）未采样位置处的值的过程。插值的方法有很多。有些方法十分灵活，可适用于各种不同类

型的采样数据；有些方法则具有较大的局限性，要求数据必须满足特定条件。例如，克里金方法十分灵活，但在克里金系列方法的操作过程中，采样数据必须满足不同程度的条件才能使结果输出有效。

插值方法有两个主要组别：确定性方法和地统计方法。确定性插值方法可根据相似程度（反距离权重法）或平滑程度（径向基函数（RBF）插值法）使用测量点创建表面。地统计插值方法（克里金法）利用测量点的统计属性。地统计方法会对测量点之间的空间自相关进行量化，并会考虑到预测位置周围的采样点的空间配置。

克里金法假设至少在自然现象中观察到的某些空间变化可借助带有空间自相关的随机过程进行建模，并要求对空间自相关进行显式建模。克里金法可用于描述空间模型并对空间模型进行建模、预测未测量位置的值以及评估与未测量位置处的预测值相关联的不确定性。普通克里金法假设模型为：$Z(s) = \mu + \varepsilon(s)$。其中，$\mu$ 是一个未知常量。对于普通克里金法，我们所关心的主要问题之一就是对常量平均值的假设是否合理。有时有很充分的科学依据来拒绝该假设。不过，作为一种简单的预测方法，它具有显著的灵活性。

（二）空间自相关

空间自相关是空间依赖的重要形式，是指研究对象的空间位置之间存在的相关性，也是检验某一要素属性值与其相邻空间要素上的属性值是否相关的重要指标，通常分为全局空间自相关与局部空间自相关两大类。运用空间自相关技术时，首先生成空间权重矩阵，确定各空间单元的权重，再根据各单元的属性信息进行空间自相关分析。

在地理统计学科中应用较多，现已有多种指数可以使用，但最主要的有两种指数，即 Moran 的 I 指数和 Geary 的 C 指数。在统计上，透过相关分析（correlation analysis）可以检测两种现象（统计量）的变化是否存在相关性，例如：稻米的产量，往往与其所处的土壤肥沃程度相关。如果这个分析统计量是不同观察对象的同一属性变量，就称之为"自相关"（autocorrelation）。

因此,所谓的空间自相关(spatial autocorrelation)就是研究空间中,某空间单元与其周围单元间,就某种特征值,透过统计方法,进行空间自相关性程度的计算,以分析这些空间单元在空间上分布现象的特性。

基于自相关分析法的基本原理,若某一变量在空间上不属于随机分布,呈现一定的规律性,那么该变量就存在空间自相关。局部自相关可以用来测算区域内地理单元产业集聚与扩散状态、分析区域经济集聚区具体地理分布,符合产业集群在空间聚集方面的条件及功能区域划定的思路。

空间权重矩阵:确定采用邻接规则和距离规则两种。

(1)全局空间自相关分析,全局空间自相关主要探索属性数据值在整个区域的空间分布特征,通过对Global Moran's I 值的全局空间自相关统计量的计算,分析区域总体的空间关联度和空间差异程度,计算公式如下:

$$I=\frac{\sum_{i=1}^{n}\sum_{j\neq1}^{n}W_{ij}(x_{it}-x)(x_{jt}-x)}{s^2\sum_{i=1}^{n}\sum_{j\neq1}^{n}W_{ij}}$$ (公式1-27)

式中 $s^2=\sum_{i=1}^{n}(x_{jt}-\bar{x})^2$,$x_i$ 表示在 i 处的属性值,x_j 表示其他位置的属性值,$\bar{x}$ 表示 x_i 的平均值,W_{ij} 是空间权重,Moran's I 的区间为[-1,1],当 $I<0$ 时表明区域呈空间负相关性,区域与其周边地区的经济发展水平具有显著的空间差异,值越趋近于-1,总体空间差异越大;$I>0$ 时为空间正相关,表明经济实力较高(或较低)的区域在空间上显著聚集,值越趋近于1,总体空间差异越小;$I=0$ 表明空间不相关。

(2)局部空间自相关分析。局部空间自相关主要用于分析各单元属性值在异质型空间的分布格局,可以度量每个区域与周边地区之间的局部空间关联程度,常用统计量Local Moran's I 表示,计算公式如下:

$$I_i=Z_i\sum_{j\neq1}^{n}W_{ij}Z_j$$ (公式1-28)

其中,Z_i 和 Z_j 是观测值标准化形式,若 I_i 显著大于0,说明 i 与周边地区之间的空间差异显著小;若 I_i 显著小于0,说明 i 与周边地区之间的空间差异显著大。

四、网络结构分析方法[①]

借鉴社会网络结构分析方法研究区域旅游流网络。运用程度中心性、接近中心性、中间中心性的分析方法，对各地在旅游流网络中的地位与功能进行评价；运用对等性分析方法，分析区域内各节点的中心结构层次；运用网络凝聚分析方法，分析整体与局部网络结构的凝聚状态。

"中心性"是社会网络分析中的重点之一。个人或者组织在其社会网络中具有怎样的权力，或者说居于怎样的中心地位，这一思想是社会网络分析者最早探讨的内容之一。与点的中心度相关的另一个概念就是图的"中心势"。如果把"中心度"这一术语严格地限制为点的中心度，而"中心势"特指一个作为整体的图的中心度，那么，所有的混淆都将消失。因此，"中心势"指的并不是点的相对重要性，而是图的总体整合度或者一致性。例如，图可以或多或少地围绕某些特殊点达到一定的中心势。

（一）点度中心度

如果一个行动者与很多他者有直接的关联，该行动者就居于中心地位，从而拥有较大的权力。居于中心地位的行动者往往与他者有多种关联，居于边缘地位的行动者则并非如此。在这种思路的指导下测量一个点的点度中心度，可以仅仅根据与该点有直接关系的点的数目（在无向图中是点的度数，在有向图中是点入度和点出度），这就是点度中心度。可以认为，点度中心度是一个最简单的、最具有直观性的指数。行动者 x 的点度中心度（point centrality）可以分为两类：绝对中心度和相对中心度。前者仅仅指的是一个点的度数，后者为前者的标准化形式。简单地说，如果一个点与其他许多点直接相连，我们就说该点具有较高的点度中心度。这一说法又可以分为如下两种具体表达方式。

1. 绝对点度中心度

点度中心度的概念来自社会计量学的"明星"这个概念。一个核心点

[①] 刘军.整体网络分析讲义[M].上海：上海人民出版社，2009：106-127.

是那种处在一系列关系的"核心"位置的点，该点与其他点有众多的直接联系。因此，对点 A 的点度中心度的最简单的测量就是运用图中点 A 的各种度数，即与点 A 直接相连的其他点的个数。如果用 C_{AD} 代表绝对点度中心度，那么，一个点 x 的绝对点度中心度的表达式为 $C_{AD}(x)$。

如果某点具有最高的度数，则称该点居于中心。在与他人"关联紧密"的意义上，我们说该点所对应的行动者也是中心人物，因而拥有最大权力。实际上，以度数为基础的这种对中心度的测量考虑的问题是：一个点在其局部环境内与其他点之间具有怎样的关联。由于这种测量根据的是与该点直接相连的点数，忽略间接相连的点，因此，所测量出来的中心度可以称为"局部中心度"（local centrality）。这种测量方法也可用来对有向图中的点度中心度进行测量。在这种情况下，每个点都有两种局部中心度测度，一种对应的是点入度，另一种对应的是点出度。因此，在有向图中也可以测量点的局部中心度，只不过此时有两种测量：内中心度（in-centrality）和外中心度（out-centrality），分别对应"点入度"和"点出度"。

2. 相对点度中心度

用绝对中心度测量一个点的中心度存在着一个主要局限，即中心度数的比较仅仅在同一个图的成员之间或者同等规模的图之间进行才有意义。除此之外，一个点的度数还依赖于图的规模。因为，当图的规模不同的时候，不同图中点的局部中心度不可比较。换句话说，这种测度反映的仅仅是局部的中心度，没有考虑到图的结构特点。也正因如此，仅仅利用点的度数比较中心度就可能带来误解。例如，在一个有 100 个点的图中，度数为 25 的核心点就不如在一个有 30 个点的图中的度数为 25 的点那样居于核心地位。而这两点都不能轻易地与 10 点图中度数为 6 的中心点做比较。为了弥补这一缺陷，弗里曼（Freeman，1979）提出了对局部中心度的相对测度，它指的是点的绝对中心度（实际度数）与图中点的最大可能的度数之比。在一个 n 点图中，任何一点的最大可能的度数一定是 $n-1$。因此，在一个有 10 个点的图中，度数为 6 就意味着相对中心度为 6/(10-1) = 0.66。如上所谈其他两个网中 2 个点的相对中心度（relative centrality）分别为25/99=0.25和25/29=0.86。这就是根据相对点度中心度的公式计算出来的结果。相对中心度也可用于比较同一网络中的点的中心度。

这种观念也能用于测量有向图中点的中心度。这样，相对中心度是一个对绝对局部中心度测量的标准化的量度。它可用来对同一类型网络中点的中心度进行比较。如果网络是有方向的，其中一点x的相对点度中心度（记作RD）的表达式为：$C'_{RD}(X)=(X$的点入度$+X$的点出度$)/(2n-2)$，其中，n是网络的规模。当然，如果网络是无方向的，上述公式可以进一步简化为：$C'_{RD}(X)=(X$的度数$)/(n-1)$，其中，n是网络的规模。如果$C'_{RD}(X)=0$，点x就是一个孤立点；反之，如果$C'_{RD}(X)=1$，点x就是图的核心点之一。

这种以度数为基础的对点的中心度的测量也可以超越点与点之间的直接联系，进而考虑间接关系。在此情况下，"邻点"的含义就扩大了，从而包含了与一个点的距离比较远的点。这样，对一个点的局部中心度的估计既可以根据直接关系（距离为1），也可以根据间接关系（距离为2或者大于2）来测量。但是应该注意的是，距离为1和2的关联提供的信息最多。即使对于中等密度的图来说，大多数点都倾向于通过间接的关系以比较短的距离联结在一起。距离以多少为佳？这是研究者的非正式判断。但是，对于多数研究来说，就"中心度"而言，根据距离为1和2进行测量提供的信息最大。

在对局部中心度进行测量的时候，并不涉及整个网络有没有什么"核心点"这样的问题，认识到这一点很重要，例如，在图1-7中，点A、B、C都可以看成是局部中心点，因为它们的度都是5，其他点的度数仅仅为1或者2。即使点A比点B和C拥有更多的直接关系，它也不是整个网络的中心，因为它在位置上处于点链的"一侧"，它的中心度完全是"局部的"现象。因此，点的度数就是对局部中心度的测量，不同的度数仅仅表达了点在局部环境中与其他点的关系而已。

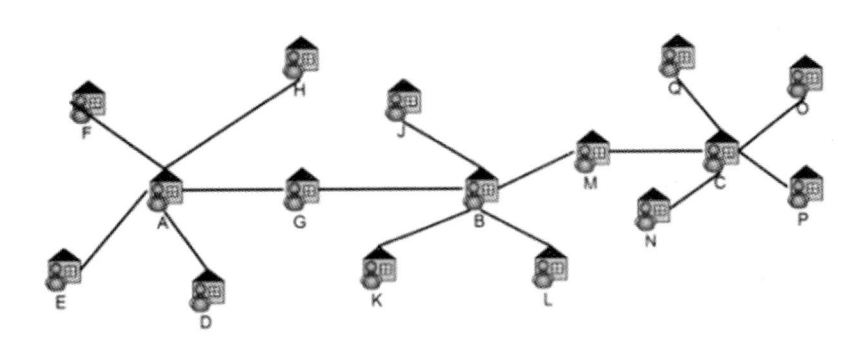

图 1-7 局部中心度和整体中心度

表 1-3 局部中心度和整体中心度

	A, C	B	M, G	J, K, L	其他点
绝对局部中心度	5	5	2	1	1
相对局部中心度	0.33	0.33	0.13	0.07	0.07
接近（整体）中心度	43	33	37	48	57

比较不同点的点度中心度的问题与前文讨论的比较不同图形的密度问题是相关的。二者都受到图形规模的限制。除此之外，网络密度还依赖于所要分析的关系类型。例如，"亲属关系"网络的密度要比"熟人关系"网络的密度大。因为密度和点中心度都根据度数来测量，所以，总的来说，一个"亲属关系网"中点的中心度要比"熟人关系网"中点的中心度低一些。对点中心度的相对性测量无助于解决此问题 D，即使用弗里曼提出来的相对性术语计算出了局部中心度，它们还是只能用于具有同类关系的网络之间的比较。

（二）图的点度中心势指数

上面分析的是点的中心度。有时候我们关注的不是点，而是整个图，研究不同图是否有不同的中心趋势。在星形网络图中，"核心点"的点度中心度最大，其他点的点度中心度都是1。可见，这种网络中点的点度中心度差异很大，正是在这个意义上，说该图具有较大的中心势。又如，在包含 n 个点的完备网络图中，任何点的度数都一样，都等于 n-1。也就是说，在这种网络中，不存在点度中心度最大点，任何点的点度中心度都相同，没有差异，没有什么"中心点"，看不出该图的中心趋势。在这个意义上说该图的中心势为零。因此，可以设计出一种指数，用以刻画整个图的这种中心势，也可以达到比较不同图的中心趋势的目的。因为，一个中心势程度不高的网络和一个中心势程度高的网络是不同的。为了避免混淆，我们用中心度来描述图中任何点在网络中占据的核心性，用中心势刻画网络图的整体中心性。

对于一个网络来说，它的中心势指数由如下思想给出：首先找到图中的最大中心度数值；然后计算该值与任何其他点的中心度的差，从而得到多个"差值"；再计算这些"差值"的总和；最后用这个总和除以各个差值总和的最大可能值。用公式表示如下：

$$C = \frac{\sum_{i=1}^{1}(c_{max}-c_i)}{\max[\sum_{i=1}^{1}(c_{max}-c_i)]} \quad （公式1-29）$$

在具体计算的时候，既可以利用点 i 的绝对中心度（记为 C_{ADi}），也可以利用其相对中心度（记为 C_{ADI}）。如果图中点的绝对中心度的最大值记为 C_{ADmax}，相对中心度的最大值记为 C_{RDmax}，那么上述公式的具体形式为：

$$C_{AD} = \frac{\sum_{r=1}^{n}(C_{ADmax}-C_{ADi})}{\max[\sum_{r=1}^{n}(C_{ADmax}-C_{ADi})]} \quad （公式1-30）$$

由于只有当网络是包含 n 个点的星形网络的时候，除数才达到最大值，是 n^2-3n+2，因此，上述公式又可以进一步变为：

$$C_{AD} = \frac{\sum_{r=1}^{n}(C_{ADmax}-C_{ADi})}{n^2-3n+2} \quad （公式1-32）$$

如果根据相对中心度计算，那么把分子除以（$n-1$）就得到相对中心度，因此，分子和分母同时除以（$n-1$），上述公式就变为"相对点度中心势指数"如下：

$$C_{RD} = \frac{\sum_{r=1}^{n}(C_{ADmax}-C_{RDi})}{n-2} \quad （公式1-33）$$

这两个公式是相等的。

（三）中间中心性

1. 点的中间中心度

（1）中间中心度（betweenness centrality）的含义

由直觉可知，如果一个行动者处于许多交往网络路径上，可以认为此人居于重要地位，因为他具有控制其他两人之间的交往的能力。"处于这种位置的个人可以通过控制或者曲解信息的传递而影响群体。"（Freeman, 1979：221）因此，另一个刻画行动者个体中心度的指标是中间中心度，它测量的是行动者对资源控制的程度。如果一个点处于许多其他点对的测地线（最短的途径）上，我们就说该点具有较高的中间中心度。在此意义上说，它起到沟通各个他者的桥梁作用。

（2）中间中心度的测量

测量点的中心度的各种指标中，中间中心度可能是最难计算的一个指标。一个点对（points pair）X 和 Z 之间可能存在多个短程线（测地线），假设为 n 个，一个点 Y 相对于一个点对 X 和 Z 的中间度（betweenness）指的是该点处于此点对的测地线上的能力。具体地说，我们可以利用"中间性比例（betweenness proportion）"这个概念来刻画这种"能力"。其定义为：经过点 Y 并且连接这两点的短程线占这两点之间的短程线总数之比。它测量的是 Y 在多大程度上位于 X 和 Z 的"中间"，这就是"中间中心度"。

具体地说，假设点 j 和 k 之间存在的测地线数目用 g_{jk} 来表示。第三个点 i 能够控制此两点的交往的能力用 $b_{jk}(i)$ 来表示，即 i 处于点 j 和 k 之间的测地线上的概率。点 j 和 k 之间存在的经过点 i 的测地线数目用 $g_{jk}(i)$ 来表示。那么，$b_{jk}(i)=g_{jk}(i)/g_{jk}$。

如果计算点 Z 的绝对中间中心度（记为 C_{ABi}），我们仅仅需要把其相应于图中所有的点对的中间度加在一起，即：$C_{ABi}=\sum_{j}^{n}\sum_{k}^{n}b_{jb}(i)$，$j \neq k \neq j$ 并且 $j<k$。

与上述类似的是，我们还可以给出一个加权的指数，即标准化的中间

-47-

中心度，也是相对中间中心度。弗里曼（Freeman，1977）证明了，只有在星形网络的情况下，图中点的中间中心度才可能达到如下最大值[①]：

$$C_{max}=(n^2-3n+2)/2 \qquad （公式1-34）$$

因此，点 i 的相对中间中心度（C_{RBi}）为：$C_{RBi}=\dfrac{2C_{ABi}}{n^2-3n+2}$，其取值范围为 0 和 1 之间，并且该值可用于比较不同网络图中点的中间中心度。

对一个点 X 的中间中心度进行具体测量的时候，需要考虑到网络中的那些其测地线经过该点的所有的行动者对（every pair of actors），还要找出这些对的行动者之间存在多少条测地线。如果两个点之间只有一条测地线，并且该测地线经过点 x，我们就赋予 x 的中间中心度的值为 1。如果两个点有 n 条测地线、并且其中一条测地线经过点 x，我们就赋予 x 的中间中心度的值为 $1/n$。

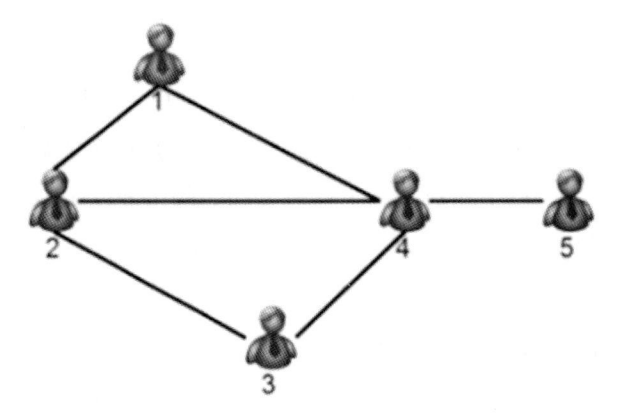

图1-8 五人网络图

---

① 在一个包含 n 个点的星形网络中，假设核心点是 O，其余边缘点分别是 A_1、A_2、A_{n-1}。首先应该知道的是，除点 O 之外，任何边缘点的中间中心度都是 0。下面说明为什么最大值是 $C_{max}=(n^2-3n+2)/2$。对于点 A 来说，它与其他任何（$n-2$）个边缘点的关系都要通过点 O，因此，点 O 对于涉及点 A_1 的边缘点对的中间中心度为（$n-2$）；同理可证，点 O 对于涉及点 A_2 的边缘点对的中间中心度也是（$n-2$）；对于点 A_3 的也是（$n-2$）；对于点 A_{n-1} 的同样也是（$n-2$）。因此，总的中间中心度就（$n-1$）个（$n-2$），即（$n-1$）（$n-2$）个。又由于在计算的时候有重复，因为点 O 对 A_1 和 A_2 的控制，也是对 A_2 和 A_1 的控制，因此，得出的这个值再除以 2 就是点 O 对所有其他点的中间中心度指数，即（$n-1$）（$n-2$）/2。因此 $C_{max}=(n^2-3n+2)/2$。

以图 1-8 为例（Everett，2002），我们分析其中点 4 的中间中心度，这就要考虑到所有行动者。例如，首先分析行动者 1 和 5，会发现 1—4—5 是一个连接 1 和 5 的测地线，并且 1 和 5 之间的测地线仅此一条，因此赋予行动者 4 的中间中心度值是 1。分析发现，点 2 和 5 之间仅有一条测地线，并且也经过点 4，因此，点 4 的中间中心度又多了 1；同时，点 3 和 5 之间仅有一条测地线，并且仍然经过点 4，也对点 4 的中间中心度做出贡献，因此，再赋予"行动者 4" 1 个"中间中心度"值。现在，"行动者 4"的中间中心度已经为 3。另外，其他包含行动者 4 的测地线还有 1—4—3。但是，如果考察行动者 1 和 3，其间存在两条测地线，即 1—2—3 和 1—4—3。因此，分别赋予 2 和 4 的值都是 1/2。这样，行动者 4 的中间中心度是 3+0.5=3.5，记作 C_B（4）=3.5。

2. 图的中间中心势指数

从整体上说，一个图也有其中间中心势指数。该指数可以表达为（具体推导过程比较复杂，参见 Freeman，1979：230；Degenne and Forse，1999：137）：

$$C_B \frac{\sum_{i=1}^{n}(C_{AB\max}-C_{ABi})}{n^3-4n^2+5n-2} = \frac{\sum_{i=1}^{n}(C_{BB\max}-C_{RBi})}{n-1} \quad （公式 1-35）$$

其中，$C_{AB\max}$ 是点的绝对中间中心度，$C_{BB\max}$ 是点的相对中间中心度。星形网络具有 100% 的中间中心势指数，即一个行动者是所有其他者的桥接点。环形网络的中间中心势指数为 0。

（四）接近中心性

点度中心度刻画的是局部的中心指数，测量网络中行动者自身的交易能力，没有考虑到能否控制他人。"中间中心度"虽然考虑到这一点，但是，没有考虑到避免受到控制，我们可以认为，如果网络中的一个行动者在交易过程中较少依赖他人，此人就具有较高的中心度。一个非核心位置的成员"必须通过他者才能传递信息"（Freeman，1979：224）。这样，核心位置的成员在传递信息上就较少依赖他者。因此，应该考虑该行动者与他者的接近性程度，可以认为，一个点越是与其他点接近，就越不依赖他者。这就是"接近中心性"（也叫整体中心性）思想。

1. 点的接近中心度

（1）接近中心度的含义

点度中心度仅仅是点中心度的一种测量，还有其他测量中心度的方法。有时候我们可能更关注一个行动者与网络中所有其他行动者的接近性程度。这就引出点 x 的接近中心度（closeness centrality）：一种对不受他人控制的测度。

由上一节可知，在测量某点"局部中心度"的时候，我们根据的是该点的度数，而弗里曼等学者对"接近中心度"的测量是根据点与点之间的"距离"（distances）。两点之间一般存在一条测地线，测地线的长度就是两点之间的距离。如果一个点与网络中所有其他点的距离都很短，则称该点是整体中心点。在图中，这样的点与许多其他点都"接近"。

在测量接近中心度的时候，我们关注的是测地线，而不是直接关系。如果一个点通过比较短的路径与许多其他点相连，就说该点具有较高的接近中心度，当我们的研究不需要对直接关系进行考察的时候，接近中心度就是一个有用的概念。

（2）接近中心度的测量

巴乌拉斯（A. Bavelas）等学者首先提出接近中心度这个概念（也叫整体中心度），但是该概念的形式化表达是由萨比杜斯（G. Sabidussi）给出的（Freeman, 1979）。他给出的量化定义是：一个点的接近中心度（closeness centrality）是该点与图中所有其他点的测地线距离之和（sum of distances）。其表达式如下所示：

$$C_{APi}^{-1} = \sum_{j=1}^{n} d_{ij} \qquad （公式1-35）$$

其中 d_{ij} 是点 i 和 j 之间的测地线距离（即测地线中包含的线数）。

实际上，这是"绝对接近中心度"为了对来自不同图中的点的接近中心度进行比较，需要给出"相对接近小心度"指数6。只有在星形网络中，C_{APi}^{-1}

才可能达到最小值。对于包含 n 个点的星形网络来说，"核心点"的接近中心度是 $n-1$。除以这个最小的接近中心度，就可以得到相对接近中心度（即接近性程度的标准化指标）为：$C_{APi}^{-1}=\dfrac{C_{APi}^{-1}}{n-1}$ 或者 $C_{RPi}=\dfrac{n-1}{C_{APi}^{-1}}$。

这个相对值容易解释，并且可以用来比较来自规模不同的网络中的两个点的接近中心度的大小。我们也可以得出结论：与中心点距离最远的行动者也在信息资源、权力、声望以及影响方面最弱。

总之，一个点 x 的接近中心度的操作化定义为：x 与所有其他点之间的距离和。在图 1-8 中，点 4 与所有其他 4 个点的测地线长度都是 1，因此，4 的接近中心度为 4，即 $CA_o(4)^{-1}$（共有 4 条测地线，每条长度都是 1）。现在分析点 2 的接近中心度。由图可见，点 2 分别与点 1、3 和 4 的测地线长度也都是 1，但是，点 2 与 5 的测地线长度则是 2，因此 $CA_o(2)^{-1}=5$。

注意，接近中心度的值越大，越说明该点不是网络的核心点。因此，用"-1"次幂表示其意义。接近中心度是测量一个行动者独立于其他行动者控制的一个指标。

图 1-7 中也给出了各个点的整体中心度（即接近中心度）和局部中心度（绝对点度中心度和相对点度中心度）。由表可见，A、B、C 的局部中心度相同，但是点 B 比 A 和 C 都具有整体中心性。G 和 M 的整体中心度比 B 的小，但却比局部中心点 A 和 C 的整体中心度都大。因此，在"距离和"上的差异也确证了从对图的视觉考察中得到的印象。这在对中心度较低的点的测量上也明显可见。其他点的度数都表明具有低局部中心度。然而，通过"距离和"测量可以清楚地看出如下事实：J、K、L 的整体（接近）中心度要比其他度数为 1 的点的整体（接近）中心度高。

如果已经计算出来一个无向图中各个点的距离矩阵，那么，一个点与所布其他点的"距离和"便是该点所在的"行和"或者"列和"（二者相等）。一个"距离和"比较低的点与其他许多点都"接近"。因此，我们所说的一个点的"接近性"是就该点与其他点的"距离和"而言的。当然，在一个有向图中，测地线距离必须根据具有相同方向的各条线来测量，因此，根据"行和"与"列和"计算出来的"接近性"将有所不同。这样，一个有向图中某点的整体中心度便可以根据所谓的"内接近性"和"外接近性"来计算。

2. 网络的接近中心势

一个图的接近中心势指数（closeness centralization）表达式为：

$$C_0 = \frac{\sum_{i=1}^{n}(C'_{RC\max}-C'_{RCi})}{(n-2)(n-1)}(2n-3) \quad （公式1-36）$$

与点度中心度类似的是，星形网络具有100%的接近集中趋势，而对于一个其中任何一点都与其他点有同样距离的网络（例如完备网络、环形网络等）来说，其接近集中趋势为零。总之，图的中心势也有与点的中心度对应的三种测度：点度中心势、中间中心势以及接近中心势。上述公式总结如表1-4所示。

表1-4 点的中心度和图的中心势表达式

	度数中心性	中间中心性	接近中心性
绝对点度中心度	$C_{AD}(i)=i$的度数	$C_{ABi}=\sum_{j}^{n}\sum_{k}^{n}b_{jk}(i)$ $j \neq k \neq i$ and $j<k$	$C^{1}_{APi}=\sum_{j}^{n}d_{ij}$
标准化中心度	$C_{AD}(i)/(n-1)$	$C_{RB}=\dfrac{2C_{AB}}{n^2-3n+2}$	$C^{-1}_{APi}=\dfrac{C^{-1}_{APi}}{n-1}$
图的中心势	$C_{KD}=\dfrac{\sum_{i=1}^{n}(C_{RD\max}-C_{RD})}{n-2}$	$C_B=\dfrac{\sum_{i=1}^{n}(C_{RD\max}-C_{RBi})}{n-1}$	$C_o=\dfrac{\sum_{i=1}^{n}(C'_{RC\max}-C'_{RCi})}{(n-2)(n-1)}(2n-3)$

在实际测量"中心性"的时候，到底应该选择哪种测度？总体上说，坚持弗里曼的观点："这依赖于研究问题的背景，如果关注交往活动，可采用以度数为基础的测度；如果研究对交往的控制，可利用中间中心度；如果分析相对于信息传递的独立性或者有效性，可采用接近中心度。不管怎样，对于上述三种测度来说，星形网络的中心都最居于核心地位的距离和。"（Freeman，1979：226）

第五节 研究区概况与数据来源

一、研究区概况

甘肃位于我国西北，地处黄土高原、青藏高原和内蒙古高原三大高原的交界地带。地理坐标位于北纬 32°31′~42°57′、东经 92°13′~108°46′之间。东接陕西，南临巴蜀、青海，西倚新疆，北靠内蒙古、宁夏，北与蒙古国接壤。全省辖 12 个地级市和 2 个自治州，省会兰州。古属雍州，是丝绸之路的锁匙之地和黄金路段。甘肃呈西北—东南向狭长分布，东西长达 1655km，南北最宽处 530km，最窄处仅 25km，全省总面积 45.4 万 km^2，占全国总面积的 4.72%。2015 年底，全省常住人口为 2600 万。2015 年，甘肃省国内生产总值（GDP）为 6790.32 亿元，在全国 34 个省级行政单位中排名第 29 位，全省人均 GDP 为 2.6 万元，在全国 34 个省级行政单位中排名末位。

甘肃旅游资源丰富而独特。甘肃是中华民族和华夏文明的重要发祥地，是中国旅游标志铜奔马的故乡，丝路文化、黄河文化、长城文化、始祖文化、民俗文化等底蕴深厚；甘肃地质地貌复杂多样，冰川雪峰、大漠戈壁、森林草原、峡谷溶洞、丹霞砂林交错分布，自然风光独特；甘肃是民族交汇融合区，生活习俗、节庆礼仪、宗教信仰各异，民族风情丰富多彩。甘肃是连接欧亚大陆桥的战略通道和沟通西南西北的交通枢纽，建设国家重要旅游目的地和集散中心的区位优势明显。

近年来，国家以及甘肃省相继出台了系列政策，以推动甘肃旅游快速发展。2009 年，《国务院关于加快发展旅游业的意见》提出把旅游业培育成国民经济的战略性支柱产业和人民群众更加满意的现代服务业的宏伟目标。2010 年，国务院办公厅出台了《关于进一步支持甘肃经济社会发展的若干意见》，指出："甘肃位于西北地区的中心地带，是黄河、长江的重要水源涵养区，是多民族交汇融合地区，是中原联系新疆、青海、宁夏、内蒙古的桥梁和纽带，对保障国家生态安全、促进西北地区民族团结、繁荣发展和边疆稳固,具有不可替代的重要作用。"但是甘肃自然条件严酷,生态环境脆弱;基础设施薄弱,瓶颈制约严重;产业竞争力不强,自我发展能力不足。甘肃发展的重要任务就是大力发展特色优势产业,其中之一就是扶持壮大文化产业和旅游产业。2008年,《甘肃省旅游产业实现"三年翻番与质量提升计划"的指导意见》提出甘肃省旅游业三年翻番的目标。2011年,《甘肃省委、省政府关于加快发展旅游业的意见》明确提出,甘肃要立足于加快经济结构调整和发展方式转变,立足于建设文化旅游大省和生态文明省,将加快发展旅游业提升到全省经济社会发展全局的战略高度。2013年,国务院办公厅正式批复支持甘肃省建设华夏文明传承创新区,这是甘肃继兰州新区之后,又一个摆到国家层面的战略平台,为甘肃文化与旅游产业的发展提供了新的机遇。2014年,《甘肃省委、省政府关于促进旅游业改革发展的意见》提出了甘肃旅游业加快改革、完善布局、加快发展的具体意见。2006—2015年间,全省累计投入旅游业建设资金891.4亿元,其中争取国家各类旅游专项资金27.54亿元,世界银行贷款3840万美元(折合人民币2.9亿元),安排省级财政旅游发展资金18800万元。

2000年以来,甘肃省旅游业取得较快发展。旅游产品体系渐趋完善,旅游市场得到较大程度拓展,旅游业发展环境进一步优化,旅游业的带动系数和民生效应逐渐扩大,对全省经济社会发展的综合贡献日益显著。2015年,甘肃省国内旅游人数达到1.56亿人次,旅游综合收入达975亿元,占GDP的比重达到14.36%,旅游业正逐步成为甘肃省支柱型产业。

二、数据来源

(一)统计数据

甘肃省旅游饭店、旅游景区的空间分布数据依据甘肃省旅游政务

网[1]资料整理，甘肃省旅游交通数据依据甘肃省旅游交通地图整理[2]，甘肃省入境旅游者数依据国研网数据库[3]与国家旅游局统计数据库[4]整理。

各市（州）旅游人次、旅游收入统计依据甘肃省旅游局提供的数据。各县（区）旅游数据获得的方法是：①旅游局提供，包括兰州市永登县、城关区，天水市武山县、秦安县，陇南市西和县、成县、康县、文县、宕昌县，定西市岷县、陇西县、渭源县、通渭县、临洮县、漳县，庆阳市庆城县、华池县、西峰区，平凉市泾川县、崆峒区，甘南藏族自治州临潭县，临夏回族自治州康乐县、和政县、永靖县、白银市景泰县、会宁县，武威市古浪县、凉州区、天祝县，金昌市永昌县，张掖市临泽县、山丹县、肃南裕固族自治县、民乐县，酒泉市肃州区、金塔县、玉门市等县（区）；②政府网查询，主要是国民经济与社会发展统计公报、政府工作报告，以上两种方法共获得 392 个数据。缺省值补充方式是，存在 5 个以上时间顺序数据采用线性回归，不足 5 个的采用均值方法填补，完全缺乏数据的，采用差值法，即［该县（区）值 = 市（州）数值 – 同市（州）其他县（区）数值］，补缺数据通过相应市（州）旅游局工作人员的核实认可。

空间行政边界、城市节点等矢量数据来自 1：400 万中国基础地理信息数据，交通、河流等数据来源于 2009 年甘肃地图的矢量化[5]。旅游交通状况依据《甘肃省旅游交通地图（2014 年版）》[6]。甘肃省经济、人口、交通等数据来源于 2015 年甘肃省统计年鉴[7]。全国经济、人口与旅游等统

---

[1] 甘肃省旅游局.旅游资讯分类名录［EB/OL］http://www.gsta.gov.cn/jx/lyqyml/index.htm，2012-03-21.

[2] 星球地图出版社编委.甘肃省地图集［M］.北京：星球地图出版社，2009.

[3] 国务院发展研究中心信息网.入境旅游统计［EB/OL］.http：//www.llb.wu.edu.c/digital_ifo/OpeURL.asp？ datab=国研 &url=http：//edu.drcet.com.c，2012-03-21.

[4] 国家旅游局网站.旅游统计数据［EB/OL］.http：//www.cta.gov.c/html/gy/idex.html，2012-3-21.

[5] 星球地图出版社编委.甘肃省地图集［M］.北京：星球地图出版社，2009.

[6] 新疆、甘肃、青海、西藏交通地图（2015 版）［M］.北京：人民交通出版社，2015.9.

[7] 甘肃发展年鉴编委会.甘肃发展年鉴 2012［J］.北京：中国统计出版社，2012.

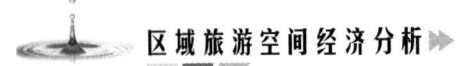

计资料来源于2015年中国统计年鉴[①]。

(二) 抽样数据

本书关于旅游者空间分布与来源的抽样调查数据主要针对省外旅游者进行抽样，调查是在《世行贷款甘肃文化自然遗产保护与开发项目——甘肃省旅游产业发展战略研究》与《西北师范大学青年教师科研支撑计划项目——甘肃省旅游空间结构研究》课题资助下完成的。调查时间为2015年8月3日至16日（甘肃旅游旺季，8月的第2、3个星期）。调查在全省14个市（州）和敦煌市展开，共分为4个小组进行，每组4~8人。第一组针对张掖市、酒泉市、嘉峪关市、敦煌市等甘肃西部4地；第二组针对兰州市、白银市、武威市、定西市等甘肃中部4地；第三组针对平凉市、庆阳市、天水市等甘肃东、北部3地；第四组针对临夏回族自治州、甘南藏族自治州、陇南市等甘肃南部3地。由于甘肃省旅游空间跨度大，省外旅游者一般是大尺度空间转移，同时调查时间是甘肃省的旅游旺季，因此前后最多13天的时间差异，对不同城市的调查效果影响不大。调查采用定时随机抽样方法，每个城市工作2天，工作时间一般为9：00—17：00左右。调查地点是交通港口（火车站）与主要旅游景区。采用现场发放问卷、现场回收，以及调查员向游客询问并根据游客答复进行记录相结合的调查方法，对完整回答问卷调查的旅游者给予饮料、扇子等小礼品。

共发放调查问卷3561份，回收3110份，回收率为87.33%，有效问卷（无效问卷中包括本省游客问卷）2463份，占回收问卷79.19%；另通过询问获得有关游客来源的准确信息2012个。

关于旅游者认知等研究的抽样方法与数据在具体章节中予以说明。

---

① 国家统计局. 中国统计年鉴2012 [J]. 北京：中国统计出版社，2012.

第二章　区域旅游空间结构解析

本章将对区域旅游空间结构在理论上进行解析，以明确研究对象。

第一节　区域旅游空间结构的概念

区域空间结构是指各种经济活动在区域内的空间分布状况以及空间组合形式。它是区域经济的一种重要结构，因为，区域经济活动是在地理空间上进行的。一方面，各种经济活动的产生需要把分散在地理空间上的相关要素组织起来，形成特定的经济活动过程；另一方面，一定空间区域内的各种经济要素需要相互联系、相互配合，才能获得经济效益[①]。

对于区域旅游空间结构，吴必虎认为，在各种结构问题中，对于旅游规划与旅游发展的实践来说，旅游空间结构具有尤为重要的意义，由于旅游空间结构很大程度上依托旅游资源加以构建，构建过程中紧密结合旅游市场，并且以旅游产品的开发和组织为中心，因此将旅游空间结构研究称为资源的里层研究，以有别于一般的旅游资源调查和评价（表层研究）。区域旅游规划进行旅游空间结构的组织过程中，涉及规划区域本身的空间组织与其上一级空间组织的关系分析，以及其下的次级活

---

① 李小建．经济地理学［M］．北京：高等教育出版社，2006：183.

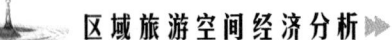

动空间的组织和设计；区域旅游空间结构研究是加强区域旅游系统形成的地理工程之一，有利于全局与局部、局部与局部之间的协调，并为构建高效的旅游空间组织系统提供科学依据[1]。翁瑾、杨开忠认为，旅游空间结构研究实质上就是以跨区域的视角探讨区域旅游业增长问题[2]。尹贻梅、陆玉麒、邓祖涛认为，一定区域内社会经济客体的空间活动及其相互之间的关系都会形成一种空间态势，而空间结构则是人类经济活动作用于一定地域范围所形成的组织形式，反映了区域经济系统中各个系统、各个要素之间的空间组织关系，包括诸要素在空间中的相互位置、相互关联、相互作用、聚集程度和聚集规模，以及地区间的相对平衡关系等。旅游作为一种社会经济现象，其发生、发展也是以空间系统为物质载体。旅游空间结构不仅仅是旅游活动的空间状态，而且体现了旅游活动的空间属性和相互关系[3]。

结合以上论述，本书认为，区域旅游空间结构是指以某区域为旅游活动的空间对象，旅游供给与旅游需求以及双方作用下的旅游者活动的空间分布状况以及空间组合形式。它是特定区域中旅游要素与空间要素的组合。

第二节　区域旅游空间结构要素

区域旅游空间结构的要素识别是解析区域旅游空间结构，认识区域旅游空间特征的起点。旅游空间结构是旅游活动中各要素在空间区位上的排列组合或者分布表现形式。因此，旅游空间结构要素需要从旅游活动要素与区位要素两个维度进行解析。区域旅游空间结构的分析维度如图2-1所示。

---

[1] 吴必虎.区域旅游规划原理[M].北京：中国旅游出版社，2001：332-337.
[2] 翁瑾，杨开忠.旅游空间结构的理论与应用[M].北京：新华出版社，2005：1.
[3] 尹贻梅，陆玉麒，邓祖涛.国内旅游空间结构研究述评[J].旅游科学，2004，18（4）：49-54.

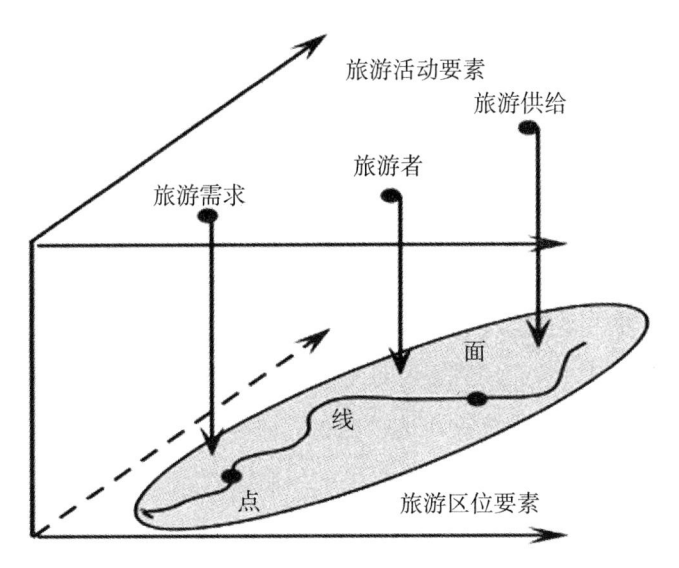

图 2-1 旅游空间结构的分析维度

一、旅游活动要素

经济学对经济活动分解为"供—需"以及两者相互作用而产生的购买（消费）行为。在旅游活动中，旅游需求体现为市场的状况，而购买与消费是同时进行的，并体现为旅游者实际的活动与支出行为，因此，旅游活动要素可分解为旅游供给、旅游需求与旅游者。这其中，旅游者的活动是最根本的要素，旅游"供—需"都是围绕其展开的。

（一）旅游供给

旅游供给是为满足旅游者旅游活动整个过程中各种需求的产品和服务的总和，包括了旅游吸引物、旅游设施和旅游服务等三大要素，由于服务在空间分析中难以表现，而旅游服务也主要是围绕旅游吸引物与旅游设施展开，因此本书将旅游供给局限于旅游吸引物与旅游设施。

旅游吸引物是指自然界和人类社会中，凡能对游客产生吸引力的各种事物和因素。它是旅游活动的客体。旅游吸引物包括自然旅游资源、人文旅游资源等。

旅游设施是指旅游目的地旅游行业的人员向游客提供服务时依托的各项物质设施和设备。它包括交通运输设施、食宿接待设施、游览娱乐设施和旅游购物设施等。

（二）旅游需求

旅游需求，又称旅游需求市场或旅游客源市场，即某一特定旅游产品的经常购买者和潜在购买者。旅游需求产生的客观条件是购买者拥有较为充裕、能够负担旅游活动成本的可支配收入和可支配时间，主观条件包括购买者更新生活、寻求尊重、逃避现实、好奇探索、健康娱乐以及社会交往等。旅游需求主观因素在很大程度上与旅游产品购买者的生活环境、生活条件、受教育水平以及旅游资源、旅游产品、旅游营销等客观因素相关。

（三）旅游者

旅游者是构成旅游的主体，是旅游三大要素的基本要素，即从事旅游活动的人们，他们具有异地性、娱乐性、消费性、短暂性、地域性、流动性等特征[①]。

（四）旅游活动要素的系统组成

旅游活动要素系统如图2-2所示。

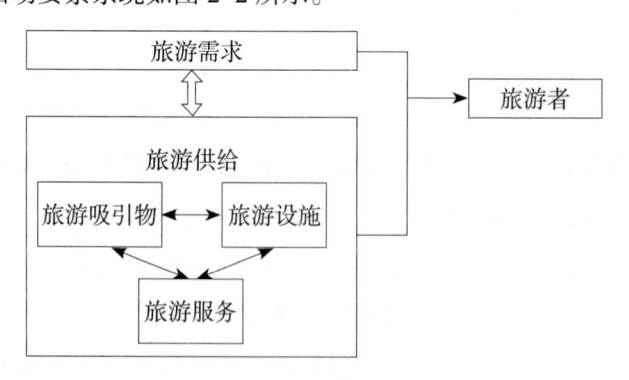

图2-2 旅游活动要素系统

---

① 裴凤琴，张淑萍. 中国旅游地理［M］. 成都：西南财经大学出版社，2011：9-10.

二、旅游区位要素

区位是指人类活动所占有的场所[①]。区位与位置不同，它既有位，也有区，还有被设计的内涵。地理区位这个术语，是在区位论引入地理学后才开始使用的，它增加和强调了区位同有关地理现象的相互联系，并赋予各种地理要素以区位概念。经济地理学视野下的空间区位要素包括点、线、面三类以及由这三者组合而成，具有独立地理意义的地理实体[②]。区位要素的归类具有相对性，同一个地理对象，在不同的分析尺度中可能被认定为不同区位要素，如城市，在大尺度空间中被视为点要素，而在城市局部尺度分析中则被视为面要素。

（一）旅游节点

具有几何上的确定位置，能够以地理坐标量度，就是节点区位。

旅游节点是旅游空间结构中最基本的要素单元，是旅游活动的静态空间要素，是在空间分析中具有明确的空间位置特征，而被抽象为不具有空间大小特征的要素，包括旅游景点、旅游城镇等。

（二）旅游轴线

具有几何上的确定线段，以走向和长度度量，形成轴线区位。

旅游轴线，是旅游活动得以运行和实现所必需的空间载体，指由交通、通信、信息等基础设施组成的线状路径，是连接各个旅游节点之间的通道，也是旅游者在旅游吸引物和旅游服务设施之间的流动轨迹。交通线路、通信系统等都是旅游轴线的组成内容。旅游轴线一般依托旅游节点而存在，是旅游活动拓展的渠道，承担着各旅游节点之间物质流、资金流、人力流及信息流的运输、交换和融合功能。

---

① 李小建. 经济地理学［M］. 北京：高等教育出版社，2006：34.
② 杨吾扬，梁进社. 高等经济地理学［M］. 北京：北京大学出版社，2000：52.

（三）旅游域面

具有几何上的确定范围，以形态和面积量度，形成域面区位。

旅游域面，是旅游节点和旅游轴线所依托和覆盖的地域，即受到旅游节点吸引或辐射影响而形成的腹地，它是旅游节点、旅游轴线等要素赖以存在的空间基础。借鉴景观生态学中的基质概念（指斑块镶嵌内的背景生态系统土地利用类型，是背景结构，一般表现出面状分布状态，也可以是点状单元随机呈较密集的连续分布形成宏观背景），认为旅游域面具有确定的空间范围，由一个或多个相似的旅游节点组成，是旅游节点形成与发展的基础，也是各种旅游活动的地域依托和承载背景，其空间范围和内部要素的集聚程度等，都会随着与旅游节点和旅游通道的相互作用和影响的状态而发生相应变化[①]。

（四）旅游地理实体

实体是指在现实世界中再也不能划分为同类现象的现象。在区位分析中，还存在由点、线、面基本要素构成的地理实体，这些要素由点、线、面组合而成，但在地理区位分析中，具有不可分的独立意义，因此也作为空间的要素加以分析。地理实体的类型包括网络、地带与地域类型。地理实体要素的构成如图 2-3 所示。

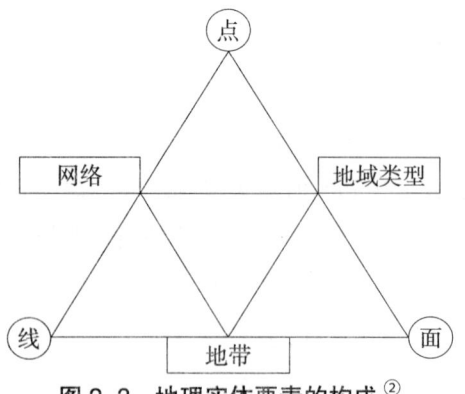

图 2-3　地理实体要素的构成[②]

---

① 吴国清．都市旅游目的地空间结构演化的网络化机理［D］．上海：华东师范大学，2008：53．

② 杨吾扬，梁进社．高等经济地理学［M］．北京：北京大学出版社，2000：52．

旅游网络是由旅游节点、轴线区位要素结合而成的实体，是旅游节点间连通的脉络，它包括了两个方面的内容：旅游节点间相联系的通道网络，如旅游交通网络；旅游节点间相联系的关系网络，如旅游流网络以及衍生出的资金流、文化流网络等。

旅游地带是由旅游轴线、旅游域面区位要素结合而成的实体。旅游资源与旅游设施都有可能体现为空间的带状分布，而形成旅游景观带、旅游产业带等。

旅游区域，是由节点、轴线、域面区位要素结合而成的地理实体的组合，旅游客源地、旅游目的地等包括了点、线、面等空间要素，属于旅游区域要素。

三、区域旅游空间结构要素

基于旅游活动要素与空间区位要素的结合，本书提出的旅游空间结构要素体系如表2-1所示。

表2-1 基于两类要素结合的区域旅游空间结构要素类型表

		旅游活动要素				
		旅游供给空间分布			旅游市场空间分布	旅游者空间分布
		旅游吸引物	旅游设施			
			旅游饭店	旅游交通		
空间区位要素	点	旅游景点	旅游饭店地 旅游中心城镇	旅游交通节点	旅游客源地城市	（旅游者行为地）旅游者聚集地
	线	线状旅游吸引物		旅游交通线		旅游流
	面	旅游景区			旅游客源地区域	
	网络			旅游交通网络		旅游流网络
	地带	旅游景观带	旅游产业带			
	区域	旅游目的地			旅游客源地	

空间结构要素识别的目的是为了清晰地分析区域旅游空间结构，它不仅应当立足于两个要素维度的组合关系，也要求有实际意义，因此必须满足：①要有实际的存在性，如面状的旅游设施要素是不存在的；②具有旅游统计与研究的意义，如旅游者行为地是存在的，但是单个旅游者行为地对于区域旅游空间结构的研究不具有统计意义，也就失去了研究的价值，

因此不列为要素类型。

（一）旅游景点、线状旅游吸引物、旅游景区、旅游景点（区）网络、旅游景观带

旅游景点是区域空间结构系统构成要素中最小的旅游空间地域单元，是相对均质的吸引物聚集体，是景区的基本组成部分，也是旅游者游览观景的场所。

线状旅游吸引物如河流、峡谷等，在具体的分析中常将其纳入旅游景点区（点）。

旅游景区是以旅游及其相关活动为主要功能或主要功能之一的空间，是能满足旅游者旅游活动目的实现的旅游地域。目前，旅游景区认定与评价的主要依据是国家标准《旅游区（点）质量等级的划分与评定》（GB/T17775-1999），依据该国标，旅游景区（点）质量等级划分为五级，2015年，全国共有A级旅游景区7951家，接待旅游者人数达37.77亿人次，平均每家接待47.50万人次，营业收入达到3479.08亿元，A级景区已成为全国各地旅游吸引物的主体。本书也将以A级景区作为旅游景区以及旅游吸引物分析的依据。

旅游景区（点）网络，是一定区域内的景区（点）相互连接而构成的网络，从旅游吸引物本身而言，一定区域所拥有的景区（点）往往不是单一的，而是由不同类型、不同品质的景区（点）组成。旅游的属地性与复合型，要求这些景区（点）应当构成区域内的旅游吸引物网络，形成区域旅游吸引力。从旅游者的角度而言，其偏好具有多样性，对旅游区域内不同吸引物的复合要求，交通成本支付而决定的消费的聚集要求，以及地域认知的层次与分异性，决定了旅游者对景点（区）的认知与区域认知的混淆，决定了旅游景区（点）网络的存在与网络开发的要求。

旅游景观带是线状旅游吸引物的面状拓展，如滨河旅游带、峡谷旅游带、林带旅游区等。

(二)旅游中心城镇

旅游中心城镇往往是旅游交通节点与旅游饭店等服务设施的聚集区，起着区域旅游流的积聚和扩散作用，其区域旅游核心地位的形成往往是由于优越的区位和交通进入条件，因此成为区域内集散地，主要为旅游者提供食、住、行、购、娱等服务。旅游中心城镇具有层次性，一般而言，中心的辐射范围与旅游设施等的聚集程度具有一致性。

(三)旅游交通线与交通网络

旅游交通是指旅游者利用某种手段和途径，实现从一个地点到达另一个地点的空间转移过程。它既是抵达目的地的手段，同时也是在目的地内活动往来的手段。旅游交通线既包括旅游者客源地与目的地之间的连接线，也包括目的地内部各节点的连接线。旅游对外通道包括入口通道和出口通道。对旅游者来说，旅游目的地的出口与入口通道，标志着旅游者旅游活动的起始，是旅游消费、旅游感知与评价的心理界点。目的地内部的旅游交通线将目的地内部的各种空间要素连接起来，从而构建成为目的地整体旅游产品。内部交通线由于设施条件、交通工具、周边环境等的差异本身具有多样性，也往往是旅游者体验的对象，并使旅游者获得复合性的旅游体验。

多个旅游交通节点与旅游交通线相连接就构成了旅游交通网络。旅游交通线与交通网络大部分属于整体交通线与网络的一部分，其存在有赖于旅游研究、规划等特定认识以及旅游者的具体行为过程。因此，在研究中，常与规划设计的"旅游线"的概念相等同，依照旅游者活动行为，它可以划分为观光周游型旅游线路与度假逗留型旅游线路；按旅游线路的结构，可分为环状旅游线路与节点状旅游线路；依照旅游活动的内容，可分为综合旅游线路与专题旅游线路。

(四)旅游流与旅游流网络

旅游流又称旅游客流，指旅游者借助交通工具在旅游空间各节点中移动形成的客流，是旅游者活动的空间表现，所有旅游流的集合就构成了旅游流网络。旅游流的实质就是旅游者通过旅游通道,以聚集与扩散的方式,与旅游目的地进行"能量"交换,因此旅游流也带动了旅游中的信息、物质等一系列的流动过程,最终形成了旅游综合流。旅游流本身具有动态的特性。

(五)旅游客源地

旅游客源地是指具有一定人口规模和社会经济能力,能够向旅游目的地提供一定数量旅游者的地区或国家。旅游客源地是一个地域概念,即由一定规模的人口在特定的社会经济结构下所构筑的地域[①]。

(六)旅游目的地

旅游目的地是指旅游资源分布相对一致的空间内,以中心城市为依托,依据自然、地域、历史联系和一定的经济、社会条件,根据旅游者的需要,经过人工的开发与建设,形成有特点的旅游空间,包括各种类型的旅游区和旅游交通网络体系的地理区域。

第三节 区域旅游空间结构系统

系统是指为实现规定功能以达到某一目标而构成的相互关联的一个集合体或装置(部件)。旅游是由人们异地的、非营利性活动引起的现象与关系的综合现象,具有复杂性,这也决定了旅游在区域空间上的表现——区域旅游空间结构的复杂性。但是无论是旅游还是旅游的空间结构,都是围绕旅游者而展开的,其指向都是旅游者需求的满足,因此都具有系统性。旅游者在客源地与目的地的各种空间活动引起了旅游空间结构要素的组合,也只有这种活动才使得各种区域旅游空间结构要素具有实际意义,因此它们是无法孤立存在的,而是彼此相互联系,这构成了区域旅游空间结构系统。其系统的具体表现如图 2-4 所示。

---

① 林南枝,陶汉军.旅游经济学(第 3 版)[M].天津:南开大学出版社,2009:65.

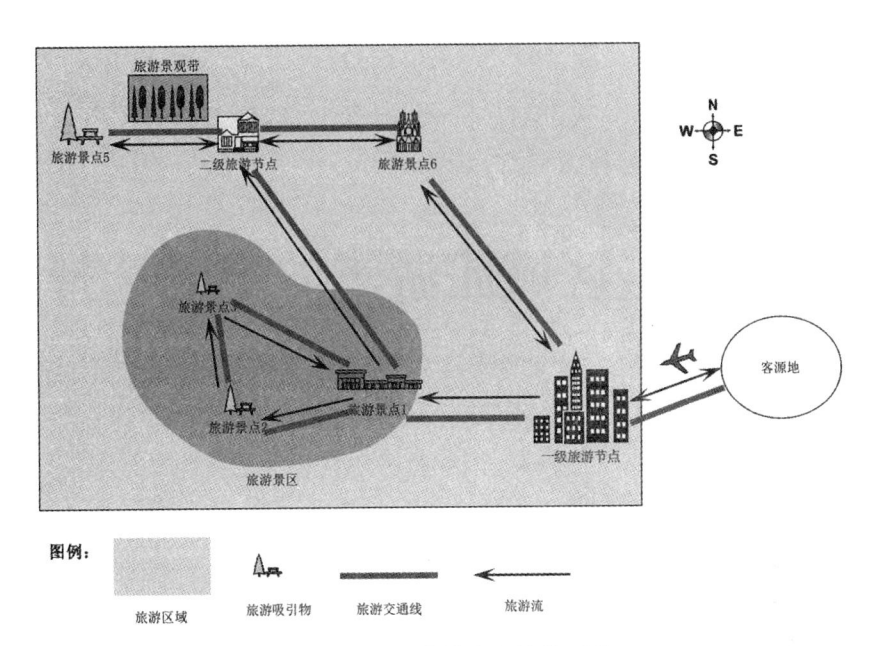

图 2-4 区域旅游空间结构系统

第三章 区域旅游者的空间选择

第一节 旅游者空间选择的理论框架

一、旅游需求

市场经济条件下的旅游需求是全部旅游经济活动的出发点和归宿点，是决定旅游经济体系中市场结构与发展趋势、厂商导向与生产规模的主导力量。旅游行为是一种空间行为，旅游者对旅游目的地以及旅游交通地等的"旅游"需求是旅游者需求中最基本也是最重要的内容，旅游者对旅游地的空间选择是其消费选择中首要也是最重要的内容。

在经济学中，需求和需要不同。需求是指在一定时期内，人们具有支付能力的欲望和要求，又称有效需求，它包含两方面的含义：一方面，需求产生于消费者的欲望和偏好，是一种主观表现；另一方面需求又必须受消费者收入和支付能力的约束，是一种客观存在。因此，需求是欲望与支付能力的统一。如果消费者仅有购买欲望而无支付能力，就不是需求，只是一种需要。

旅游需求数量是指在一定时期内一定价格水平下，旅游者愿意并能够以一定货币支付能力购买旅游产品的数量。由于旅游产品的特殊性，旅游

产品的需求往往被表述为在一定时期内一定价格水平下，对于该旅游地愿意并能够以一定货币支付能力购买的旅游者数量。

旅游需求价格是指在一定的时期内，对于一定数量的旅游产品旅游者愿意并能够支付的最高价格。由于消费者在购买旅游产品时往往是一个人一次买一个（虽然他可能特别喜欢某个旅游地，但一般也不会为自己一次购买两个旅游的名额），所以旅游需求往往采用需求价格的方式反映。

二、旅游者的空间偏好与效用

（一）概念

旅游者的空间偏好是指旅游者对旅游地或其组合的喜好程度。旅游者基于偏好对旅游地做出主观价值判断，并据此对旅游地或其组合所带来满足程度的大小进行排序。偏好为旅游者的行为选择提供了主观指引。

旅游效用是指对于旅游者通过旅游消费使自己的需求、欲望等得到满足的一个度量。经济学家使用效用来解释有理性的消费者如何把他们有限的资源分配在能给他们带来最大满足的商品上。旅游空间效用是旅游者对旅游地空间消费的目标追求与结果评价，也是旅游者对旅游地空间选择的依据。

旅游者的偏好与效用是一组既有联系也有区别的概念，它们的大小决定了旅游者对产品选择的倾向，偏好是效用的主观决定要素，在数量既定的情况下，偏好越大，效用越大。但偏好反映的是旅游者的喜好，而效用则是消费行为的结果评价，它不仅受到偏好的影响，也受到消费数量的约束。经济学中对消费者选择的主观倾向性描述时使用"偏好"，而在分析消费者的实际选择时则是依据效用。

（二）客观化

偏好与效用是描述消费者选择的倾向与消费结果的评价，都具有主观性。但经济学不是心理学，其分析的工具、对象和结果都应当具有客观特征。

在经济学的分析中，需要将偏好、效用等主观性的概念客观化，对其赋予客观特征并使用客观方式予以识别。

消费者主观性的偏好能被客观识别，是立足于经济学关于偏好的三个假设，这三个假设来源于实践的一般性观察，是消费者行为研究的"公理"，是进一步研究消费者行为的条件。这三个假设是：一是完备性，即消费者可以比较所有产品或产品组合，能够排列这些产品或产品组合的偏好，如有两个可选择的旅游目的地 A 与 B，虽然旅游者不能计量 A 与 B 的大小，但总可以确定地说清楚他更偏好 A 还是偏好 B，或是两者没有差异；二是传递性，即如果 A[①] > B，B > C，则 A > C；三是单调性，即对于消费者，所有单项产品都是"好"的，消费者偏好越多产品，如在相同的条件下，旅游者对于到两个地方旅游的偏好强于仅到其中一个地方。在经济学理论中，偏好的三个假设是基数效用理论的基础，即认为偏好与效用虽不能计量，但可以排序分析。

基于经济学自利且理性人的假设，消费者愿意付出的是与其所能够得到相一致的，因此消费者从一个产品中所能够获得的效用就与其愿意并且能够支付的价格相等，用经济学的术语表达就是边际效用等于需求价格。用需求价格来显现效用，是经济学理论中基数效用理论的思路。

三、旅游者空间选择的约束

旅游者的空间选择受到可支配收入、时间和价格的制约。一个家庭用于支出的收入是固定的，并且不能影响它所购买商品和服务的价格。家庭预算线描述家庭消费选择所受的限制。

（一）单因素空间选择的约束

我们来看一看王柚的预算线。假期快要来了，家住上海的王柚开始了自己的旅行计划，他查了一下自己的账户余额，其可花费的积蓄余额为

[①] "A"是表示偏好大小的专门符号。

6000元。他面临着两个选择，可以选择上海周边短线旅游，每去一个地方的支出是1000元，或者选择到自己心仪已久的西安以及敦煌长线旅游，每去一个地方的支出是3000元。图3-1表示王柚能支付旅游的地方的各种组合。A行表示他把6000元的可支配收入全部花光，能去敦煌和西安而不能进行短线旅游。C行表示王柚把6000元支配的收入全部花光，能到6个地方进行短线旅游而不能进行长线旅游。

王柚的消费预算线限制着他的旅游目的地的空间选择，它标出了能去和不能去的界线。他能买得起线上的和线内的任何一点消费组合，而买不起线外的任何一点。对他消费的限制取决于商品的价格和他的收入，并且，这个限制随着商品价格和他收入的改变而变化。我们来研究一下预算方程式，看看它是如何变化的。

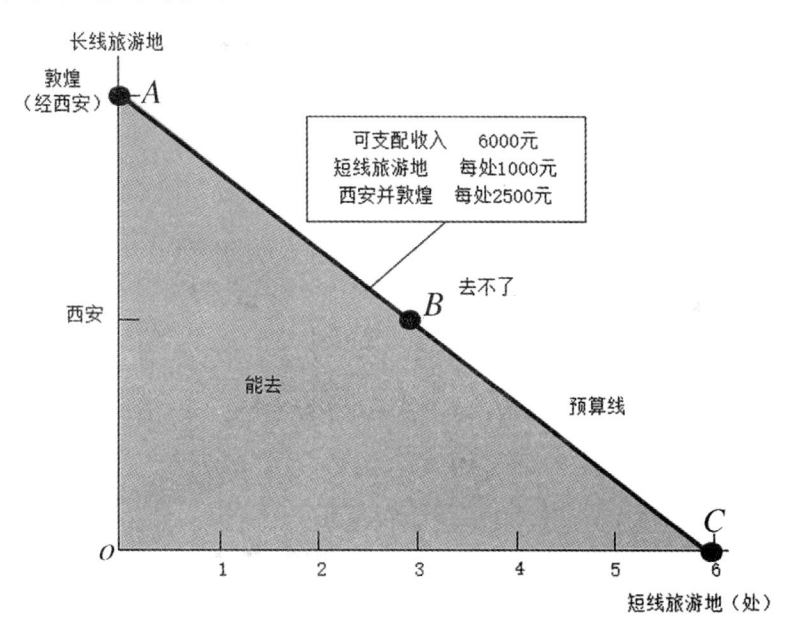

图3-1 开支预算线

表3-1 王柚的消费可能性表

消费可能性	长线旅游地	短线旅游地（处）
A	西安及敦煌	0
B	西安	3
C	无	6

-71-

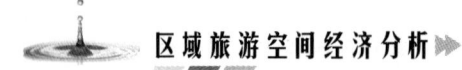

王柚的预算线表示他能去和不能去的界线。表 3-1 中的各行表示王柚可支配的积蓄为 6000 元时，他能去的长线和短线旅游地的组合。为计算王柚的预算线方程，我们假设将所有的收入用于支出：

$3000Q_L+1000Q_S=6000$（元）

（二）多因素空间选择的约束

由于旅游的异地性与体验性，使得具有稀缺性的闲暇时间也是旅游需求最基本的约束条件。时间约束与收入约束形成的旅游可能性分析方式基本一致。不过需要注意的是，时间约束受休假制度影响，具有较强的政策性，旅游者对其数量（闲暇时间的总量）以及数量组合（闲暇时间的分配）并不完全支配，在我国，休假制度使得闲暇时间相对集中，从而形成较为明显的假日旅游。

可支配收入与闲暇时间共同构成了旅游需求的约束条件，但是对于不同的人群，其约束状况是不一样的，在同一坐标系统中反映，如图 3-2 所示，它可能有以下三种情况。

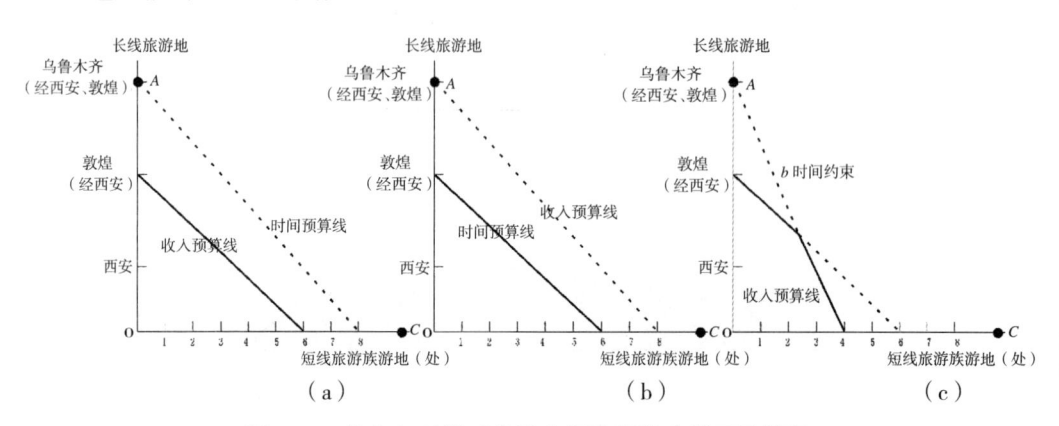

图 3-2　收入与时间对旅游空间选择约束的三种情况

旅游需求的实际约束受制于收入与时间预算的最低量，在图中用实线表示。在（a）中，时间预算大于收入预算，旅游需求量的预算线是收入预算线，对于学生等收入少而闲暇时间多的人往往如此；在（b）中，收入预算大于时间预算，旅游需求量的预算线是时间预算线，对于有固定职业

的人往往如此；在（c）中，时间预算线和收入预算线存在着重合点，旅游需求量的预算线是折线型的收入－时间预算线。

旅游空间选择的预算方程应基于可支配收入与时间是旅游需求的两个根本约束条件，这两者之间确有存在此消彼长的替代关系，使得需求的分析应纳入双重约束的系统之中。统一性的约束模型考虑旅游需求的收入与时间双重约束，以及这两个约束条件本身的替代关系，其表达的方式为：

$$\sum_{i=1}^{n} P_i C_i = I_0 + (T - \sum_{i=1}^{n} t_i C_i) \text{ 或 } \sum_{i=1}^{n} (P_i + rt_i) C_i = I_0 + rT \text{[①]} \quad （公式3-1）$$

四、旅游者的空间选择

对消费者的选择，经济学中基于效用是否可以量度的分歧，有基数效用理论与序数效用理论两种方法，其表达方式虽然不同，但结论是一致的。

（一）边际效用和效用均衡

基数效用理论使用可量度的效用进行分析。效用是一个抽象的概念，表示从消费物品中所得到的满足、享受或用处，满足程度的不同就是效用量的大小。旅游者进行旅游地消费都希望获得最大的满足，即最大的效用。

旅游者消费旅游产品会获得不同程度的满足，即不同的效用量。多次消费就会有多个效用。总效用是指消费一定量的产品所得到的总的满足程度或总效用量，边际效用则是每增加一个单位消费量所增加的效用量或者增加的满足程度。如果经常消费同一个旅游产品，就会出现效用递减规律。

该规律表明，随着消费某一产品数量的增加，总效用随之递增，而边际效用则是递减的。边际效用递减到一定程度，旅游者可能再也不去购买和消费同一产品。

效用均衡则表示在一定的可支配收入条件下，通过购买合理比例的产品进行消费，从而得到最大效用或最大满足。要实现效用均衡，必须符合如下条件：每种产品每一单位货币的边际效用相等。如果仅消费 x、y 两种

[①] 鲁峰. 基于收入—时间双重约束的旅游消费分析 [J]. 技术经济, 2008, 27（02）:91-94.

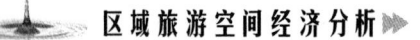

产品，那么消费产品 x 所获得的边际效用（MU_x）与其价格（P_x）之比，按照效用均衡的条件，应该等于消费产品 y 所获得的边际效用（MU_y）与其价格（P_y）之比。即：

$$MU_x/P_x = MU_y/P_y \qquad \text{（公式3-2）}$$

消费者的效用均衡条件是经济学理论中的最基本也是重要的分析结论之一，它的论证过程在所有的经济学或微观经济学教材中都能找到，简单地对它论证可以表述为：在可支配收入一定的条件下，如果花在 x 产品上的一单位货币所获得的效用小于（或大于）在 y 产品上的一单位货币所获得的效用，那么理性的消费者就不会把这一货币花在 x（或 y）上，而是相反去购买 y（或者 x），从而使得总体的效用得到增加，也就是说只有每种产品每一单位货币的边际效用相等时，对于既定的可支配收入，效用达到最大化。

利用边际效用和效用均衡原理，可以解释旅游者空间选择行为。旅游者消费的是同一类型的旅游地，那么后一次消费所获得的边际效用比前一次消费所获得的边际效用少，如果要达到两次消费的效用均衡，则必须要求后一次购买的旅游产品价格低也就是其整体支出小。同区域内，不同旅游景区由于自然环境或者人文风情的相似，使得旅游者的边际效用下降，为此推出套票优惠，以整体更优惠的价格，吸引旅游者的到来。

旅游地的选择实际是不同旅游地的消费选择，若要达到两地旅游消费的效用均衡（最大满足），则要求在两地进行旅游消费的边际效用与其花费之比，等于消费不同旅游地的边际效用与其花费之比。

（二）无差异曲线与开支预算线

区域旅游者的空间选择也可用序数效用理论来解释。序数效用理论用无差异曲线来解释消费者的选择。无差异曲线是用来表示两组或两种产品的不同数量组合为消费者所提供的效用是相同的（一条无差异曲线实际上就是一条等效用线），因此，在一个坐标轴上有无数个互不相交的无差异曲线，离原点越远的曲线表示的效用越大（如图3-3）。

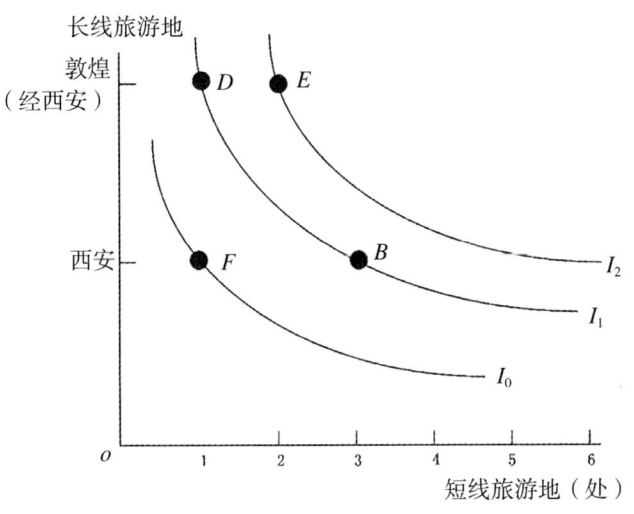

图 3-3 王柚的偏好

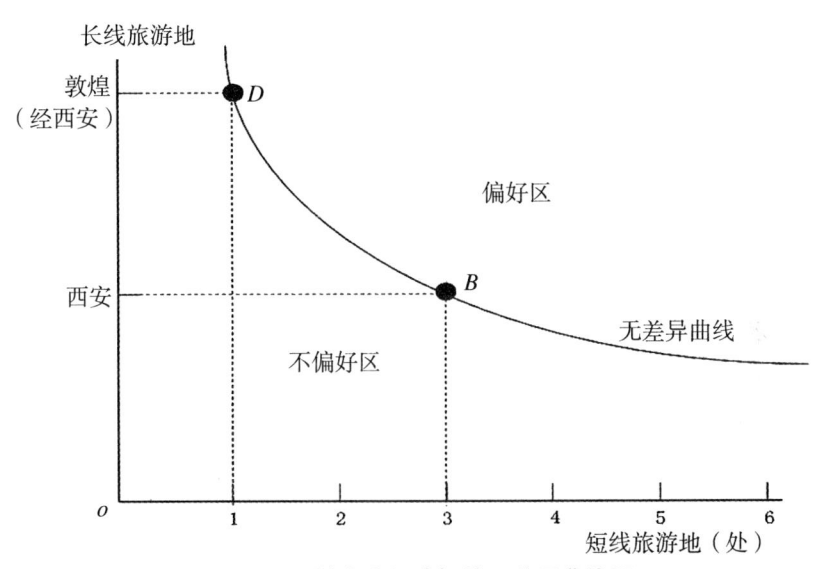

图 3-4 王柚在空间选择的无差异曲线图

图 3-4 中，王柚在 B 点，他将选择西安以及两个短线旅游地。在 D 点他将选择西安和敦煌旅游并就近选择 1 个短线旅游地。在无差异曲线上的 B 点和 D 点之间，他的偏好是相同的。他对无差异曲线上部区域中的任一点的偏好大于无差异曲线上的点，且对无差异曲线上点的偏好大于其下部区域中的点。图 3-3 中显示了三条无差异曲线 I_0、I_1、I_2，它们是王柚偏好

图中的一部分。他对 E 点的偏好大于 B 点或 D 点，所以王柚对 I_2 上的任一点的偏好大于 I_1 上的任一点。

无差异曲线必须结合其他条件才能说明问题。图 3-5 中的直线表示的是开支预算线。

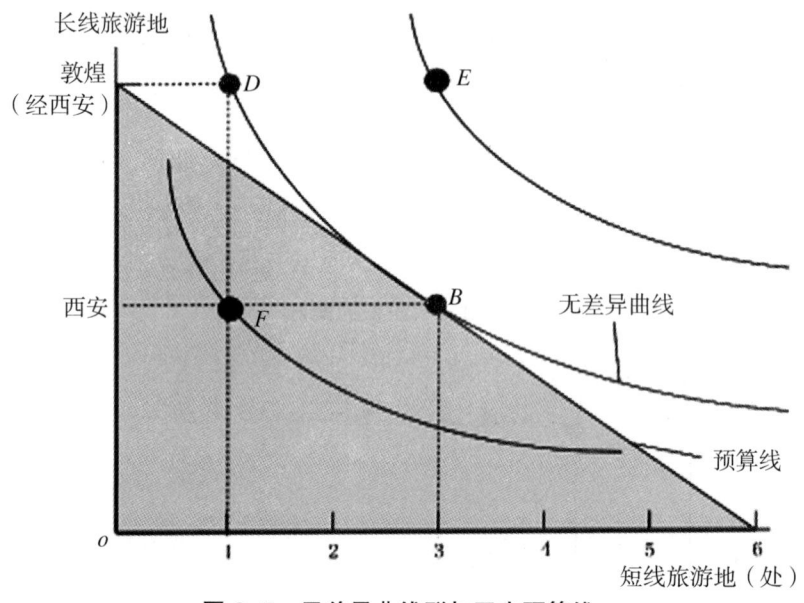

图 3-5 无差异曲线群与开支预算线

旅游者受开支预算水平的限制，其消费支出是一定的，用一定的消费支出选择不同的旅游目的地，就产生一条开支预算线。此线上各点所反映的旅游地的选择组合恰好用完消费支出；此线以下的阴影部分任意组合旅游者均能消费得起；而此线以上的部分任意组合均为旅游者所不能消费的，因为消费支出不够。所以，不同的消费支出均有各自不同的开支预算线。

每一条无差异曲线都有一条且仅有一条开支预算线与它相切。当消费支出一定时，无差异曲线和开支预算线相切的切点处旅游地组合便是旅游者的旅游地空间选择结构，此结构不仅符合消费支出，同时也获得了最大效用（即最大满足）。

以上仅是考虑消费支出同无差异曲线相结合，实际上影响旅游消费的因素很多，如果再加上其他限制性因素（如时间），旅游者的选择决策就

困难得多，选择机会也会减少。

五、旅游空间选择的影响因素

旅游产品的需求由多种因素决定，不同的因素其影响的大小也不同。这些因素主要有以下几个方面。

（一）旅游地的价格

旅游地的价格，也是旅游者前往旅游地整个过程中的消费总支出，这是对旅游地选择影响的决定性因素。在一般情况下，在不考虑旅游者所获得的效用的情况下，所需要的总支出愈低，选择的人次数量就愈大；反之，需要的总支出愈高，选择的人次数量就愈少。其他条件不变的情况下，旅游产品的需求量与其价格呈反方向变动，这一规律与普通产品的需求定律是一致的，需求定律有几种表现形式：文字表述形式，需求曲线为几何图形形式，需求函数为数学函数形式。

旅游需求同价格的关系与其他商品的需求与价格的关系是一样的，即在通常情况下，旅游需求量同旅游产品价格成反方向变化，当旅游产品价格上升时，旅游需求量就减少；当价格下降时，需求量就上升。在不考虑其他因素的前提下，人们在一定时期内对旅游产品的需求量随旅游产品价格的升降而成相反变化的规律，可用图3-6表示。

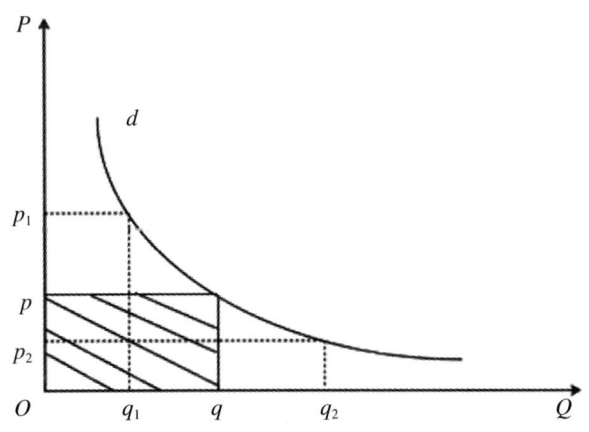

图3-6 旅游地数量选择与价格曲线（需求价格曲线）

图 3-6 中，纵坐标表示旅游地产品的价格（P），横坐标表示区域旅游地的需求量（Q），于是在坐标图上旅游地的价格和需求量具有一一对应关系，从而形成了旅游需求-价格曲线（qd 线）。这是一条以两坐标轴为渐近线的曲线，当旅游产品的价格为 p 时，旅游需求量为 q。

在旅游需求-价格曲线上，可以看出旅游需求量与旅游产品价格之间成反方向变化的关系。当价格从 p 上升到 p_1 时，需求量会减少到 q_1；当价格从 p 下降到 p_2 时，需求量会增加到 q_2。

旅游需求与价格之间之所以具有这种关系，主要原因是，首先人们的购买能力是有限的，价格上升时，一些人可能无力购买，造成需求量减少；价格下降时，一些原来无力购买的人可以购买了，造成需求量增加。其次，旅游产品是一种人们在满足生存需要之上的消费品，与其他的商品具有冲突关系，当旅游产品价格上涨时，人们可能转而购买其他的商品，使旅游需求量减少；当旅游产品价格下跌时，人们会减少对其他商品的购买，转而购买旅游产品，使旅游需求量增加。

（二）旅游者的收入

一般而言，在既定的价格条件下，收入增加会导致商品需求量的增加。旅游地的选择同旅游者的可自由支配收入之间有着密切的关系。一般来说，如果不考虑其他因素的变化，旅游者可自由支配收入的增加，对旅游地的选择也随之增加，可自由支配收入减少，对旅游地的选择也随之减少（如图 3-7）。

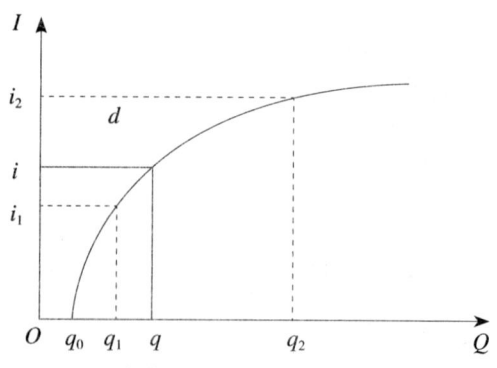

图 3-7　旅游需求同可自由支配收入的关系

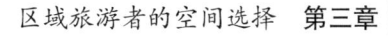

图 3-7 中，横坐标表示旅游需求（Q），纵坐标表示可自由支配收入（I）。观测表明，旅游需求变化的速度比可自由支配收入的变化速度快，所以呈现如图所示曲线形状。这条曲线与横坐标有一交点（q_0），表明可自由支配收入即使为零时，仍有一定数量的旅游需求，这说明了有许多旅游需求与个人可自由支配收入没有关系，如商务旅游、会议旅游等。当平均个人可自由支配收入为 i 时，旅游需求为 q；当可自由支配收入下降到 i_1 时，旅游需求下降到 q_1；当可自由支配收入上升到 i_2，旅游需求上升为 q_2。

可自由支配收入与旅游需求的关系可以用边际消费倾向的大小来反映，边际消费倾向是指消费者对于某一或某一类产品，消费额的变化与消费者收入变化的比值。边际消费倾向被用于描述由于收入变化，导致消费者对某产品的消费额的变化幅度大小，其公式是：

$$MPC = \Delta C / \Delta Y \qquad （公式3-3）$$

MPC 表示边际消费倾向，ΔC 表示消费的变化值，ΔY 表示收入的变化值。边际消费倾向是需求 – 收入曲线的斜率。

（三）闲暇时间

闲暇时间也是影响旅游需求的重要条件之一，它对旅游需求的影响同可自由支配收入对旅游需求的影响是一样的，只不过没有可自由支配收入的影响那么强烈。实践表明，人们的闲暇时间多，对旅游产品的需求会增大，外出旅游的次数和在外旅游的天数也会多起来。反之，如果闲暇时间不足或者缺少闲暇时间，旅游需求就很难出现。在这一点上，旅游需求规律同一般商品的需求规律有所不同。

因此，旅游需求规律可以简单概括为：在其他因素不变的情况下，旅游需求与人们的可自由支配收入和闲暇时间的变化方向相同，而与旅游产品价格的变化方向相反。

依据 1994—2010 年的我国居民旅游消费开支的统计数据的研究表明，在长期，收入每增加 1 元，旅游消费将增加 0.089 元，闲暇时间每增加 1 小时，旅游消费将增加 2.28 元。[①]

六、旅游需求函数

将一种商品的需求作为因变量，把影响需求的各种因素视为不同的自变量，综合以上几种因素，则可以列出一个多元函数：

$$D=f(P, P_r, I, T, E, \cdots) \quad \text{（公式 3-4）}$$

这就是需求函数。式 3-4 中，D 代表需求，P 表示商品的价格，P_r 表示相关商品价格，I 表示消费者收入，T 表示消费者偏好，E 表示消费者的预期，等等。

在经济分析中，常常需要借助需求函数。有时把已经确定的具体的需求函数称为需求估计，把预计商品未来的需求趋势称为需求预测。对于某种具体的商品，要视其具体情况来对需求函数的自变量进行确定与取舍。一般情况是，假定其他条件不变，着重研究某一变量对需求 D 的影响。如：

需求价格函数为：

$$D=f(P) \quad \text{（公式 3-5）}$$

需求收入函数为：

$$D=h(I) \quad \text{（公式 3-6）}$$

在各种需求函数中，最重要的是需求价格函数，即在影响需求的各种因素中最重要的是商品的价格。如果没有特别说明，所说的需求函数，一般都是指需求价格函数。

如果某商品与其价格之间是线性关系（即需求曲线是一条直线），那么，这种需求函数就是线性需求函数，其直线方程为：

$$D=a-b \cdot P \quad \text{（公式 3-7）}$$

如果某商品与其价格之间是非线性关系（即需求曲线不是直线），那么，这种需求函数就是非线性需求函数，其曲线方程为：

[①] 庞世明. 中国旅游消费函数实证研究——兼与周文丽、李世平商榷[J]. 旅游学刊，2014, 29（3）: 31-39.

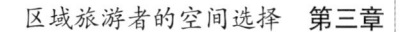

$$D = a \cdot P^{-\alpha} \qquad \text{（公式3-8）}$$

上两式中，a，b，α 均为常数。

七、旅游者空间选择的风险决策

（一）旅游者空间选择的不确定性和风险

旅游活动是一个复杂的系统，在外部性上具有空间上的异地性、时间上的暂时性和运行过程中的综合性特点。因此，旅游者对不熟悉的地方进行选择与旅游的行为，受诸多自然和社会环境因素的影响，任何一个风险的出现都会严重影响旅游者空间效用的结果。旅游空间选择与行为的风险主要包括旅游地的战争、恐怖主义、政治及犯罪等社会性的安全问题；旅游与传染病、卫生事件等公共卫生问题；地震、洪水、火山、海啸等自然灾害及旅行的价格衡量、外汇价格以及汇率的变动等。这些结合在一起构成了旅游空间选择与行为的风险，而其中任何一个方面的因素都会影响到旅游者对该旅游目的地旅游安全程度的感知。

不确定性是指可能发生的事情不止一件，但我们不知道哪件会确定发生的一种状态。例如，当旅游者出游时，他们对旅游地的天气是不确定的，而风险是遭受损失（或其他某种不幸）的概率。在经济学中，风险是不只会出现一种结果，而且每种可能结果的概率可以估算的一种状态。概率是0到1之间的一个数，用来衡量某一可能事件发生的机会。概率为0意味着事件将不会发生。概率为1意味着事件一定会发生——确定性的。概率为0.5意味着事件发生和不发生的可能性一样。而有些情况无法根据以前观察到的事件的概率进行描述。这些情况可能是特定的事件，例如开发新景区，将能接待多少旅游者？因为景区是新的，所以没有以往经验可用来估算概率。但通过以往相似景区的经验并辅之以一些判断，仍可以解决这个问题，这种判断称为主观概率。无论事件发生的概率是根据实际数据还是主观判断，甚至是猜测，我们都可以用概率来研究人们面对不确定性做决策的方法。这样做的第一步是描述人们如何评估风险的成本。

（二）旅游者空间选择中面对风险的决策

一些人比另一些人更愿意承担风险，但在其他因素保持不变的情况下，几乎所有的人都偏好更小的风险。我们用财富的效用表或曲线来衡量人们对风险的态度。财富的效用是一个人赋予某一特定效用的财富水平。其他保持不变，一个人从所从事的活动中获得的效用越多，表明这个人从这项活动中获得的财富越大。较多的财富带来更大的总效用，但是随着财富的增加，额外一单位财富所增加的总效用量减少。也就是说，财富的边际效用递减。

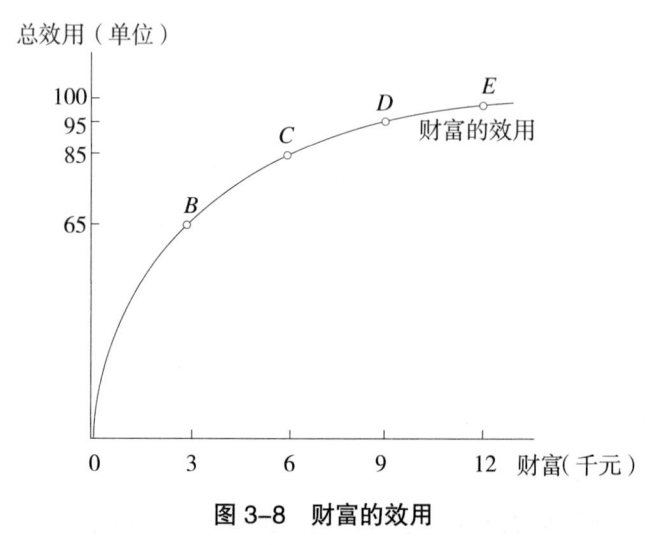

图 3-8 财富的效用

图 3-8 显示了王柚的财富效用曲线。王柚财富效用曲线上从 A 到 E 各点对应于图中用同样字母表示的各行。可以看到，随着他的财富的增加，他的总效用也增加了。还可以看到，财富的边际效用在递减。当财富从 3000 元增加到 6000 元时，总效用增加了 20 个单位，但是当财富进一步增加 3000 元到了 9000 元时，总效用只增加了 10 个单位。可以用王柚的财富效用函数来衡量他的风险成本。

来看王柚如何评价两个西部旅游目的地的选择。一个是九寨沟，他

能得到80的效用，相对应地获得5000元的虚拟财富，王柚的朋友们有多人去过九寨沟，向他详尽地描述了九寨沟的情况，对于王柚九寨沟旅游没有不确定性，因而没有风险；另一地是敦煌，王柚周边的朋友没有一个去过，但似乎还不错，对于王柚是有风险的。如果王柚选择敦煌，他所获得的效用大小很大程度上取决于运气。敦煌可能是一个好的或者差的旅游目的地。如果是好的话，他可以获得95的效用，相对应地获得9000元的虚拟财富，而如果差的话，他只能获得65的效用，相对应地获得3000元的虚拟财富。王柚假设敦煌是好的或差的旅游地的机会相等——概率都为0.5。王柚偏好哪一种结果，选择九寨沟还是敦煌？

当存在不确定性时，人们不知道他们从特定行动得到的实际效用。但是有可能算出他们期望得到的效用。期望效用是从所有可能的结果中获得的平均效用。做选择之前，王柚计算了到某一地旅游的期望效用。显示了他选择的过程。

如果王柚选择九寨沟，他可以得到5000元的财富和80单位的效用。没有不确定性，因此他的期望效用等于他的实际效用——80单位。但若他选择敦煌，获得9000元的效用是95单位，而获得3000元的效用是65单位。王柚的期望收入是这两地旅游所获得虚拟收入的平均值，即6000元——（9000×0.5）+（3000×0.5）。这个平均值被称作加权平均值，权重是每种结果的概率（本例中都是0.5）。王柚的期望效用是这两种效用的平均值，等于80单位——（95×0.5）+（65×0.5）。

王柚选择期望效用目的地。如果这两个选择的期望效用相等——都是80单位，所以这两地对他而言无差异。他接受任何一地的可能性是相等的。王柚从风险目的地中得到的期望财富6000元和从无风险目的地中得到5000元之间的差额1000元，刚好抵消王柚承担的风险。

通过刚才的计算我们可以衡量王柚的风险成本。风险成本是与无风险情形具有相同期望效用的期望财富的增加量。在王柚的例子中，由不确定的虚拟收入3000元或9000元产生的风险成本是1000元。

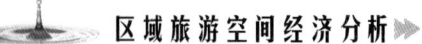

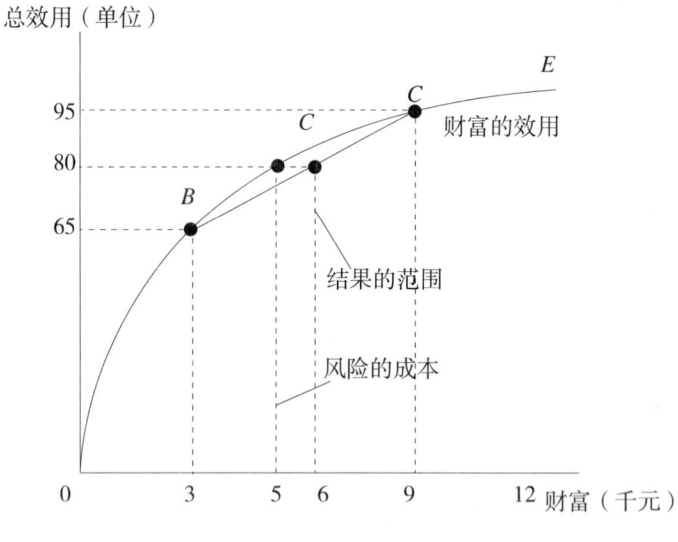

图 3-9 不确定下的选择

如果王柚的财富是 5000 元而且他不承担风险，他的效用是 80 个单位。财富是 9000 元时效用为 95，财富是 3000 元时效用为 65。如果这个事件概率相等，那么他的期望财富是 6000 元，但是他的期望效用是 80 个单位，这和无风险的 5000 元是无差异的。王柚在两种选择间是无差异的。王柚额外 1000 元的期望财富刚好抵消他承担的风险。

如果王柚选择九寨沟的财富仍然是 5000 元，而从敦煌得到的期望收入也保持不变，但其不确定的范围扩大了，王柚会选择九寨沟。为了说明这个结论，假设好的敦煌赚 12000 元虚拟财富，而差的敦煌什么都没赚到。敦煌所获取的 6000 元虚拟财富，但是不确定的范围扩大了。从图 3-8 可以看出王柚从 12000 元的财富获得 100 单位的效用和从零财富获得零单位的效用。所以此时王柚从敦煌的期望效用是 50 单位——（100×0.5）+（0×0.5）。由于现在从敦煌中得到的期望效用少于从九寨沟中得到的，他选择九寨沟。

（三）旅游中的风险规避

吕岩喜欢一般性、大众化的旅游项目，而王柚喜欢刺激性、有挑战

的旅游项目，他们之间存在巨大差别。他们对待风险的态度不同。吕岩比王柚更加重视规避风险。财富效用曲线的形状告诉我们一个人对风险的态度——关于一个人的风险的规避程度。一个人财富的边际效用递减得越快，这个人就越规避风险。考虑风险中性的情形就能看出这一点。一个风险中性的人只关心期望财富而不在意风险有多大。

人们不喜欢风险意味着财富的边际效用递减。一个风险中性者（假定有）财富效用曲线为直线，并且财富的边际效用为常数。对一个风险中性者来说，期望效用不取决于不确定的范围，风险成本为零。图 3-10 表示了一个风险中性者的财富效用曲线。这是一条直线并且财富的边际效用是个常数。如果这个人期望财富为 6000 元，无论关于该平均值不确定性的范围有多大，期望效用都是 50 单位。等概率地拥有 3000 元或 9000 元，与 6000 元的期望效用是相等的。而当王柚的风险增加到这个范围时，他需要额外的 1000 元。这个人并不需要，即使是风险的范围变为 0 元到 12 000 元，风险中性者仍然得到和 6000 元一样的期望效用。现实中大多数的人都是规避风险的，但风险中性的例子说明了财富效用曲线形状对一个人风险规避程度的重要性和由此带来的后果。

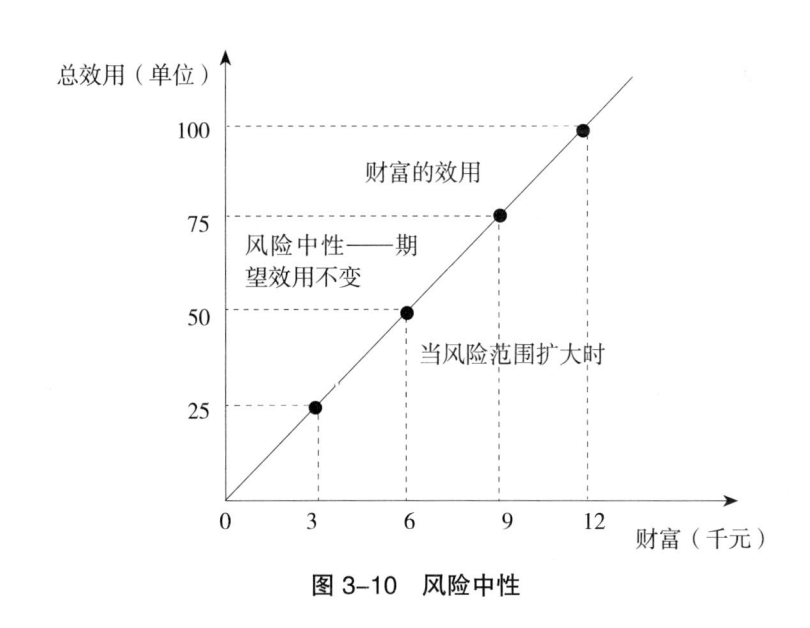

图 3-10 风险中性

第二节　旅游者空间决策过程[①]

关于空间决策，行为地理学的基本观点是：人们从一组可供选择的空间行动中挑选出某种行为，是根据人们对空间意象的评价而得出的结论。将旅游者空间意象构建与空间决策纳入同一个过程中，将地理空间研究与心理认知研究相结合，以此探索旅游者的空间决策过程与模式，为旅游经营者、组织者理解旅游者决策规律，选择科学合理的旅游信息传播内容与方式，制定能适应并引导旅游者行为过程的空间发展策略提供理论支撑。

一、假设

（一）概念梳理

在目前研究中，认知、意境、意象等概念的使用较为混乱。无论是在心理学还是在行为地理学，认知的（cogitive）与意境的（mental）并无实质的区别，它们都是以知觉的（perceptive）经验为基础，进行加工的结果，它们与抽象概念一样能超越知觉经验。本书使用"意境"。

心理学与行为地理学中的意象（mental images 或 images，也被翻译成"映像""表象"）是有实质区别的。在心理学中，"意象"是一个以准图片编码方式进行的认知过程，其功能类似于知觉。而自 Lych 开始使用的"image"则是各种地理要素的认知结果。由于地理信息知识更容易被以准图片的方式编码，所以行为地理学中的意象可以近似地被看作是心理学意象的结果。为了以示区分，本书使用"表象"作为心理认知过程的概念，"意象"作为空间认知结果的概念。基于以上分析，本书的主要概念规定如下：空间意象（geographic mental images）是人类意识对于地理空间信息的主动

[①] 魏鹏，石培基，杜婷. 基于空间意象的旅游者空间决策过程研究[J]. 旅游学刊，2015,(30)：43-50.

和积极形象化反映的结果，表现为象（image）、形（graph）或图式（schema），它以知觉经验为基础，与抽象概念一样能超越知觉经验。它是旅游者空间认知的结果表现，具有指向和评价两方面的特征。旅游者的空间意象包括了意境距离、意境地图等。

意境地图是（mental map）人们对地理空间的整体认知结果，是经过人主观加工后地理空间的整体意象。意境距离既是意境地图的构成要素，也可能单独存在而对旅游空间决策产生影响。

（二）空间意象对旅游者空间决策的影响

旅游者空间决策的实质是一种消费决策，其内部动因是消费需要和消费动机。期望理论也认为行为决策的依据是旅游者内在的心理需求，它并不一定直接表征，但功能表现为：（1）决定是否去旅游；（2）构成旅游空间选择的判断标准，即旅游空间的选择将与旅游需求进行比较，否定的将予以排除。在旅游需求与动机产生后，旅游者的空间决策依赖于地理空间的认知与旅游需求的比较评价。决策理论认为决策结果取决于偏好，偏好是建构的，因此具有阶段性。旅游者的选择决策就是通过对备选项的评价，建构越来越清晰的旅游空间偏好。

空间认知就是空间意象的形成过程。在心理学上，人的认知被定义为个体主动寻找信息和接收信息，并在一定结构中进行信息加工的过程。旅游者的空间评价不同于分析者采用的联合评价，而是单独评价模式，关注主观体验，即旅游者是通过逐一与旅游需求进行比选确定是淘汰还是进入下一选择集。正是因为单独评价，在信息加工有限条件下，旅游者可能对于符合旅游需求的选项直接进行下一步的信息加工，而忽视其他选项。

由此可见，旅游者的"信息加工过程""空间认知过程""空间意象的形成过程""空间决策过程"应是同一过程。旅游者的空间意象对空间决策影响如图3-11所示。

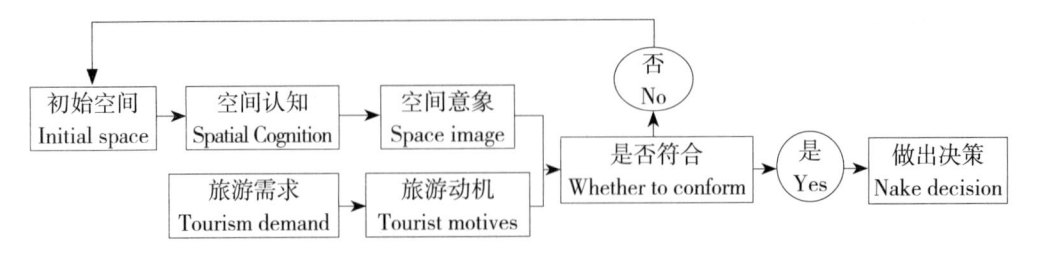

图 3-11　空间意向对旅游者空间决策影响的图示

(三) 旅游者空间决策的过程

旅游者的空间决策与空间意象形成是同一过程。

从旅游学的角度，这一过程，就是从旅游需求出发，不断缩小选择空间范围，不断完善决策的过程。其过程包括：（1）尺度决策，即我可以去多远的地方。（2）目的地决策，即我要到哪里去，一般而言目的地对旅游者是地理空间的点要素。（3）同次旅游可达的其他旅游目的地空间决策，即这一次我还可以去哪里。基于效用最大与成本节约的要求，旅游者空间决策具有多样性偏好，不会放弃在同次旅游中还可以多去几个地方的机会。（4）旅游行程安排决策，即我先去哪里、后去哪里。

从信息加工的角度，这一过程，就是从想象信息到知觉信息的收集与加工过程。

从认知心理学的角度，这一过程，就是从长时记忆出发，通过信息的不断输入，进行认知的过程。

从行为地理学的角度，这一过程，就是通过持续的认知形成并完善空间意象的过程，其过程包括：（1）为尺度决策所需的意境距离。（2）为目的地决策所需的旅游目的地的意境地图。（3）为同次旅游过程中其他旅游目的地的决策所需的推理的意境地图。这一决策并不独立存在，而是依赖于旅游者以目的地为标准，通过解码的想象信息和搜索到的确切信息进行空间推理。（4）为安排空间形成所需的表象的整体意境地图。由于旅游行程的决策不取决于目前空间活动认知，而取决于对未来旅游活动的认知，这需要对前面几项空间意象要素经过过程表象以形成整体的意境地

图才能实现。

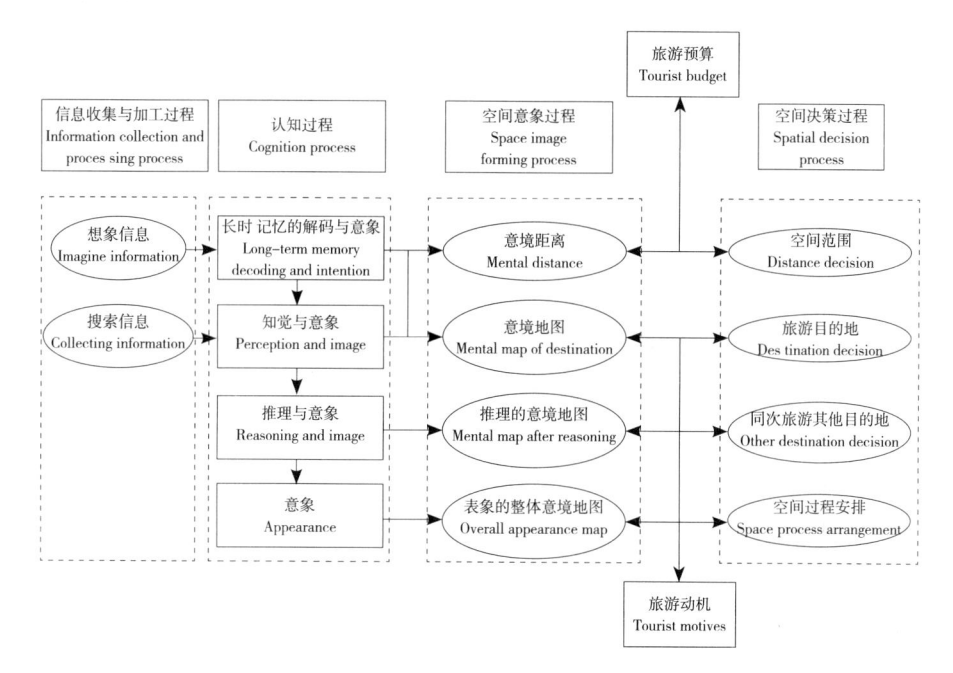

图 3-12 旅游者空间决策过程模型

（四）研究假设

1. 意境距离与空间范围决策

旅游者是依据适应费用与时间开支预算要求的意境距离而不是实际距离进行空间距离范围的决策。意境距离的量度存在一种可变的尺度，是基于不同的尺度而分阶层存在。

假设1：旅游者所选择目的地范围的意境距离与开支预算正相关，其相关性高于实际距离与其的相关性。

2. 目的地意境地图与目的地决策

意境地图决定了旅游者的目的地决策。从内在机理来说，旅游者的目的地决策取决于空间期望、对象评价和风险预期，即目的地决策=（意境地图评价旅游需求）/风险预期=（意境地图评价旅游需求）/（不利后果×发生概率）。具有指向和评价特征的意境地图刻画了对象评价以及不利后果的预期，也决定了旅游者风险发生概率的判断。清晰的意境地图既要求有较为充分的位置与对象信息，也要求有明确的意境评价。

假设2：旅游者对某地意境地图的清晰度与其将该地作为旅游目的地的空间决策正相关。

3. 推理的意境地图与同次其他旅游目的地决策

旅游过程中地理空间推理是依据已经确定的意境地图采用定性方法进行的，即意境地图对其他的空间进行相对定位和评价。空间的推理关系包括拓扑、方向和距离。在选择旅游目的地后，旅游者同次旅游的其他旅游地的决策将依据其与已选旅游目的地的推理关系而不是旅游者的偏好。大量证据表明，人类在利用空间关系表达地理空间时，拓扑关系是非常精确的，距离关系次之，而方向关系则经常被扭曲。

假设3：在做出旅游目的地决策后，该地与旅游者选择的该次旅游中其他旅游地的推理关系强于与旅游者偏好的其他旅游地的推理关系。

4. 表象的整体意境地图与旅游空间时序安排决策

Kossly等的心理扫描实验表明距离越大进行准确的表象扫描所需要的时间越多[①]，即在相同条件下其准确性越低。在空间决策过程中，空间表象的深入将不断减少旅游者所认知的旅游目的地间的距离，从而增加在相同条件下扫描的准确性，将使得空间的时序安排（即同次旅游中每天的旅游地安排）更加合理。

假设4：空间表象的深入与空间时序安排的合理性成正相关。

二、研究方法

（一）研究对象

为适应本书主要研究"意境地图"对"旅游空间"决策的关系，而

---

① 王甦. 认知心理学 [M]. 北京：北京大学出版社，2006：167-187.

不局限于是否已在旅游中的条件，同时也防止研究对象缺乏旅游动机与处理旅游信息能力而失去代表性，基于研究对象的典型性要求以及研究者本身的便利条件，研究对象选取在校大学生（未在旅游活动进行中）和旅游者（旅游活动中）两个典型代表群体。本书共针对1321个对象进行，完成并回收1033份，回收率为78.20%，有效问卷712份〔全部调查共设计问题32题，剔除缺失15%（4.8取5）项及以上答案的问卷〕，有效率为68.92%。

在校大学生（未在旅游活动进行中）属于具有较强的旅游兴趣和较为充裕的闲暇时间，但是可支配收入相对较少，整体而言属于潜在旅游消费者中旅游动机较强、旅游信息了解较多的群体。调查过程分为集中调查和分散调查。集中调查的对象是西北师范大学旅游学院和国际文化交流学院的学生。共收集有效样本321份（回收率85.81%，有效率85.60%）。其中，男生118份，女生203份；普通本科生210份，硕士研究生111份；平均年龄21.2岁。分散调查的对象是西北师范大学、兰州交通大学不特定专业的学生，主要通过在宿舍中一对一进行调查，调查时间是2013年10月至2014年6月。共收集有效样本159份（回收率81.90%，有效率92.44%）。其中，男生61份，女生98份；普通本科生114份，硕士研究生45份，平均年龄20.7岁。

旅游活动过程中的旅游者是已有明确的目的地选择和旅游过程安排的旅游消费群体。本书的对象是甘肃省境内乘坐大巴车或火车的在途旅游者。调查时间是2013年十一黄金周和2014年4月至7月。共收集有效样本232份（回收率72.11%，有效率47.74%）。其中，省内旅游者102份，省外旅游者130份，男性144份，女性88份，平均年龄36.8岁。

（二）研究方式

学界关于决策过程的研究经常采用情景案例配合问卷调查的方法。由于不同尺度对于不同空间要素显现的程度不同，因此采用不同的尺度情景。

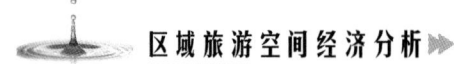

对于意境距离，本书设定的情景是在"如果条件允许，在国内你打算旅游的地方"，而对于具体的旅游目的地、旅游行程研究设定的情景是"如果条件允许，在甘肃省内你打算旅游的地方"。

1. 调查问卷

问卷调查的内容包括：（1）被调查者的人口统计学特征；（2）无法用意境地图草图反映的信息，如意境距离。

2. 意境地图的草图绘制

手绘草图是意境地图外部化的一种重要方法，自1960年Lych提出以来，便以其受试人群广、易于获取、信息量大、简单直接等特点得到广泛应用。对于草图绘制，以往研究的方法是，提供较为详细的地标或者不提供任何信息，前者将使研究者的标准影响到被调查者，后者又因为被调查者的随意性太强而使得在大量调查过程中合成草图显得混乱[1]。借鉴地图绘制的栅格方法，本书提供带网格的A4纸作为被调查者绘制意境地图的底面。经测量，甘肃省东西垂直长度1501km，南北垂直宽度1168km，面积最小的广河县538km^2；借鉴学者Avo进行总体局部特征研究的实验设定每个方格33mm，构成视角3°47′，使得每个参加者能够较清晰地辨识各个方格。为此，在A4纸上布置横向66格，纵向51格的正方形，每格边长33mm，在A4纸上为2178×1683mm^{2}的矩形；每边代表23km，每格代表529km^2，与甘肃面积最小的县相近，使得每个县能够与至少一个空格相对应；整个网格构成代表1518km×1173km的空间范围，与甘肃所占的空间范围相近。在网格中先以四格填图的方式，标明在整个网格图中兰州（被测试所在地）的区域。

---

[1] Young M. Cognitive maps of nature based tourists[J].Annals of Tourism Research，1999，26(4)：817-839.

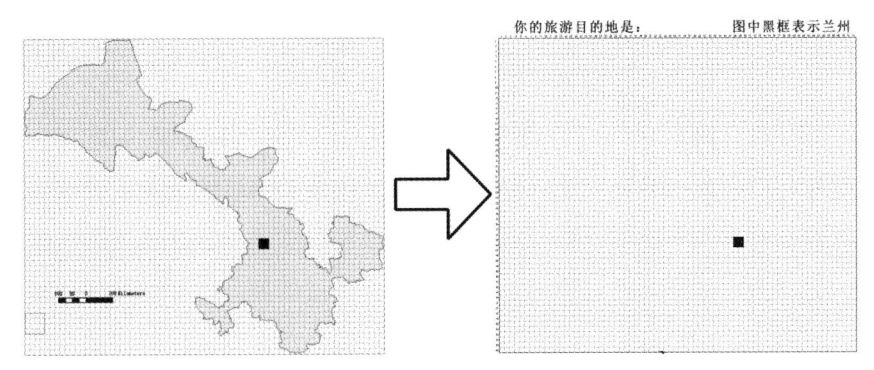

图 3-13 草图研究的网格底图

被调查者要求在网格中画出意境地图，意境地图的画法采用填图的方式，要素包括：目的地区域，被要求在自己所选的区域框中填色，以表明在整个网格中所选区域与兰州的相对方位、距离、区域大小；线路，以连线方式标明从兰州出发到所选区域的路线；地标，在所选区域旁写上能够辨识的地标名。

（三）研究过程

1. 预测试

使用调查问卷和草绘意境地图对 10 名旅游管理硕士研究生进行预测试。测试的目的是：调整问卷调查以及草绘图的说明语言，使其表达更清晰；进行分类型测试指标的 Crobach's α 值计算，预测试中，最小的 $\alpha=0.720>0.7$，各评价要素具有较好的一致性。

2. 正式测试

在校生的集中调查利用 8 个班（本科生 5 个班，硕士研究生 3 个班）某次必修课 2 节课的时间进行，测试前被调查者不知道本节课的活动安排，没有进行任何的专门信息收集。学生们被要求严格依据活动安排过程进行。在校生的分散调查则是调查者进入学生宿舍，对在宿舍的学生进行调查，一般每次调查的对象为 3~5 人。对旅游者的调查是在甘肃省境内乘坐大巴车或火车的在途旅游者，包括兰州市到永靖黄河三峡景区（4A 景区）、兰州市到景泰黄河石林（4A 景区）、兰州到武威市的大巴车上，以及兰州市

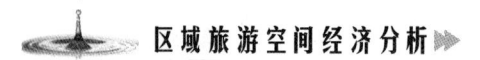

到嘉峪关（敦煌）的火车上进行。

第一步：填写问卷调查。完成时间是 10 分钟内。

第二步：画出基于长时记忆的意境地图。给出情景条件，假定现在有 4 天的闲暇时间，3000 元的旅游开支，以保证参加测试的被调查者有合适的时间和开支预算能够选择甘肃省内任意旅游目的地，需要现在做出旅游目的地决策，并强调所选目的地不包括曾经去过的地方。询问被调查者是否已经有了目的地选择，如果有，在给出的网格图上方写出并注明是已选择的目的地，写出旅游行程安排，并在网格图中画出意境地图。如果没有，要求在网格图上方写出自己相对偏好的地方，并画出意境地图。同时要求已有选择的被调查者再画出除已选目的地之外的其他偏好地方，并画出意境地图。完成时间控制在 30 分钟内。

第三步：画出信息给定之后的意境地图。播放《印象甘肃》（对学生的集中调查和在大巴车上对旅游者调查是利用教室以及车载设备播放，对学生的分散调查以及在火车上对旅游者调查是利用笔记本电脑播放），这是一部全景式介绍甘肃旅游的纪录短片，包含了甘肃各地较充分的旅游信息，使得被调查者能够获得充分的信息，并告知被调查者如果做出了目的地选择，写出目的地地名和旅游行程安排，并画出意境地图，再次要求被调查者写明旅游的行程安排。完成时间控制在 50 分钟内。

第四步：画出可去的其他旅游地。告知被调查者此次旅游活动可以去其他地方，写出选择的地名，画出意境地图。再次要求被调查者写明旅游行程安排。完成时间控制在 30 分钟内。

3. 研究统计

对于数量型统计的结果直接通过 SPSS 进行分析。对于评价型统计，如行程安排是否合理，则让 5 名研究生参与评价并统计，对每一个人的评价统计结果进行一致性分析，取 Crobach's α 值最高的两人的平均分作为统计量，再进行分析。

三、研究分析

（一）意境距离

在调查问卷中，分别给出费用与时间预算，询问参与者选择的旅游目的地，以及其认知的意境距离。在费用预算影响测试中，最小预算为1000元，间隔尺度为1000元，最大为15000元，共15个费用预算可能。采用SPSS多配对样本非参数检验得到前者的卡方值177.21，伴随概率Sig.=0，W=0.955，接近1，说明检验结果拒绝原假设，不同费用条件下分布差异显著。费用支出条件与目的地的意境距离的Pearso相关系数为0.829（双尾，99%的置信度下），与实际距离的Pearso相关系数为0.655（双尾，95%的置信度下）。

在时间预算影响测试中，最小预算为1天，间隔尺度为1天，最大为15天，共15个时间预算可能。得到的检验结果分别为x^2=183.12、Sig.=0、W=0.972，拒绝假设1，说明不同时间约束条件下的分布差异显著。时间条件与目的地的意境距离的Pearso相关系数为0.786（双尾，99%的置信度下），与实际距离的Pearso相关系数为0.439（双尾，90%的置信度下）。

以上分析印证了无论是在费用预算还是时间预算条件下，其与意境距离的相关性都明显地高于实际距离的相关性，即预算条件对空间距离决策的影响是通过意境距离而不是实际距离发挥作用的。

该测试结果也显示出旅游者的意境距离具有层次性。以支出约束下的目的地意境距离为例，进行聚类分析。由于数据量大，将15个预算可能所对应的意境距离采用快速聚类法（K-Meas cluster）分析，设定聚类数为5，最大迭代次数为10，得到5个聚类的中心值分别为212、1089、3001、3851、4911，方差分析结果为F=543.761，Sig.=0.02，显示具有较好的聚类效果，说明意境距离具有层次性。

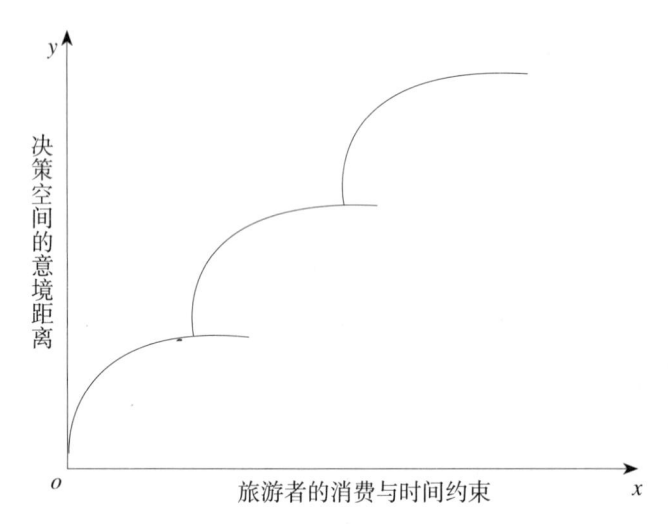

图 3-14 旅游者的费用、时间约束与决策空间意境距离的关系

（二）目的地意境地图

对所做出的意境地图的精度进行分析，其内容包括方位偏差、距离偏差以及地标数。方位偏差，以 8 方位为标准，每偏差 1 位记 1；距离偏差以意象位置与实际位置每偏差 1 格记 1；地标数以参加者说出的地标实际数计算。每一幅意境地图的精度 =– 方位偏差 / 方位偏差总体均数 – 距离偏差 / 距离偏差总体均数 + 地标数 / 地标数总体均数。对目的地和非目的地的意境地图进行两配对样本的均值检验，得到的结果是：两者的均值分别是 –0.52、–1.51，T=3.651，Sig.=0.01，拒绝原假设，证明假设 2 成立，即目的地和非目的地的意境地图精度有明显的差异。

对于目的地意境地图，包括了基于长时记忆信息而画出的以及进行专门信息收集后的。采用单一样本 T 值检验方法对其进行分析，以是否是记忆意境地图进行分组，其意境地图精度分别为 –0.35、–0.26，专门的信息搜集后的意境地图的精度似乎有所改进。但是其方差检验结果 F=3.082、Sig.=0.75；两变量均值检验结果，T=0.321、Sig.=0.76，不能说明其意境地图的精度有显著差异。因此，旅游者对于选择的目的地的意境地图有较高的精度，与是否进行了专门的信息收集关系不明显。

（三）推理的意境地图

以所选择的同次旅游中其他旅游区与首先选择的旅游目的地或旅游线的意境距离计数（不含方向信息），每相差 1 格记 1，来反映旅游者对两地间的推理关系。对在第二步中其他旅游偏好地与所选旅游目的地以及第四步中旅游目的地与同次旅游中所选其他旅游地的关系进行分析，仍采用两配对样本的均值检验，$T=2.520$，$Sig.=0.031<0.05$，拒绝原假设，并且前者的均值高于后者，证明假设 3，即旅游目的地选择后所选择的同次其他旅游地的不同于旅游者所偏好的其他旅游地，其与旅游目的地的推理关系强于其他偏好旅游地，同次旅游中其他旅游地的决策依赖于意境地图的推理。

（四）表象的整体意境地图

要求参加者分别在说出旅游目的地、画出意境地图以及相关旅游区后分别说出行程安排（第二步至第四步）。统计中，时空要素相对准确记 1，某一要素准确的为 2，都不准确的为 3，统计与旅游目的地的关系。测得卡方值 $x^2=92.321$，$Sig.=0$，$W=0.822$，说明 3 次测得的结果具有显著的差异性。前两次合理性的均值分别为 2.12、1.65，最后一次进行行程安排时（见第四步），合理性的均值为 1.33，方差仅为 0.199，基本接近于时空要素合理安排的要求，证明了假设 4，即随着空间表象的进行，行程安排越趋合理。

第三节 区域旅游者空间选择的实证研究

旅游者空间选择研究可以基于两个镜像性的思维进行展开，确定客源区域旅游者的空间选择，或者选择确定区域旅游者客源市场的空间分布。依据可得的统计数据，本书采用后者对区域旅游者的空间选择进行实证分析。

一、抽样调查

对各市（州）抽样的旅游人次数和统计的总旅游人次数进行相关分析，检验结果如表3-2，相关性达到76.4%，相关性伴随概率和配对的均值检验伴随概率均低于0.05，拒绝原假设，说明两组数据的相关性明显，抽样样本对总体状况具有良好的说明力（表3-3）。

表3-2　各地抽样旅游人次与旅游总人次的配对相关性分析

	样本数（N）	相关性系数	显著性（Sig.）
配对（旅游人次2015&抽样人次）	14	0.764	0.026

表3-3　各地抽样旅游人次与旅游总人次的配对T值检验

配对（旅游人次2015与抽样调查）	配对偏差				T值	自由度	显著性（双尾）
	均值 Mean	标准差	平均数标准误差	偏差的95%的置信区间 最小	最大			
	155.840	293.682	78.489	−13.727	325.407	1.985	13	0.049

二、国内旅游市场空间分析

依据抽样统计数据计算旅游吸引力半径，空间距离采用各市（州）与各省（区）客源市场的省会城市的GIS测量直线距离。全省及各市（州）的国内市场吸引力半径计算结果见表3-4。

表3-4　全省及各市（州）国内旅游市场吸引力半径及市场基尼系数计算结果表

	全省	兰州市	嘉峪关市	金昌市	白银市	天水市	武威市	张掖市	酒泉市	定西市	陇南市	平凉市	庆阳市	临夏州	甘南州
吸引力半径（km）	977.	904	1782	1198	414	624	1082	1256	1652	694	984	563	399	645	613
基尼系数	0.36	0.31	0.43	0.58	0.45	0.41	0.27	0.34	0.21	0.53	0.22	0.64	0.44	0.35	0.36

对吸引力半径与各旅游要素指标进行相关性分析，分析结果见表3-5。

表 3-5 各市（州）国内旅游市场的吸引力半径及客源地基尼系数与旅游要素指标间相关性分析表

	吸引力半径	国内旅游市场的基尼系数	A级景区总数	旅游人次2015	旅游收入2015	星级饭店数	程度中心指数	交通中心指数	抽样人次
吸引力半径相关性指数	1	-0.349	0.041	0.039	0.092	0.287	0.349	0.299	0.136
显著性（双尾）		0.221	0.889	0.895	0.754	0.319	0.221	0.3	0.643
国内市场基尼系数	-0.349	1	-0.348	-0.261	-0.316	-0.459	-0.31	-0.119	-0.364
显著性（双尾）	0.221		0.223	0.367	0.271	0.098	0.28	0.685	0.2
A级景区总数相关性指数	0.041	-0.348	1	0.684**	0.658*	0.764**	0.537*	0.464	0.191
显著性（双尾）	0.889	0.223		0.007	0.011	0.001	0.048	0.095	0.512
旅游人次2015相关性指数	0.039	-0.261	0.684**	1	0.974**	0.731**	0.853**	0.672**	0.333
显著性（双尾）	0.895	0.367	0.007		0	0.003	0	0.008	0.245
旅游收入2015相关性指数	0.092	-0.316	0.658*	0.974**	1	0.786**	0.910**	0.756**	0.457
显著性（双尾）	0.754	0.271	0.011	0		0.001	0	0.002	0.002
星级饭店数相关性指数	0.287	-0.459	0.764**	0.731**	0.786**	1	0.702**	0.508	0.543*
显著性（双尾）	0.319	0.098	0.001	0.003	0.001		0.005	0.064	0.045
程度中心指数相关性指数	0.349	-0.31	0.537*	0.853	0.910**	0.702**	1	0.829**	0.335*
显著性（双尾）	0.221	0.28	0.048	0	0	0.005		0	0.241
交通中心指数相关性指数	0.299	-0.119	0.464	0.672**	0.756**	0.508	0.829**	1	0.391
显著性（双尾）	0.3	0.685	0.095	0.008	0.002	0.064	0		0.167
抽样人次相关性指数	0.136	-0.364	0.191	0.333	0.457	0.543*	0.335	0.391	1
显著性（双尾）	0.643	0.2	0.512	0.245	0.002	0.045	0.241	0.167	

** 相关显著性在 0.01 水平（双尾）；
* 相关显著性在 0.05 水平（双尾）。

以上分析可见，甘肃省各地国内旅游市场的空间吸引力半径长与旅游者人次、旅游收入、A 级景区数、星级饭店数、中心性指数以及有效样本数等的相关性伴随概率均低于 95%，相关性不明显。

为了解吸引力半径与区位状况的关系，进一步进行空间趋势线分析，结果如图 3-15 所示。

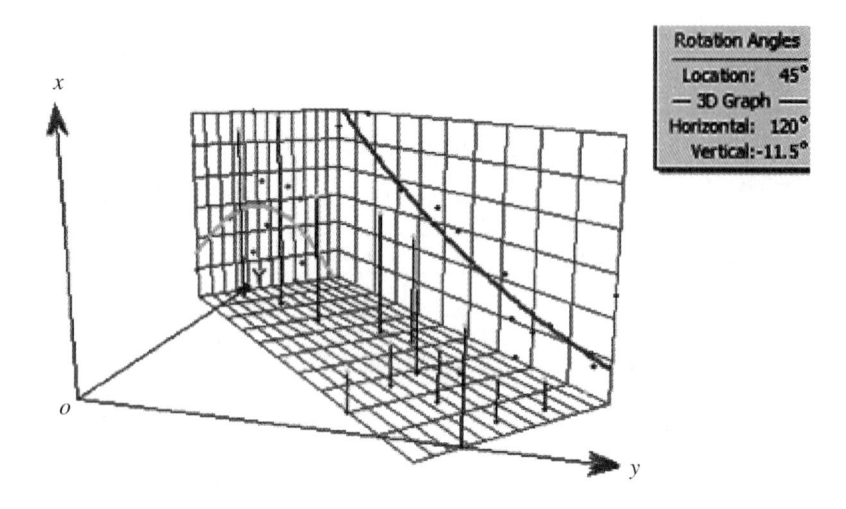

图 3-15　各市（州）国内旅游市场旅游吸引力半径的趋势线分析图

可见，各地国内旅游市场吸引力半径长明显地具有地域特征，由西北向东南递减，在东北—西南方向呈倒 U 形，中部兰州的旅游吸引力半径明显大于两端的平凉、庆阳与甘南、临夏地区。说明甘肃省各地的国内市场空间趋同，东部发达地区是甘肃省各地的主要目标市场，距主要目标市场越远的城市的市场空间半径越大。

为进一步检验该结论，将各地的旅游吸引半径（AR）值与各地和北京、上海、广东（广州）的距离进行相关性分析，分析结果如表 3-6 所示。

表 3-6　旅游吸引半径（AR）值与各地和北京、上海、广东（广州）的距离相关性分析

	AR	与北京的距离	与上海的距离	与广东的距离
AR 相关性系数	1	0.851**	0.894**	0.863**
显著性（双尾）		0	0	0
与北京的距离相关性系数	0.851**	1	0.926**	0.803**
显著性（双尾）	0		0	0

续表

	AR	与北京的距离	与上海的距离	与广东的距离
与上海的距离 相关性系数	0.894**	0.926**	1	0.965**
显著性（双尾）	0	0		0
与广东的距离相关性系数	0.863**	0.803**	0.965**	1
显著性（双尾）	0	0	0	

** 相关显著性在 0.01 水平（双尾）。

分析可见各地市场的半径空间与各地中心城市的实际空间距离高度地相关，在双尾 99% 可信度下，相关性均高于 85%，说明甘肃省各地的国内市场空间的动向趋同。

第四章 旅游供给的区域空间决定

第一节 旅游企业空间选择的目标与约束

旅游产品具有空间属性，旅游企业的供给包含了空间供给的内容。经济学的供给理论也适用于旅游供给空间决定的分析。

一、旅游供给的概念与特征

（一）旅游供给的概念

旅游供给从狭义上来看是旅游经济部门在一定时期内以一定的价格向旅游市场提供的旅游产品的数量；从广义上来看是旅游经济部门和非经济部门提供的旅游产品的数量，因为有些旅游产品的组成内容（如旅游资源、基础设施、咨询服务等）可能来自非经济部门。旅游供给应从广义角度来理解，即凡是能够提供给旅游者的服务及其凭借物都是旅游供给的内容。

旅游供给主要是旅游目的地所提供的，但也有一些服务是在客源地和联结客源地、目的地的线路上所提供的，它们都具有典型的空间属性。

旅游供给提供的是旅游产品，而旅游产品主要由服务构成，所以旅游供给所提供的也主要是旅游服务。但是提供旅游服务必须凭借各种实物（如

旅游资源、旅游设施及一定的旅游商品）才能实现。旅游供给并非只提供一种单项旅游产品，而是各种产品的综合，是一系列满足旅游需求的服务，旅行社、旅游饭店、旅游交通是现代旅游的三大支柱。这些综合服务的完成，还必须依靠其他服务的支持，即间接供给的支持。

（二）旅游供给的特点

旅游供给是旅游产品生产者的行为，这种行为涉及国家和社会的各个方面，但主要的行为者是旅游从业者，他们的活动构成了旅游产品的直接供给。从直接供给角度来看，旅游供给具有以下特点。

1. 空间固定性

空间固定性是旅游产品的一大特点，因此，旅游供给在地域上是不可移动的，只能是在固定空间上的产品供给，而旅游者要消费这些旅游产品，他们就只能通过流通环节，到旅游供给的产地进行消费，这使旅游产品在生产、供给规划上与一般的产品存在很大的差别。一般产品的供给，物流环节是规划要重点考虑的内容，而旅游产品的供给，景点、景区的环境容量和承载力则是规划首先要明确的问题，它决定着未来旅游供给的数量和水平。

2. 综合性

综合性是贯穿于旅游经济各个运行环节的普遍特征，旅游产品、旅游需求、旅游消费、旅游供给都具有这一特征；因为旅游供给提供的是旅游产品，而旅游产品具有综合性，所以旅游供给也具有综合性，即提供完整的旅游产品。旅游供给的综合性体现在有直接供给，也有间接供给；有基本供给，也有非基本供给；有物质产品的供给，也有精神产品和服务的供给；有旅游经济部门提供的，也有其他经济部门和非经济部门提供的；等等。旅游供给是由社会多个旅游企业与多种行业共同协作完成的。

3. 低弹性

影响旅游供给的因素是多方面的，概括起来主要有自然条件、历史条件、社会经济发展状况及科学技术的发展水平等。在这些因素中，很难找到一个因素，它的变动能在较短的时间里产生大量的旅游供给。旅游资源大都是自然的和历史的结果，而某些旅游的设施要增加，其建设不仅需要大量的资金投入和必要的科技手段，也需要一定的时间。由此可见，旅游供给表现为一种低弹性。

4. 多样性

旅游供给的存在是以需求为前提的，由于旅游产品的使用价值在于满足人们的心理和精神需要，这种需要千差万别，所以，旅游供给具有多样性的特点。这要求旅游供给者在旅游产品的生产和供给过程中，要充分考虑旅游者在物质和精神方面的需求，把所有相应的物品和服务都纳入经营范畴，在大力发展传统性大众旅游产品的同时，针对特殊旅游者的特殊需求，积极开发个性化的旅游产品和供给。

二、旅游企业的目标与约束

（一）企业的目标

2015年中国内地有A级景区纳入统计管理系统的旅行社近3万家，星级饭店超过1.2万家，全国景区景点数量达到21.6万个，其中A级景区超过7000家，它们构成了我国旅游企业的主体。不同的生产规模和经营范围的旅游企业，都在完成相同的基本经济功能。和其他企业一样，每家旅游企业都是一个购买劳动力、资本和自然资源等生产要素，并组织这些要素进行生产并销售产品和服务的机构。

不同的旅游企业家要达到什么样的目的，可能会得到许多不同的答案。有些企业家谈到要生产高质量的产品，有些则谈论企业的发展，还有些谈到了市场份额和员工对工作的满意度。所有这些都可能是追求的目标，但它们并不是基本目标，这些只是为达到更深层次目标的手段。

企业的目标是利润最大化，一个不追求利润最大化的企业要么被淘汰，要么被追求利润最大化的企业收购。

（二）企业的约束

为了实现利润最大化的目标，对于空间问题，一个企业必须进行4项基本决策：（1）在什么地方生产；（2）在这个地方生产什么样的产品和服务；（3）生产多少；（4）如何为产品定价。在所有这些决策中，企业行为要受到它所面临的约束的限制。企业环境的四个方面限制了企业空间决策所能赚到的最大利润，它们是：技术、信息、市场、环境。

1. 技术约束

经济学家定义的技术是广义的。技术是任何一种生产产品和服务的方法，技术既包括旅游交通工具的改进、旅游项目的设计与安排，而且技术还包括旅游企业的组织，交通与信息技术深刻地影响着旅游企业的空间营利能力。不同企业所需要的主要技术内容是不一样的，例如，旅行社拥有专业化提供旅游过程服务的技术，它不同于游乐场的技术，而游乐场的技术又区别于旅游景区。企业的区位利润受到技术的限制似乎会让人感到惊讶，因为技术进步似乎一直在增加企业盈利的机会。现在，几乎每一天我们都会听说一种令我们吃惊的技术进步，景区使用旅游者身份识别系统，旅游者驾驶着能够在陌生的旅游地自动定位导航的汽车。技术在不断进步，但是在每一时点上，为了生产更多的产品和获得更高的收益，企业就必须投入更多的资源并花费更多的成本，企业可以实现的利润增长要受到现有技术的限制。例如，使用现有的城市到景区的交通工具，景区日接待游客量达到了最大值，交通成为景区发展的瓶颈因素，从而限制了景区利润的增加，为了能够更多地接待旅游者，就必须投入更多的资源，增加采用更先进、更便捷的交通工具。

2. 信息约束

无论是旅游者还是旅游企业，做出空间选择需要拥有必要的信息，但每个主体都不可能拥有做出决策所需要的全部信息，特别是面对具有空间异域特征的旅游产品更是如此。例如，假设旅游者打算外出旅游，你应该到什么地方呢？问题的答案在于不同旅游地的旅游项目、环境以及价格，为了最好地完成交易，你必须逐一比较所了解到的各个旅游地，这种比较的成果受到了你所拥有信息的数量与质量的约束。同样，旅游企业在进行企业与产品的区位选择时也难以对空间获得完全的信息，这使得如主题公园开发企业往往会花费数十万乃至更高的投入用于市场调查，但是这些努力和支出并不能消除关于空间选择的不完全信息和不确定性问题，同时，应付有限信息的成本本身又限制了利润。

3. 市场约束

每家企业可以在确定的空间出售什么产品以及产品的销售价格，要受到顾客的空间选择与支付意愿，以及其他企业生产的产品价格和营销努力的制约与影响。同样，每家企业在确定的空间中可以购买的资源和购买资源需要支付的价格，也要受到人们在该区位的工作意愿和企业的投资意愿的限制。旅游目的地或旅游企业一年要把数千万元用于市场营销以销售他们的产品，为了制作出能够最大限度地吸引人们眼球的电视广告，一些具有创新精神的人绞尽了脑汁，以吸引更多的旅游者能够克服空间限制，而前来旅游并有更多的消费意愿。旅游目的地或旅游企业必须克服的市场约束和为此而付出的费用是为了空间限制而付出的成本，这限制了企业能够获得的利润。

4. 环境约束

旅游企业特别是景区企业所能够提供产品的数量，表现为其能接纳的旅游者数量，还要受到特定空间的环境容量的约束。旅游环境容量又称旅游承载力，它是在一定时间条件下，一定旅游资源的空间范围内的旅游活动能力，即满足游客最低游览要求，包括心理感应气氛以及达到保护资源的环境标准，是旅游资源的物质和空间规模所能容纳的游客活动量。景区承载力强调了土地利用强度、旅游经济收益、游客密度等因素对旅游地承载力的影响，在内容上包括了资源空间承载量、环境生态承载量、心理承载量、经济发展承载量、社会地域承载量等基本内容，一个旅游地的旅游承载力是这些承载力的综合能力。由于环境条件的约束，使得旅游产品的供给达到一定量后，将逐渐表现为稳定性，不会随着价格的增长而无限增

长，其供给曲线可能表现为如图4-1所示。

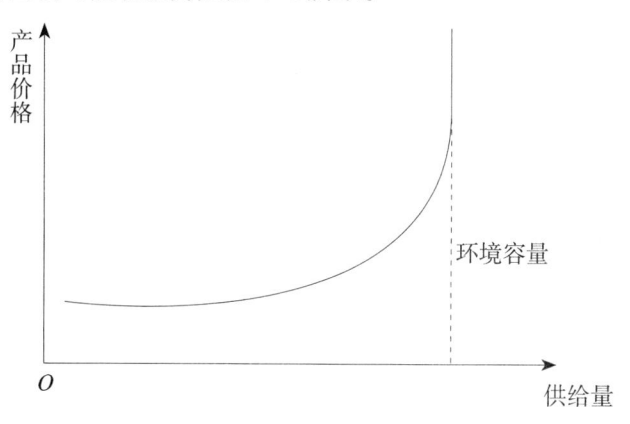

图 4-1 受环境约束的旅游供给曲线

2015年4月1日起实行的、国家旅游局颁布的《景区最大承载量核定导则》，要求各大景区核算出游客最大承载量，并制定相关游客流量控制预案，景区应逐步推进旅游者流量监测常态化。

景区瞬时空间承载量 C_1 由以下公式确定：

$$C_1 = \sum X_i / Y_i \qquad （公式4-1）$$

式中：X_i——第 i 景点的有效可游览面积；Y_i——第 i 景点的旅游者单位游览面积，即基本空间承载标准。

景区日空间承载量 C_2 由以下公式确定：

$$C_2 = \frac{X_i}{Y_i} \times \text{Int}\left(\frac{T}{t}\right) = C_1 \times Z \qquad （公式4-2）$$

式中：T——景区每天的有效开放时间；t——每位旅游者在景区的平均游览时间；Z——整个景区的日平均周转率，$\text{Int}(T/t)$ 为 T/t 的整数部分值。

三、旅游企业空间选择的影响因素

（一）旅游资源因素

旅游供给的基本要素是旅游资源，而旅游资源是在特定的自然和社会条件下所形成的，是旅游经营者不能任意改变的。所以，旅游经营者只能

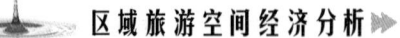

把旅游资源优势作为旅游供给和旅游经济增长的依托点，以市场为导向，通过对旅游资源的合理开发，向旅游市场提供具有特色的旅游产品，实现旅游资源优势向经济优势转换。因此，旅游资源不仅决定着旅游产品的开发方向和特色，而且影响着旅游供给的数量和质量。

此外，由于旅游资源是在一定的自然和社会条件下形成的，具有一定的空间，即一定的环境容量，因此，旅游资源的开发和利用并不是无限的。对旅游资源进行合理利用，就必须把旅游者的活动控制在旅游资源和环境能够承载的范围之内。从这一点上看，旅游资源的环境容量决定了旅游供给的规模和数量。旅游需求过量和旅游环境超载不仅会损坏资源和设施，还会引起当地居民的不满，影响旅游供给的质量，甚至给旅游地带来众多的社会问题，削弱旅游产品的吸引力。

（二）旅游产品价格因素

特定区域的旅游综合产品的价格，直接影响着该空间范围内旅游供给者愿意提供产品的数量。旅游市场上，旅游经营者提供产品是为了盈利，因此，当旅游产品的价格上升，旅游经营者感到有利可图时，他们就会增加旅游供给的数量；而当旅游产品的价格下跌，旅游经营者没有盈利或盈利不多时，他们就会减少旅游供给的数量。

旅游产品的供给量除了受自身价格变化的影响外，还会间接地受该区域其他相关产品价格变化的影响。例如，如果飞机票涨价，而旅游目的地的旅游产品价格不变，这就意味着旅游产品的相对价格降低了，相对利润也随之减少，因而必然引起社会要素资源的重新配置，进而影响旅游产品供给量的变化。

（三）社会经济因素

旅游业不仅是一项综合性经济产业，也是一项依赖性很强的产业。旅游供给的很多内容都依赖于旅游空间中社会经济的发展所能提供的物质条件。如果一个国家或地区的社会经济发展水平高，经济实力雄厚，

科学技术发达，则这个国家或地区旅游业的综合接待能力就强，旅游供给就充足；反之，如果社会经济发展的水平低，基础设施薄弱，生产手段落后，能够提供的服务和设施就很有限，旅游产品供给的数量和质量就会受到制约。

另外，一个国家或地区社会经济的发展还会影响旅游经营者的心理预期。如果社会总体经济运行良好，旅游经营者就会增加供给；如果旅游经营者对整个地区的经济前景不看好，他们就会相应地减少供给。因此，社会经济发展的状况和水平不仅为旅游供给提供各种物质基础的保证，而且在一定程度上决定着旅游产品的供给数量和质量。

（四）科学技术因素

科学技术进步为旅游资源的有效开发提供科学的手段，为形成具有特色的旅游产品提供科学的方法，为保护旅游资源、实现旅游资源的永续利用提供科学的依据，并为旅游者提供具有现代化水平的、完善的接待服务设施，为旅游经济发展提供科学的管理工具和手段，从而使有效的旅游供给增加，旅游资金的周转加速，旅游产品成本降低，旅游经济效益得以提高。

在以自然景观为主的旅游景点中，运用高科技作为辅助手段可以使这些自然景观的供给更具广泛性；运用高科技手段开发的具有现代水平的各种主题公园，其旅游供给量大大增加。另外，随着现代科学技术的发展，电子技术在服务领域中广泛使用，这极大地提高了旅游经营者的服务效率和服务水平，也相应地增加了旅游供给。

（五）政府政策因素

旅游目的地国家或地区有关旅游经济发展的方针和政策，也是影响旅游供给的重要因素之一。特别是有关旅游经济发展的战略与规划，扶持和鼓励旅游经济发展的各种方针和政策，不仅对旅游经济发展具有重要的影响作用，而且直接影响旅游供给的规模、数量、品种和质量。

一些国家在旅游税收、价格、投资等方面都实行了优惠政策，大大激发了供给者的积极性，对于扩大旅游供给的规模、数量、品种和质量都起到了极大的激励作用。

第二节　旅游企业空间选择与供给的决定

一、区位与供给

（一）区位决策的时间尺度

企业经营的目标是，在它面临既定的约束条件下尽可能使经济利润最大化。为了实现这个目标，企业必须面临两个决策的尺度，短期决策和长期决策。短期决策是每个企业有既定的规模而且行业中企业数量固定的时间框架。长期决策是每个企业都能够改变其生产规模并决定是否退出该行业的时间框架。企业的空间选择是企业建立与规模决定的基础性决策，毫无疑问它属于典型的长期决策。因此，每个企业的生产规模和行业中企业的数量都是可变的，所面临的约束也是可变的。例如，某种产品的需求持续减少，或者技术进步改变了行业的生产成本。企业必须对这样的长期变化做出反应，并决定：（1）是扩大还是缩小企业现有规模；（2）是留在行业内还是离开这个行业。企业所有决策都由单一目标驱使：经济利润最大化。

（二）利润最大化产出

找出利润最大化产出的一种方法是研究企业的总收益和总成本曲线，并找出总收益与总成本差额最大时的产出水平。图4-2表示位于敦煌市区专营敦煌地接两日游的锦云旅行社是如何使用这种方法的，显示出了锦云旅行社在不同供给水平下的总收益和总成本，图4-2（a）幅给出了锦云的总收益和总成本曲线。总收益曲线（TR）与（b）幅中的总收益曲线相同。

总成本曲线（TC）显示随着产出的增加，总成本也增加。

经济利润等于总收益减去总成本。图4-2中（b）幅中画出了利润曲线（EP），显示了其经济利润。这条曲线表示了锦云旅行社每天的销售量在4到12人之间时能获得经济利润。在每天接收的旅游者小于4人时，企业发生了经济亏损。如果产出超过了每天12人，同样会发生亏损。产出在每天4件和12件时，总成本等于总收益，企业的经济利润为零。总成本等于总收益。

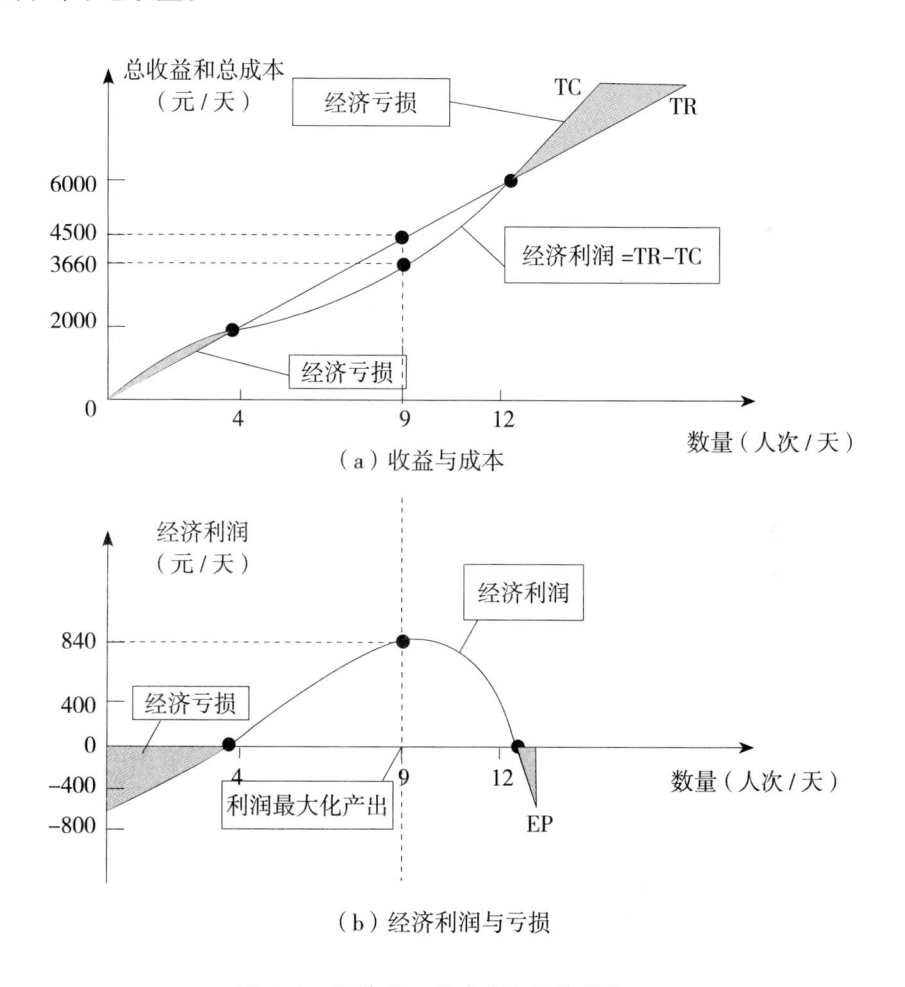

（a）收益与成本

（b）经济利润与亏损

图4-2 总收益、总成本和经济利润

1. 边际分析

找出利润最大化产出的另一种方法是运用边际分析，比较边际收益（MR）和边际成本（MC）。随着产出的增长，边际收益保持不变，但是边际成本变化。在低产出水平，边际成本下降，但是最终将增加。因此，边际成本与边际收益曲线相交时，边际成本是上升的。

如果边际收益大于边际成本（MR>MC），那么多销售一单位产品所获得的收益就超过生产这一产品而花费的成本。企业在边际产品上获得了经济利润，因此，如果产出增加，经济利润增加。

如果边际收益小于边际成本（MR<MC），那么多销售一单位产品所获得的收益就小于生产这一单位产品而花费的成本。企业在边际产品上发生了经济亏损，所以如果产出增加，经济利润下降；产出减少，经济利润增加。

如果边际收益等于边际成本（MR=MC），经济利润最大。MR=MC 的规则是边际分析的一个重要例子。现在我们回到锦云旅行社检验这个规则对找出利润最大化产出的作用。图 4-3 中记录了锦云的边际收益与边际成本。边际收益是不变的，为每人 500 元。在图中所表示的产出范围内，边际成本从 1 人 360 元增加到 700 元。

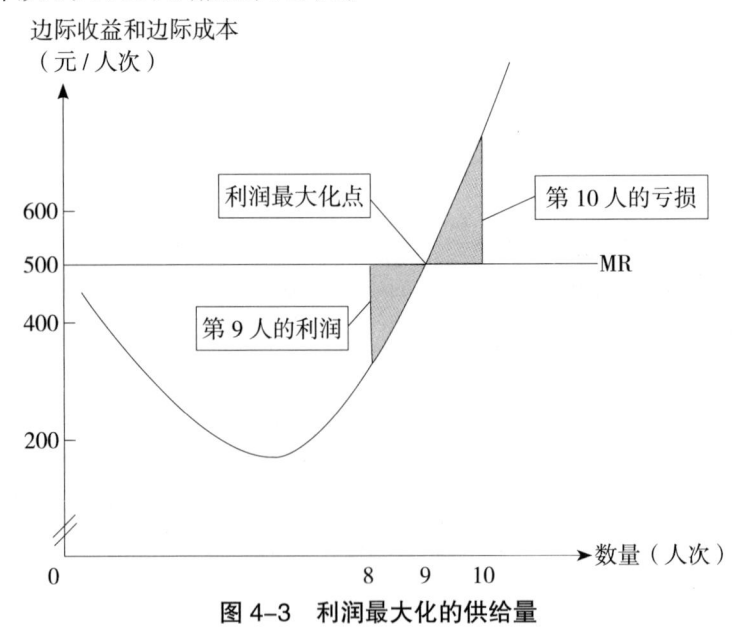

图 4-3　利润最大化的供给量

如果锦云的产量从 8 人增加到 9 人，边际收益是 500 元，而边际成本是 460 元。由于边际收益大于边际成本，经济利润增加了。该表的最后一列表示经济利润从 800 元增加到 840 元，即增加了 40 元。图中浅灰色区域表示从第 9 位旅游者中获得的这种经济利润。

图 4-2 表现出了锦云的总收益、总成本和经济利润。（a）幅画出了总收益和总成本曲线。在（a）幅中，经济利润是总成本和总收益曲线之间浅灰色区域的高度。在接纳 9 位旅游者时（这是总收益和总成本曲线之间垂直距离最大的产出），锦云的经济利润达到最大化，为每天 840 元（4500 元～3660 元）。在每天接纳 4 人和 12 人时，锦云的经济利润为零——这是盈亏平衡点。在每天接纳小于 4 人或大于 12 人时，锦云发生经济亏损。（b）幅表示锦云的利润曲线。当经济利润达到最大时，利润曲线最高；在盈亏平衡点，利润曲线与横轴相交。

如果锦云接待的旅游者从 9 人增加到 10 人，边际收益仍然是 500 元，但是边际成本是 540 元。由于边际收益小于边际成本，经济利润减少了。经济利润从 840 元下降为 800 元。图 4-3 中的深灰色区域表示第 10 位旅游者的这种亏损。

找出利润最大化产出的另一种方法是确定边际收益等于边际成本时的产出。图 4-3 表示，如果供给量从 8 人次增加到 9 人次，边际成本是 460 元，它小于边际收益 500 元。如果供给从 9 人次增加到 10 人次，边际成本是 540 元，它大于边际收益 500 元。图中表示当锦云每天提供 9 个名额时，边际成本与边际收益相等。如果边际收益大于边际成本，产出增加提高了经济利润。如果边际收益小于边际成本，产出增加降低了经济利润。如果边际收益等于边际成本，经济利润最大。

锦云一天接纳 9 位旅游者使经济利润最大化，在这个产出水平上边际收益等于边际成本。短期的利润与亏损在短期均衡时，尽管企业在利润最大化的产出水平上生产，但它不一定能获得经济利润。它可能获利，也可能保本甚至亏损。每位旅游者的经济利润（或亏损）是价格（P）减去平均总成本（ATC），所以经济利润（或亏损）是（$P-$ATC）$\times Q$。如果价格等于平均总成本，企业盈亏平衡——企业家获得正常利润；如果价格超过平均总成本，企业获得经济利润；如果价格低于平均总成本，企业发生经济亏损。图4-4表示这三种可能出现的短期利润结果。

在图4-4（a）中，每位旅游者的旅游费用400元（每件旅游产品的价格），锦云旅行社每天接纳8位旅游者。为每位旅游者提供产品的平均总成本是20元。价格等于平均总成本（ATC），所以锦云旅行社盈亏均衡（零经济利润），锦云获得正常利润。

在图4-4（b）中，每位旅游者的旅游费用是500元。当每天的接纳为9位旅游者时利润最大。这里，价格超过了平均总成本，所以锦云旅行社获得经济利润。经济利润是每天840元。它由每人93.4元（500元-406.6元）乘以数量（93.4元×9=840元）得出。浅灰色的矩形表示了经济利润。矩形的高度是每人利润93.4元，长度是每天接纳旅游者的数量9人，所以矩形的面积是锦云每天840元的经济利润。

在图4-4（c）中，每人的价格是340元。这里，价格低于平均总成本，所以锦云发生亏损。价格和边际收益是每人340元，利润最大化（在这种情况下是亏损最小）的产出是每天7位旅游者。锦云的总收益是每天2380元（7×340元）。每人的平均总成本是402.8元，所以经济亏损是每人62.8元（402.8元-340元）。每人的亏损乘以接纳旅游者的数量等于440元（62.8元×7=440元）。深灰色的矩形表示了经济亏损。矩形的高度是每人的经济亏损62.8元，长度是每天接纳旅游者的数量7人，所以矩形的面积是锦云每天440元的经济亏损。

旅游供给的区域空间决定 第四章

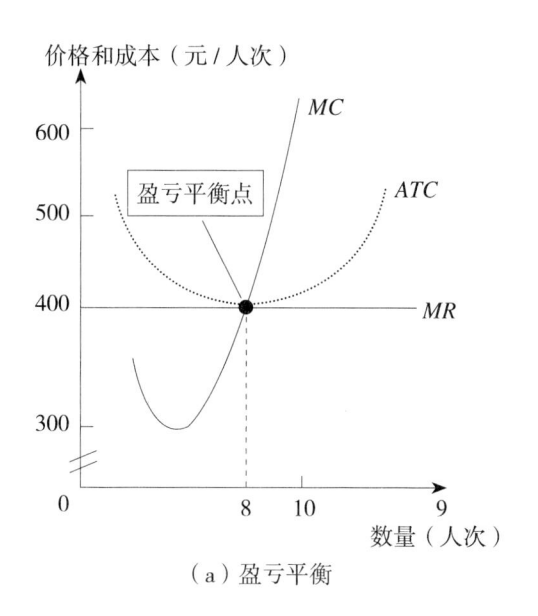

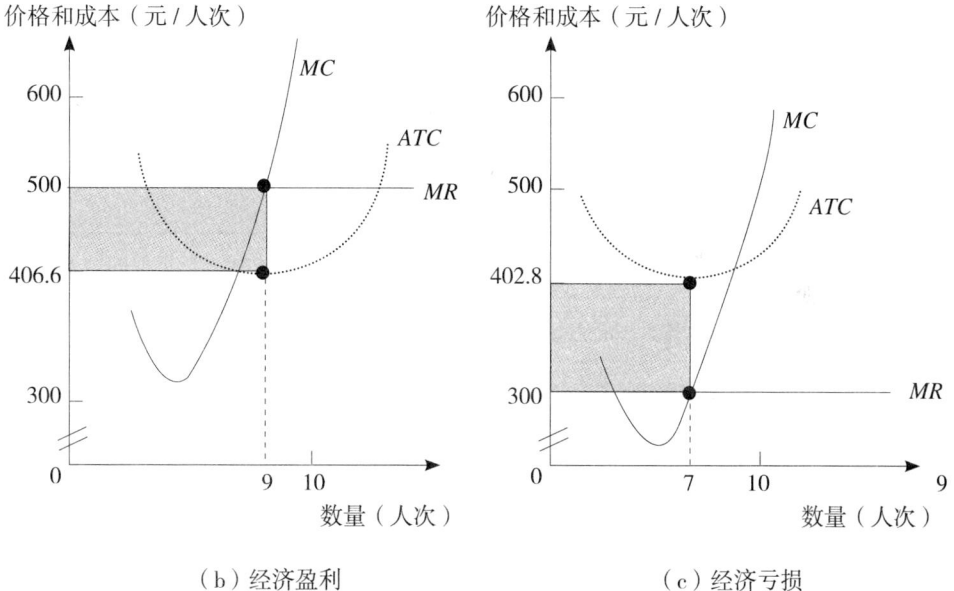

（图：价格和成本（元/人次）纵轴，数量（人次）横轴；MC、ATC、MR 曲线，盈亏平衡点在 400 元、8 人次处）

（a）盈亏平衡

（图：价格和成本（元/人次）纵轴，数量（人次）横轴；MC、ATC、MR 曲线，MR=500，ATC=406.6，数量为 9 人次）

（b）经济盈利

（图：价格和成本（元/人次）纵轴，数量（人次）横轴；MC、ATC、MR 曲线，ATC=402.8，MR=300，数量为 7 人次）

（c）经济亏损

图 4-4 短期中三种可能的利润结果

在短期中，企业可能盈亏平衡（获得零经济利润）、获得经济利润或发生经济亏损。如果价格等于最低平均总成本，企业盈亏平衡，并获得零经济利润[（a）幅]。如果价格高于最大化产出时的平均总成本，企业获

-115-

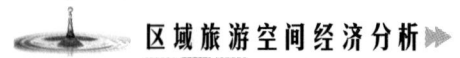

得经济利润［等于（b）幅中灰色矩形的面积］。如果价格低于最低平均总成本，企业发生经济亏损［等于（c）幅中灰色矩形的面积］。

二、单个企业的空间选择

（一）基于市场特征的空间类型

在微观经济学中，经济学家把不同类型的市场按其在决定价格方面的作用区分为不同的市场结构。所谓市场结构是指市场在组织和构成方面的一些特点影响着厂商的经济行为，为此，经济学家通常根据以下四种标准把市场结构区分为不同类型：一是一个行业所包含的厂商数量的多少；二是一个行业内各厂商所生产的产品之间的差别程度；三是行业内某一特定厂商的行为对价格影响的大小；四是厂商能否自由进入和退出该行业。根据这四条标准，经济分析把不同的市场结构区分为四种类型：完全竞争市场结构、垄断竞争市场结构和寡头垄断市场结构和完全垄断市场结构，这四种基本市场类型的特征，可以大致概括如表 4-1 所示。

表 4-1　四种基本市场类型的特征

	厂商数目	产品性质	对价格的控制程度	进入该行业的难易程度	售卖方式	近似的例子
完全竞争	很多	同质	完全不能控制	非常容易	市场交易或拍卖	完全同质的旅游餐饮
垄断竞争	较多	有一定差别	能在一定程度上控制	比较容易	广告宣传、质量和价格竞争	星级饭店、旅行社
寡头垄断	很少	有一定差别或同质	能在较大程度上控制	比较困难	广告宣传	旅游热点城市高等级五星级饭店
完全垄断	一个	没有合适替代品的特殊产品	可在很大程度上控制	不可能	进行广告宣传和加强服务	具有独特价值的景区如故宫、莫高窟等

旅游企业提供的旅游产品，最主要的内容是具有空间异域特征的旅游服务，从而让旅游者获得不同于日常生活的旅游体验与感知。因此旅游产品具有空间特征，以旅游景区、饭店以及旅行社等为代表的旅游企业的空

间选择，就是其所提供的旅游产品的空间内容。基于产品而形成的四种市场类型，也是旅游产品空间的市场类型。旅游企业空间区位具有差异性，决定了空间区位基本不具有完全竞争的基本条件。具有完全垄断与垄断竞争特征的空间区位是旅游企业空间选择所面临的两种主要形式。

（二）具有完全垄断特征的空间区位

市场力量和竞争是在大多数市场中都发生作用的两种因素。市场力量是指通过影响可供销售的总量来影响市场，尤其是影响市场价格的一种能力。具有完全垄断特征的空间区位没有面临竞争，但拥有强劲的市场力量。垄断区位指的是一个企业提供一种没有相近替代品的区位产品，并受到一种壁垒的保护，这种壁垒阻止其他企业获得这种区位特征与优势。在垄断中，这个企业就是该行业本身。对于到敦煌来的旅游者，莫高窟景区处于垄断地位。

1. 垄断区位的产生

垄断区位有两个关键特征：没有相近替代品区位；存在进入壁垒。

（1）没有相近替代区位

如果一种区位有一种相近的替代品，即便只有一个企业生产这种产品，这个企业实际上也面临着来自替代品生产者的竞争。黄山、峨眉山、故宫等遗产类景区基本没有相近的替代品。

（2）存在进入壁垒

保护一个企业，使之免于潜在对手竞争的各种法律的或自然的限制称为进入壁垒。一个企业有时可以通过获得一种关键资源的巨大份额而建立进入壁垒。

资源进入壁垒。资源进入壁垒造成资源垄断。资源垄断是指关键资源由一家企业独占。例如，高品质的自然与文化遗产类旅游资源，如九寨沟、泰山、华山、莫高窟、故宫，景区经营者就由于自己的资源形成垄断，它拥有极强的市场力量，依据自己的需要（经济或环境保护的需要）决定游客的接待量和旅游定价。

法律进入壁垒。法律进入壁垒造成合法垄断。合法垄断是一种市场，它的竞争和进入受到公共特许权、政府空间规划限制。城市空间发展需要满足生产与生活的多种需求，政府进行空间规划，使得包括旅游在内的不同项目供给在确定的空间范围内，从而赋予了该空间的垄断地位。

自然进入壁垒。自然进入壁垒造成自然垄断：它是一个其规模经济使一个企业能够以最低可能成本供给整个市场的行业。自然垄断是市场选择的结果。图 4-5 表示一个城市大型游乐场的自然垄断。在该图中，大型游乐场的市场需求是 D，企业的长期平均成本曲线是 LRAC。因为长期平均成本随着产出的增加而降低，规模经济就存在于整条 LRAC 曲线上。一个城市拥有一家大型游乐场企业，能够以每人次 200 元的成本提供年 40 万人次的游乐供给量。在这个价格水平上，需求量是每年 40 万人次。因此，如果价格是每人次 200 元，一个企业就可以供给整个市场。如果两个企业平分这个市场，那么要提供年 40 万人次的游乐供给量，每个企业花费的成本就是每人次 400 元。如果四个企业平分市场，那么每个企业花费的成本就是每人次 600 元。因此，在如图 4-5 所示的情形中，相比于两个或四个企业，一个企业能够以更低的成本供给整个市场。一个城市大型游乐场是自然垄断的一个例子，配套齐全的旅游目的地与其他旅游地相比，会逐渐地形成自己的垄断优势，也可以看作是一个自然垄断。

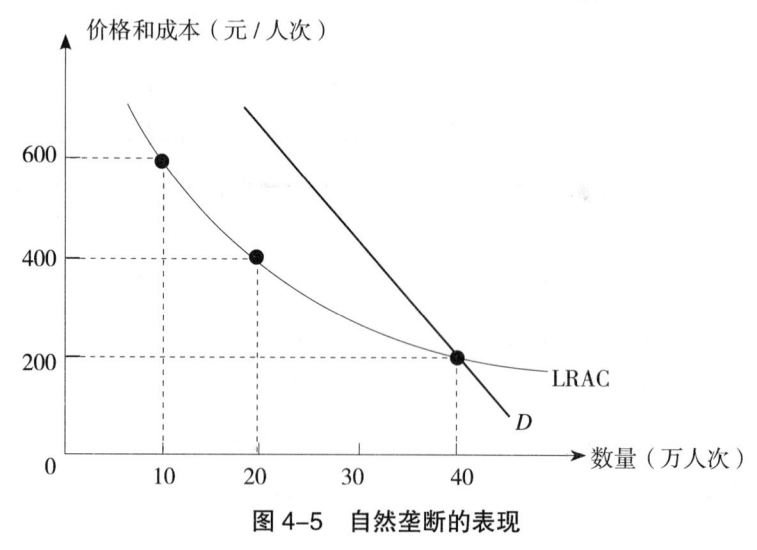

图 4-5 自然垄断的表现

2. 垄断定价策略

所有的垄断者都面临价格和销售量之间的权衡。为了销售更多，垄断者不得不索取一个较低的价格。有两种广泛的垄断态势造成两种不同的权衡，它们是：单一价格和价格歧视。

单一价格。没有对游客进行身份识别的景区，以同样的价格把门票出售给所有旅游者。如果它试图对某一些旅游者收取低价，而对其他旅游者收取高价，那么只有享受低价的旅游者才会购买，而其他旅游者则会从享受低价的旅游者手中购买门票。

价格歧视。很多景区对本地人实行低价，而对外地旅游者收取相对的高价。这些都是价格歧视的例子。价格歧视是以不同的价格出售不同数量的产品或服务的做法。

当一个企业实行价格歧视时，它看起来像是在给顾客提供优惠。实际上，它是为销售的每单位产品收取最高的可能价格，并赚取最大的可能利润。

3. 单一价格垄断的产出和价格决定

为了理解单一价格垄断者怎样做出产出和价格决定，我们必须首先研究价格与边际收益之间的关系。

（1）价格与边际收益

由于在垄断中只有一个企业，企业的需求曲线就是市场需求曲线。我们考察一下吕岩的客栈——一个旅游小镇中唯一的一家饭店，享有了面向这个小镇住宿旅游者的空间垄断优势。表4-2给出了这个市场的需求表。在价格为500元时，没有人来住宿，旅游者会选择距离小镇100千米以外的城市住宿。价格越低，住宿的人越多。例如，在价格为300元时，会有16个人选择住宿（E行）。

总收益（TR）是价格（P）与销售量（Q）的乘积。例如，在D行，吕岩收取每人350元的价格提供了12个人的住宿，从而总收益为4200元。边际收益（MR）是由销售量增加1单位而引起的总收益变化（ΔTR）。例如，如果价格从400元（C行）下降到350元（D行），销售量就从8上升为12。总收益从3200元上升为4200元，因此总收益的变化是1000元。因为销售量增加了4次，因而边际收益就等于250元。

表4-2 垄断市场的需求与收益

	价格（P）（元/人天）	需求量（Q）（人天）	总收益（TR=P×Q）（元）	边际收益（MR=ΔTR/ΔQ）（元/人天）
A	500	0		
B	450	4	1800	450
C	400	8	3200	350
D	350	12	4200	250
E	300	16	4800	150
F	250	20	5000	50

图4-6表示市场需求曲线和边际收益曲线（MR）并且表示了我们刚刚做过的计算。要注意的是，在每一个产出水平上，边际收益都低于价格——边际收益曲线在需求曲线之下。边际收益为什么会低于价格？这是因为当降低价格以多销售1单位时，两种相反的因素会影响总收益。较低的价格导致收益减少，而增加的销售量则导致收益增加。例如，在价格为400元时，有8人住宿（C点）。如果吕岩把价格降到350元，就有12个人来住宿，从而从第12个旅游者那里多获得350元的收益。他现在仅仅从前8人中获得350元（每人）——比以前少了50元。其结果是，他的前8个顾客的收益减少了50元。为了计算边际收益，他必须从350元的增加收益中扣除这个数目。因此，他的边际收益就是250元，低于其价格。

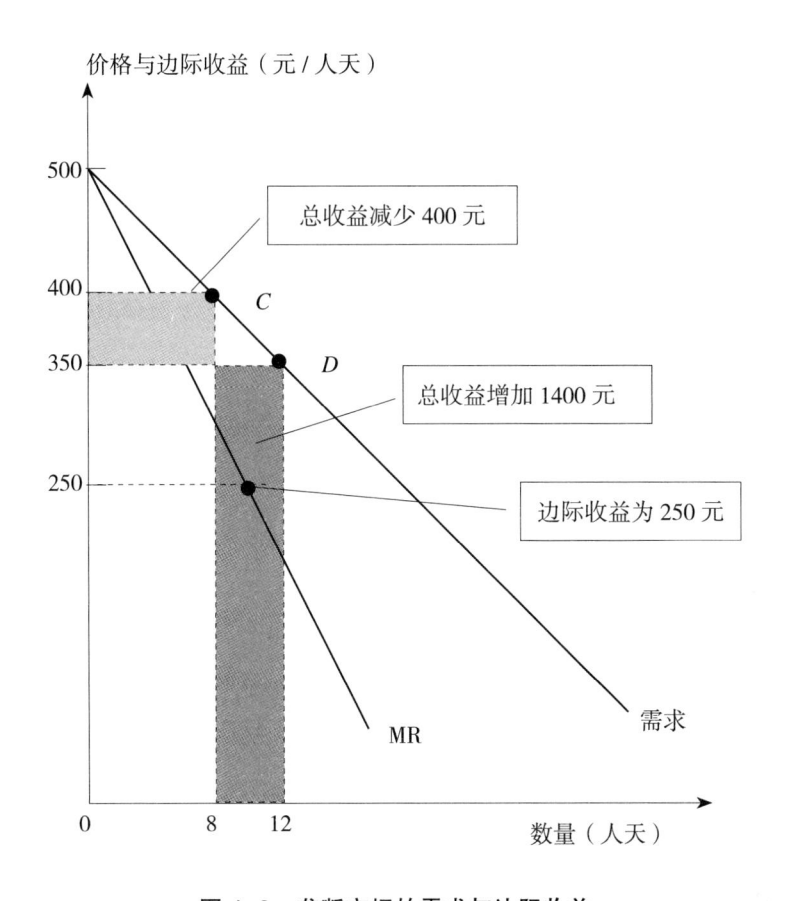

图 4-6 垄断市场的需求与边际收益

（2）边际收益和弹性

单一价格垄断者的边际收益与其产品的需求弹性相关。图 4-7 表示边际收益、总收益和弹性之间的关系。当住宿的价格从 500 元逐渐降到 250 元时，住宿的需求量从 0 人增加到 20 人。在这个产出范围内边际收益为正值［（a）图］，总收益增加［（b）图］，住宿需求富有弹性。当价格从 250 元降到 0 元时，住宿的需求量从 20 人增加到每小时 40 人。在这个产出范围内，边际收益为负值［（a）图］，总收益减少［（b）图］，住宿需求缺乏弹性。当价格为 250 元时，边际收益为零［（a）图］，总收益最大［（b）图］，住宿需求弹性为单位弹性。

(a) 需求与边际收益曲线

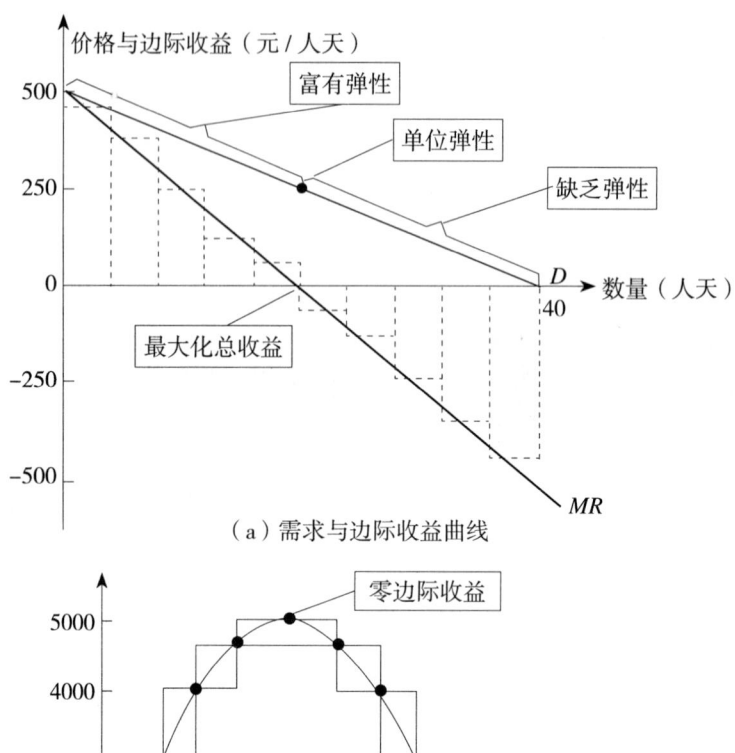

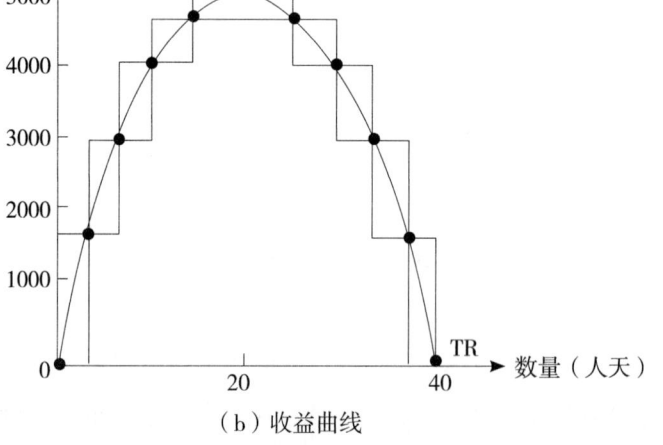

(b) 收益曲线

图 4-7　垄断市场的边际收益与弹性

在（a）幅，需求曲线为 D，边际收益曲线为 MR。在（b）幅，总收益曲线是 TR。在住宿量 0～20 人范围内，降价会增加总收益，因而边际收益为正值，如浅灰色条形所示。需求富有弹性。在住宿量 20～40 人范围内，降价会减少总收益，边际收益为负值，如深灰色条形所示。需求缺乏弹性。在住宿量为 20 人的水平上，总收益最大，边际收益为零。需求是单位弹性。

一个追求利润最大化的垄断者，绝不会在市场需求曲线缺乏弹性的区

间内生产。如果它真这样做，它可以收取较高的价格，减少产出，从而增加利润。因此当享有空间垄断优势时，需求总是富有弹性的。

（3）价格和供给决定

一个垄断者在经济利润最大化的水平上确定其价格和产出。为了确定价格和产出水平，我们需要研究在产出变化时成本与收益的情况。一个垄断者要面对与完全竞争企业一样的技术类型和成本限制。因此，它的成本（总成本、平均成本和边际成本）运行就与完全竞争企业一样，而它的收益（总收益、价格和边际收益）则按照我们刚才阐述过的方式运行。图4-8用图形提供了相应的数据。

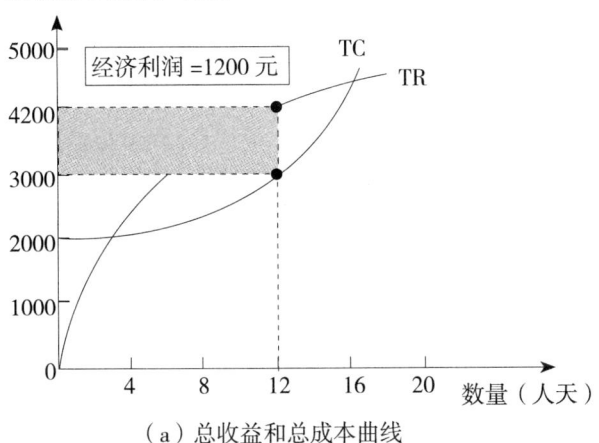

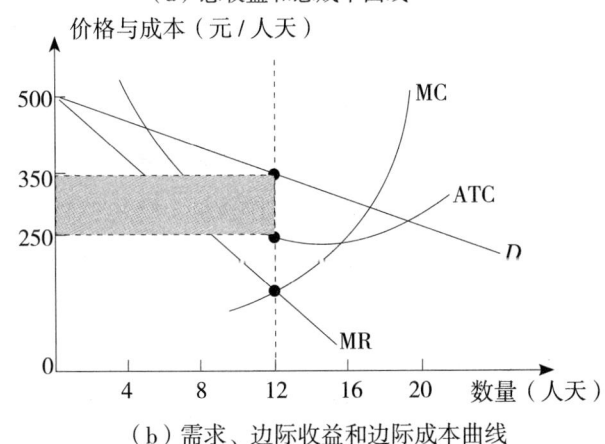

（a）总收益和总成本曲线

（b）需求、边际收益和边际成本曲线

图4-8 垄断产出与价格

最大化经济利润。在图 4-8（a）中，你可以看到，随着产出增加，总成本（TC）和总收益（TR）都增加了，但 TC 是按照递增的速率增加，而 TR 则按照递减的速率增加。经济利润（等于 TR 减去 TC）在产出水平比较低时增加，并达到一个顶点，然后就下降了。当吕岩以每人每天 350 元的价格提供 12 张床位时，利润达到最大（1200 元）。如果它以每人每天 400 元的价格提供 8 张床位或以每人每天 300 元的价格提供 16 张床位，它的经济利润都只有 800 元。

边际收益等于边际成本是企业决定供给量的标准。在图 4-8（b）中，你可以看到吕岩的边际收益（MR）和边际成本（MC）。当吕岩的住宿量从一天 8 人增加到一天 12 人时，MR 是 250 元，MC 是 150 元。MR 比 MC 多 100 元，吕岩的利润增加了 400 元。如果吕岩进一步增加住宿量，每天从 12 人增加到 16 人，MR 是 150 元，MC 是 250 元。在这种情况下，MC 比 MR 多 100 元，因而利润减少了 400 元。当 MR 超过 MC 时，如果产出增加，利润将增加。当 MC 超过 MR 时，如果产出减少，利润将增加。当 MC 等于 MR 时，利润达到最大化。图 4-8（b）显示了最大化利润：价格（在需求曲线 D 上）减去平均总成本（在 ATC 曲线上），再乘以产量——图中的浅灰色矩形。

通过生产边际收益等于边际成本时的产量，企业达到利润最大化。对竞争企业来说，价格等于边际收益，因而价格也等于边际成本。对垄断者来说，价格超过边际收益，所以价格也超过边际成本。垄断者收取超过边际成本的价格，但它总是赚得经济利润吗？在图 4-8（b）中，吕岩在出售 12 张床位，它的平均总成本是 250 元（在 ATC 曲线上），价格是 350 元（在 D 线上），因此它每天每张床位的利润是 100 元（350～250 元）。图中的浅灰色矩形表示吕岩的经济利润，它等于每次住宿的利润（100 元）乘以住宿的次数（12 次），其值为 1200 元。如果在完全竞争行业的企业获得了正的经济利润，新的企业就会进入。在垄断中，这种情况不会发生，进入壁垒会阻止新企业进入一个垄断行业。因此，垄断者可以赚得正的经济利润，并可能无限期地赚取利润。

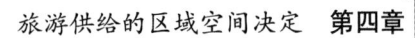

不过，假设吕岩租赁的楼房的主人提高了租金。如果吕岩每天多付1200元租金，它的固定成本每天将增加1200元。它的边际成本和边际收益不变，因此利润最大化的产出保持在每天出售12张床位，而利润则从每天1200元降到每天0元。如果吕岩每天额外付出的租金超过1200元，就会出现经济亏损。如果这种状况一直持续下去，吕岩就会歇业。

在4-8（a）中，经济利润是总收益（TR）减去总成本（TC）的垂直距离，它在每天提供12张床位处达到最大化。在（b）图，当边际成本（MC）等于边际收益（MR）时，经济利润达到最大化。利润最大化的供给量是每天提供12张床位。价格由需求曲线（D）决定，即350元/人天。每张床位的平均总成本是250元，因此浅灰色矩形代表的经济利润是1200元，即每1张床位的利润（100元）乘以12张床位。

4. 价格歧视

（1）旅游中的价格歧视

价格歧视——以各种不同的价格销售物品或服务，其存在是非常广泛的。当你去参团旅游、住宿、买特色纪念品或参观艺术博物馆时，常常会遇到价格歧视。很多价格歧视不是垄断，但垄断者却可以实行价格歧视。为了能实行价格歧视，垄断者必须：① 界定并区分不同的购买者类型；② 出售一种不能转售的产品。

价格歧视是指对一种物品或服务收取不同的价格。它是基于购买者的支付意愿不同，而不是基于生产成本的不同。因此，并非所有的价格差别都是价格歧视。一些很相似但不完全相同的物品具有不同的价格，这是因为生产成本不同。乍一看，价格歧视似乎与利润最大化的假设相矛盾。为什么景区对学生、老人或本地人收费较低？这些企业对消费者的优惠是在损失自身的利润吗？深层次调查显示，实行价格歧视的企业并不是在损失利润，而是获得更多的利润。因此，垄断者有动机去发现实行价格歧视的方法，并向每一个购买者收取尽可能的最高价格。一些人在价格歧视时支付得少了，但另一些人却支付的多了。

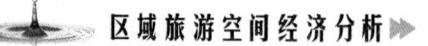

（2）价格歧视与消费者剩余

价格歧视背后的关键思想是把消费者剩余转变为经济利润。由于人们赋予任何一种物品的价值都随着这种物的数量的增加而降低，所以，需求曲线向下倾斜。当按照同一种价格出售这种物品的所有数量时，消费者将会得到收益。这种收益就是消费者从每一单位物品中获得的价值减去实际支付的价格，这就是消费者剩余。价格歧视就是垄断者企图为自己攫取尽可能多的消费者剩余。

为了从每一个购买者那里榨取所有的消费者剩余，垄断者必须基于消费者自己的支付意愿，给每一个单独的消费者提供一个单独的价格。很显然，由于企业没有关于消费者需求曲线的完全信息，这种价格歧视在现实中无法实现。

但企业尽力地获取尽可能多的消费者剩余，为了做到这一点，它们通过两种比较普遍的方法实行价格歧视：在物品的数量单位之间；在买者集团之间。

物品的数量单位之间的歧视。价格歧视的一种方法就是对每一个买者购买的每一单位的物品收取不同的价格。旅行社批量购买门票折扣就是这种歧视的一个例子。买的数量越多，折扣越大——价格就越低。（注意，有一些批量折扣是由大批量生产导致的较低生产成本引起的。在这种情形下，这类折扣并不是价格歧视。）

买者集团之间的歧视。价格歧视经常基于消费者的年龄、职业身份或其他易辨认的特征，采取在不同的消费者集团之间进行歧视的形式。当每一个消费者集团对物品或服务有各自不同的一般性支付意愿时，这类价格歧视就可以起作用。

例如，与消费者面对面洽谈可能带来一个有利可图的大订单。对销售人员和其他商务旅行者来说，从一次旅行中获得的边际收益很大，那么这样的旅行者愿意为旅行支付的价格就很高。与之相比，对度假旅行者来说，可以选择几条不同的旅游线路中的任一条，甚至可以不去度假。因此，对度假旅行者来说，旅行的边际收益很小，而这样一个旅行者愿意支付的旅

行价格就很低。

（3）通过价格歧视获利

我们来看看瀚海公司是怎样利用不同旅游者的需求差别，并通过价格歧视来增加利润的。瀚海公司垄断了瀚海雅丹公园的经营开发，这是一处世界地质奇观，是大多到达该区域旅游者的必选景区。

图4-9显示了在瀚海雅丹景区所面对的市场需求曲线（D）。它也显示了瀚海公司的边际收益曲线（MR）、边际成本曲线（MC）和平均总成本曲线（ATC）。

最初，瀚海公司对推出的垄断性景区实行单一价格垄断，通过每年接待8万人次旅客（MR等于MC时的数量）使利润达到最大，其门票价格为每人次300元。1人次旅客的平均总成本为150元，因此经济利润为每人次150元。根据每年8万人次的旅客总数，瀚海公司的经济利润为每年1200万元，用灰色矩形表示。景区的旅游者享受的消费者剩余用深色三角形表示。

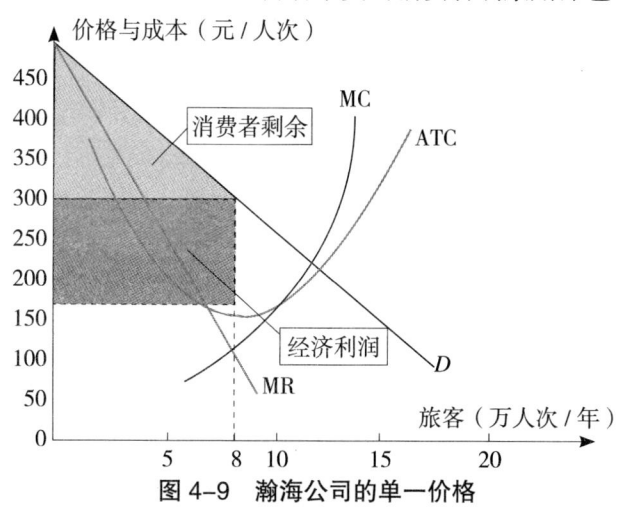

图4-9 瀚海公司的单一价格

瀚海公司认识到，它的许多游客是慕名而来的旅行者，他们并不十分在意门票价格而要一睹雅丹的壮观，而且瀚海公司怀疑他们愿意为一次旅行的支付超过300元。因此瀚海公司做了一些市场调查，结果发现一些千里迢迢到来而没有提前了解门票价格并预订的旅客，到来之后愿意支付高达每人次450元的门票。另一组旅客愿意支付每人次

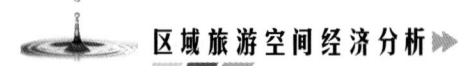

400元，这些旅客在一周前就知道他们在什么时候前来旅游。还有一组客户愿意支付每人次350元，这些客户在两周前就打定主意来看壮美的雅丹。

图 4-10 显示了新的收费标准带来的结果，并且也表明了为什么瀚海公司对新的收费的满意。它在四个价格的每一个价格水平上都卖出2万张门票。瀚海公司的经济利润增加了深色阶梯的面积。现在，它的经济利润是最初的每年1600万元再加上通过新的更高收费获得600万元的增加额。消费者剩余则缩减为较小的三角形浅灰色区域的总和。

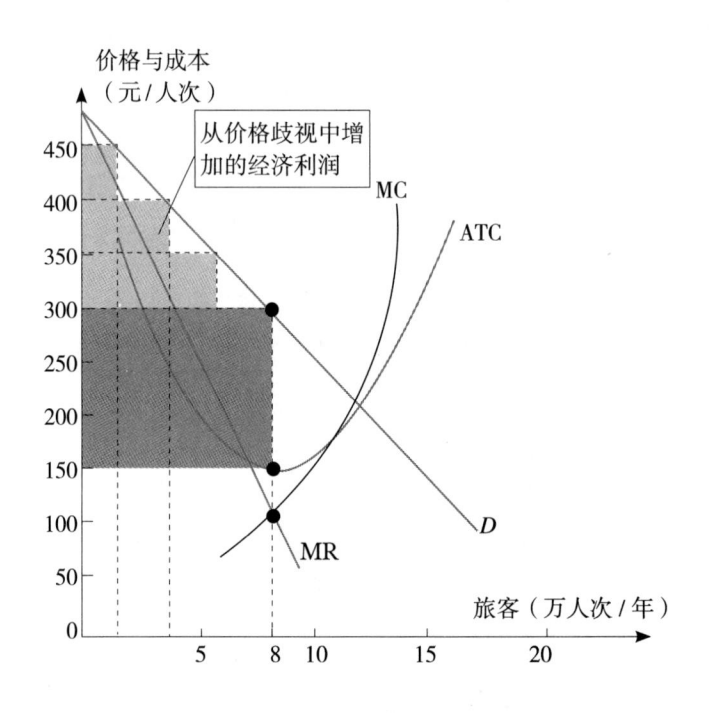

图 4-10 基于空间垄断的价格歧视

（4）完全价格歧视

如果一个企业能够按每一个人愿意支付的最高价格售出每一单位产品，就产生了完全价格歧视。在这种情形下，全部消费者剩余都被消除，或者说被生产者榨取。为了实行完全价格歧视，企业必须富有创造性地提出许多价格条件和特殊条件，其中每种条件对市场的一部分消费者具

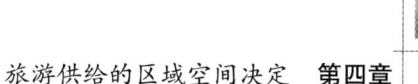

有吸引力。

一旦实行完全价格歧视，边际收益就会发生某种特殊变化。对完全价格歧视者来说，市场需求曲线就变为边际收益曲线。其原因就在于，当降低价格以销售更多数量的物品时，这个企业只是以较低的价格出售边际单位物品，而物品的所有其他单位继续按消费者愿意支付的最高价格销售。所以对完全价格歧视者来说，边际收益等于价格，而需求曲线就变成边际收益曲线。

随着边际收益等于价格，瀚海公司就能通过把产量提高到价格（和边际收益）等于边际成本那一点，以获得更高的利润。

因此瀚海公司现在要寻找额外的旅行者，他们不愿意支付每人次300元，但愿意支付高于边际成本的价格。瀚海公司变得更有创造性，提出了度假特别优惠和其他收费标准。这些价格与提前预订、最少停留和其他限制条件结合起来，虽然对现有的客户没有吸引力，但却能吸引其他不同的旅行者。通过实行所有这些收费和优惠，瀚海公司增加了销量，攫取了全部消费者剩余，并使经济利润达到最大化。

图4-11显示了完全价格歧视的结果。原来的愿意支付价格在300元到500元之间的游客所支付的几十种收费攫取了这些游客的全部消费者剩余，并转变为瀚海公司的经济利润。在225元到300元之间的新收费标准吸引了3万个额外的旅游者，瀚海公司也攫取了他们的全部消费者剩余，并创造了超过2250万元的经济利润。

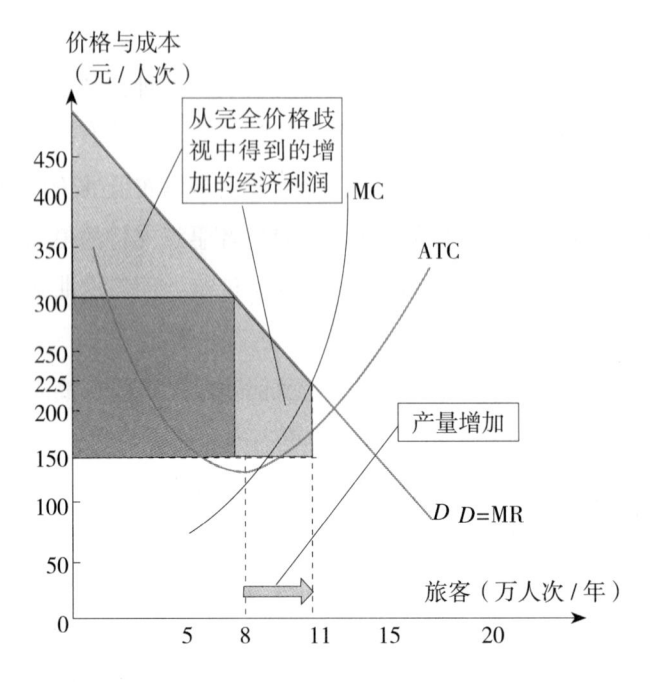

图 4-11 基于空间垄断的完全价格歧视

通过几十种收费形成价格歧视存在于许多类型的商务旅行者中，以及被许多有限制的低廉收费吸引度假类旅行者中。在完全价格歧视时，市场需求曲线变成了瀚海公司的实际收益曲线。当最低价格等于边际成本时，经济利润达到最大。瀚海公司每年销售 11 万张门票，获得 2337.5 万元经济利润。因此瀚海公司公布了一个新的价格表：450 元 / 人次，无限制；400 元 / 人次，提前 7 天预订，不能退票；350 元 / 人次，提前 14 天预订，不能退票；300 元 / 人次，提前 14 天预订，可以退票。

（三）具有垄断竞争特征的空间区位

因为其中的企业拥有一些类似于垄断者所拥有的价格制定力量，我们把这种类型的市场称为"垄断竞争"。总体而言，旅游市场是以垄断竞争为主体的市场。

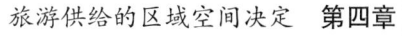

1. 垄断竞争空间的特点

（1）大量可选择的区位

垄断竞争空间由大量可选择的区位构成。该类型的区位有以下三种特点：每个区位的企业的市场份额小，只提供行业总产量的一小部分，只有有限力量影响其产品价格，每家企业的价格只能小范围偏离其他企业的平均价格；不考虑其他企业，垄断竞争中的企业必定对产品的市场平均价格很敏感，但它不用注意某一特定竞争对手。所有企业都相对较小，没有一家企业可以支配市场条件，因此，没有一家企业能直接影响其他企业的行为。

（2）区位供给差异化

某一企业差异化的区位供给是另一企业产品的相近替代品，但不是完全替代品。一些人愿意为产品差异化支付更多钱，所以当产品价格上升时，需求量会下降，但（一定）不降到零。比如，中心城区的饭店都提供差异化的旅游项目。其他保持不变，如果锦江所提供的四星级客房价格上升而其他饭店价格保持不变，锦江就会少卖一些，其他品牌就会多卖一些。但是锦江并不会从市场消失，除非它的价格上升非常大。

（3）质量、价格和市场营销的竞争

产品差异化使企业可以与其他企业在以下三方面竞争：产品质量、价格和市场营销。质量，产品的质量是使它区别于其他企业产品的物质特性，包括设计、可靠性，为消费者提供的服务以及消费者得到该产品的容易程度。质量有从高到低的一个序列。一些旅行社，比如国旅——提供高质量产品。这些旅行线路都是精心设计且第三方的供应商的质量可靠，并且消费者能得到快捷而有效率的服务。另一些企业提供较低质量的旅游线路产品，这些产品设计粗糙，可能不会完美地发挥其功能，或者消费者根本不了解它们的价格，由于产品差异化，垄断竞争企业面临向下倾斜的需求曲线。因此，与垄断者类似，企业可以设定价格和产量，但需要在产品质量和价格之间权衡。生产高质量产品的企业收取的价格高于生产低质量产品的企业。市场营销，由于产品差异化，垄断竞争企业必须营销它的产品。

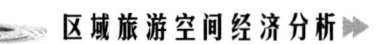

营销主要有两种形式：广告和销售渠道。生产高质量产品的企业若想以适当高的价格出售它的产品，则必须在一定程度上宣传和包装它的产品，以便使消费者相信他们支付较高价格所购买的是高质量的产品。例如，高档并富有个性的旅游餐厅往往会推出精美的宣传折页，是为了使消费者相信他们的产品优于价格较低的其他普通产品。类似地，低质量的生产者如城市周边普通的农家乐也要提供宣传折页，虽然看上去没有那么精美，但要使消费者相信尽管品质没有那么高档，但亲民的价格也低到足以补偿低品质这个事实。

（4）进入和退出

在垄断竞争中，企业可以进入和退出。因此，一个企业不能长期获得经济利润。当企业获得经济利润时，新企业进入该行业。这种进入降低了价格，并最终消除了经济利润。当企业出现经济亏损时，一些企业退出该行业。这种退出提高了价格增加了利润，并最终消除了经济亏损。在长期均衡时，企业既不进入也不退出该行业，该行业中的企业获得零经济利润。

2. 垄断竞争的价格和产量

景峰旅行社是本地一家具有较高市场占有率的旅行社，你在其中负责该旅行社九寨沟线路产品的运营与销售，该线路产品是景峰旅行社的拳头产品，线路产品的设计、组合以及第三方供应商都已经选定，你需要决定产品的产量和销售价格。

（1）企业的短期产量和价格决策

短期中，垄断竞争企业产量和价格决策与垄断企业一样。

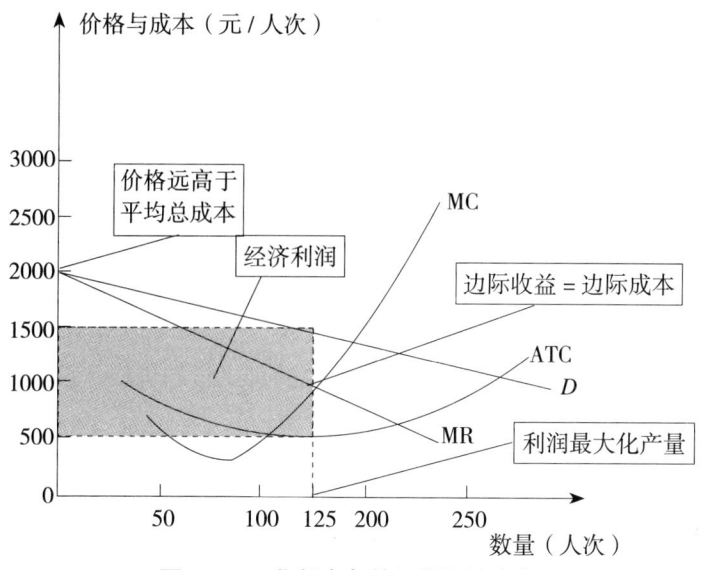

图 4-12 垄断竞争的短期经济利润

如图 4-12 所示边际收益等于边际成本时，利润达到最大。利润最大化的供给量是每周 125 个名额。1 名旅游者的旅游费用 1500 元的价格超过了 500 元的平均总成本，因此每人次旅行社获得 1000 元的经济利润。浅灰色矩形表示经济利润，每天是 12500 元。

需求曲线 D 表示旅游产品的需求。它表示在给定其他旅行社相似线路产品价格的条件下，景峰产品在不同的价格下的需求量。通常这不是整个旅游线路产品的需求曲线。MR 曲线是与景峰产品需求曲线相关的边际收益曲线。它的推导过程和单个垄断企业的边际收益曲线的推导过程类似。ATC 曲线和 MC 曲线表示景峰产品的平均总成本和边际成本。景峰旅行社的目标是经济利润最大化。为此，旅行社选择边际收益等于边际成本时的产量。在图 4-12 中，这个供给量是每周 125 个名额。景峰收取买者愿意为这个数量支付的价格，此价格由需求曲线决定，为每人次 1500 元。当景峰每周提供 125 个名额时，它的平均总成本是每人次 500 元。因此，它每周获得 12500 元的经济利润（1000 元 / 人次 × 125 人次 / 周）。浅灰色矩形表示景峰的经济利润。

（2）利润最大化可能是亏损最小化

图 4-12 表示景峰旅行社获得了巨额的经济利润。但是这样的结果不

是必然的，一家企业产品的需求量可能很小，以至于它不能获得经济利润。驴友旅行社就是这样的一家经营城市周边旅游的旅行社，它期望可以在与本地具有更高市场份额的中旅、青旅、景峰等旅行社的竞争下，于城市周边游市场获得较大市场份额。图4-13说明了驴友旅行社2014年的处境。对它的城市周边游的需求曲线是 D，边际收益曲线是 MR，平均总成本是 ATC，边际成本是 MC。驴友旅行社在边际收益等于边际成本的产量上利润最大化——也就是亏损最小化。在图4-13中，这个供给量是每周40个旅游名额。驴友旅行社收取买者愿意为此数量支付的价格，该价格由需求曲线决定，为每人次400元。此时，驴友旅行社的平均总成本是每人500元。因此，它一个月将亏损4000元（100元/消费者×40个消费者）。浅灰色矩形表示驴友旅行社的经济损失。到目前为止，垄断竞争企业看起来和单个垄断企业一样。它在边际收益等于边际成本时生产，然后收取买者愿意为此数量支付的价格，该价格由需求曲线决定。垄断和竞争最关键的区别在于在既没有经济利润也没有经济损失时企业的行动。

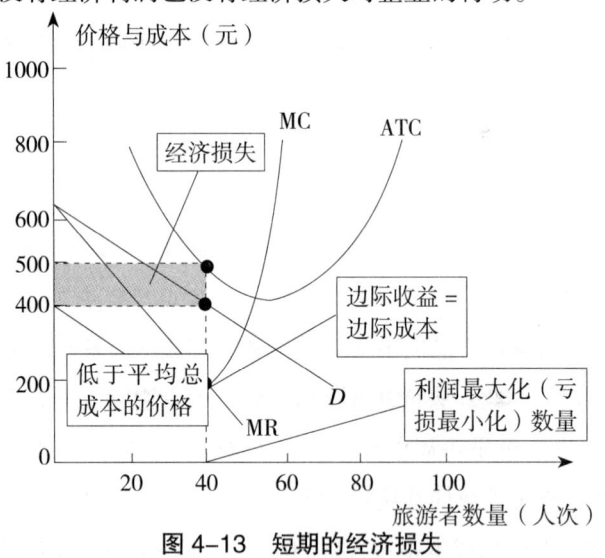

图4-13 短期的经济损失

当边际收益等于边际成本时，利润最大。最小化亏损的数量是40个消费者。每人次400元的价格小于每人次500元的平均总成本。因此，企业在每个消费者上遭受100元的损失。浅灰色矩形表示遭受的经济损失，

等于每周 4000 元（每个旅游者 100 元 × 40 个消费者）。

（3）长期：零经济利润

像驴友旅行社这样的公司不打算长期亏损，最终，它会退出市场。同样，垄断竞争不存在进入限制。因此，如果一个行业中存在经济利润，其他企业就有进入该行业的动机。当另一家具有较强实力的康健旅行社也开始大力开放推广与景峰相似的九寨沟旅游线路时，市场对景峰产品的需求降低了。景峰产品的需求曲线和边际收益曲线向左移动。此时，利润最大化的产量和价格都降低了。

图 4-14 表示长期均衡。景峰产品的需求曲线和边际收益曲线向左移动。该企业每周提供 75 个名额并按每人次 500 元的价格销售。这个产量水平上，平均总成本为 500 元。因此景峰在生产线路产品上获得零利润。当行业中的所有企业都获得零利润，新的企业就没有动机进入。

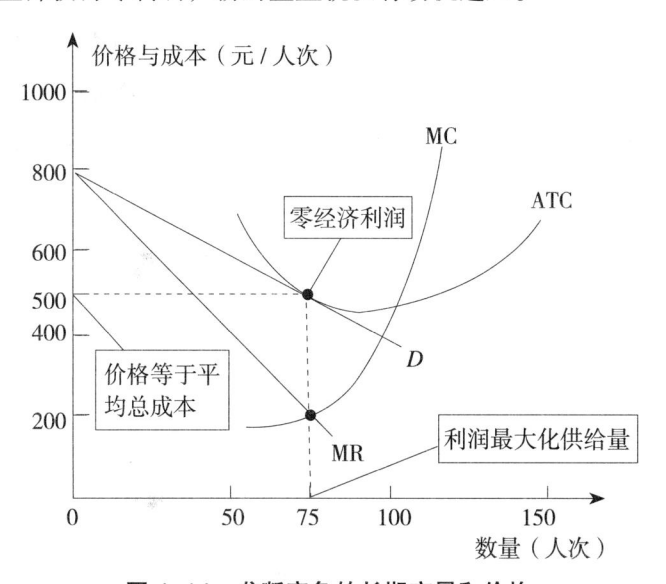

图 4-14 垄断竞争的长期产量和价格

经济利润激励企业进入，从而导致对每个企业产品的需求下降。当需求曲线和平均总成本曲线在 MR 等于 MC 的产量相交时，市场处于长期均衡状态。利润最大化的供给量是每周 75 个名额，价格是每人次 500 元。而平均总成本也是每人次 500 元，所以经济利润为零。

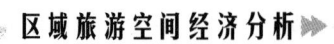

当相对于成本需求如此低到以至于企业亏损时，就会发生退出。而当企业退出该行业时，对剩下企业产品的需求就会上升。它们的需求曲线会向右移动。直到该行业中的所有企业都获得零经济利润时，退出才会停止。

三、规模与旅游企业的空间选择[①]

（一）规模经济条件下的空间选择

假定某一旅游企业（如主题公园、星级饭店、某一旅游项目等）在固定成本（旅游区投资建设成本等）给定的情形下，如果选择在城市旅游空间集聚区集聚，在接待相同人次的旅游者的前提下，那变动成本会因为集聚区产生的规模经济、集聚经济与城市化经济而小于非集聚区。如图4-15所示，这样选择在集聚区布局的该旅游企业的总成本斜率会小于非集聚区（分别以"总成本1"与"总成本2"表示），在集聚区达到盈亏平衡点（N）的旅游接待人次（Q）明显小于在非集聚区布局的盈亏平衡点（P）的旅游接待人次（M）。旅游企业在旅游空间集聚区布局比在非集聚区将取得更高的经营利润。

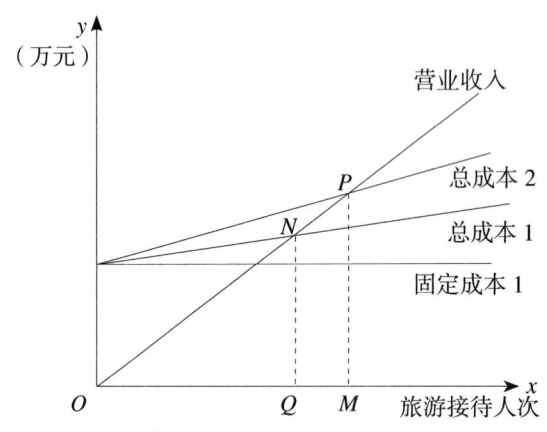

图4-15 规模经济条件下的旅游企业成本与收益

[①] 卞显红，沙润.长江三角洲城市旅游空间结构形成的产业机理——基于旅游企业空间区位选择视角[J].人文地理，2008，23（06）：106-112.

（二）规模不经济条件下的空间选择

假定旅游企业在旅游空间集聚区集聚产生集聚不经济，导致在集聚区投资建设比在非集聚区相同规模的旅游企业需要付出更多的土地成本（由于集聚带来的旅游用地紧张而导致土地成本升高）等导致其经营期的固定成本增加（图4-15中的"固定成本1"升高到"固定成本2"）。假定在集聚区与非集聚区的变动成本仍然相同（事实上集聚不经济往往会导致变动成本升高，因此，这样假定不对分析结果产生决定性影响，该条件下"总成本1"平行上移至"总成本1*"）。图4-16表明，该旅游企业在集聚区布局的盈亏平衡点（N）向右移至（$N*$），但在"固定成本2"时仍然低于在非集聚区布局的盈亏平衡点（P），旅游企业仍然有在集聚区集聚的动机。但当固定成本达到一定程度时盈亏平衡点就会移至P点的右边，这时旅游企业在非集聚区布局就具有一定优势，产生旅游扩散动力，并倾向在非集聚区布局。因此，旅游企业空间区位选择在旅游空间集聚区与非集聚区需要综合分析集聚经济的程度及在非集聚区布局的一些固定成本优势。

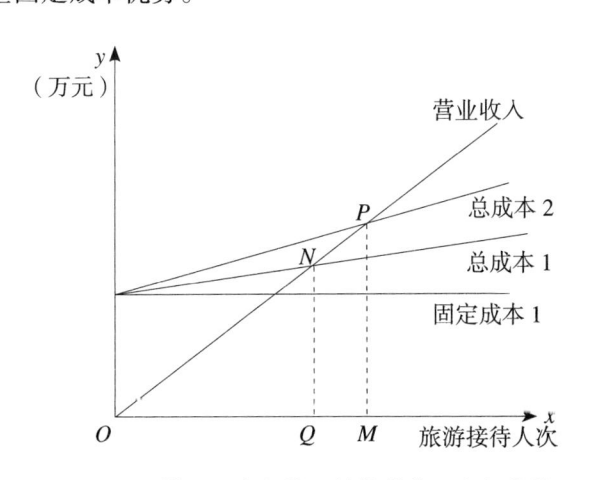

图4-16　规模不经济条件下的旅游企业空间收益

第三节 旅游供给空间分布的实证分析

一、甘肃省旅游景区空间分布

A级景区的评定已经成为景区质量最重要的评价标准与方式，A级景区也成为各地最主要的旅游吸引物。本书以甘肃省A级景区的空间结构来分析旅游吸引物的空间结构。

（一）A级景区的空间分布状况

至2015年底，甘肃省已有A级景区220个，其中5A级景区4处，4A级景区73个，3A级景区64处，2A级景区77个，1A级景区2个（图4-17）。A级景区分布在全省14个市（州），平均每市（州）拥有A级景区15.71个，低于全国平均每个市（州）27.14个的水平，其中，张掖市最多，有25个，金昌市最少，仅有5个。全省86个县（区）与嘉峪关市［嘉峪关市无下辖的县或区，在本书的县（区）分析中，也把它纳入其中］，80个县（区）有A级景区，平均每县（区）拥有A级景区2.56个，略低于全国平均每个县（区）2.76个的水平，其中最多的是武威市凉州区，有13个。全省平均每万平方千米面积拥有A级景区数4.85个，低于全国平均每万平方千米面积拥有A级景区数8.26个。全省平均每千万人口拥有A级景区数84.29个，高于全国平均每千万人口拥有A级景区数57.66个。整体而言，甘肃省A级景区数量不多。

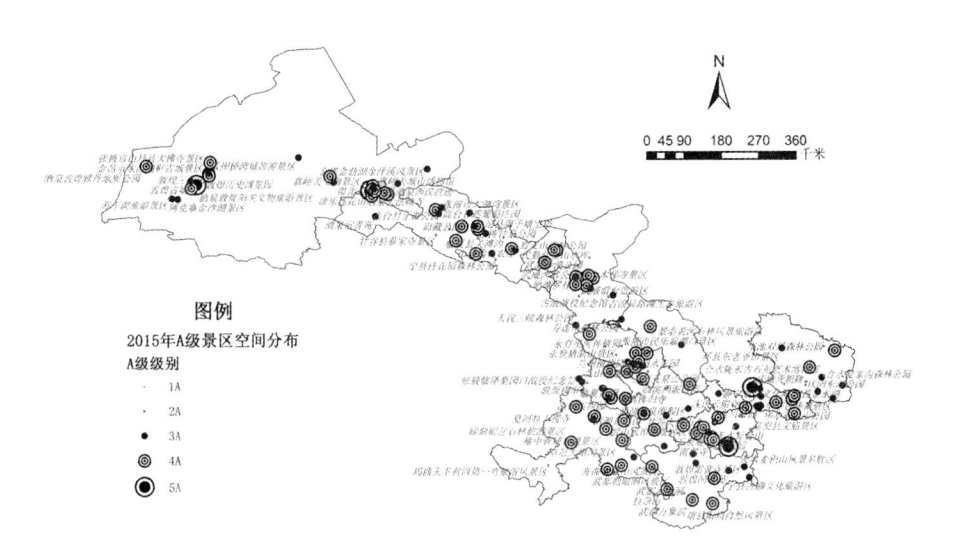

图 4-17　甘肃省 A 级景区分布图

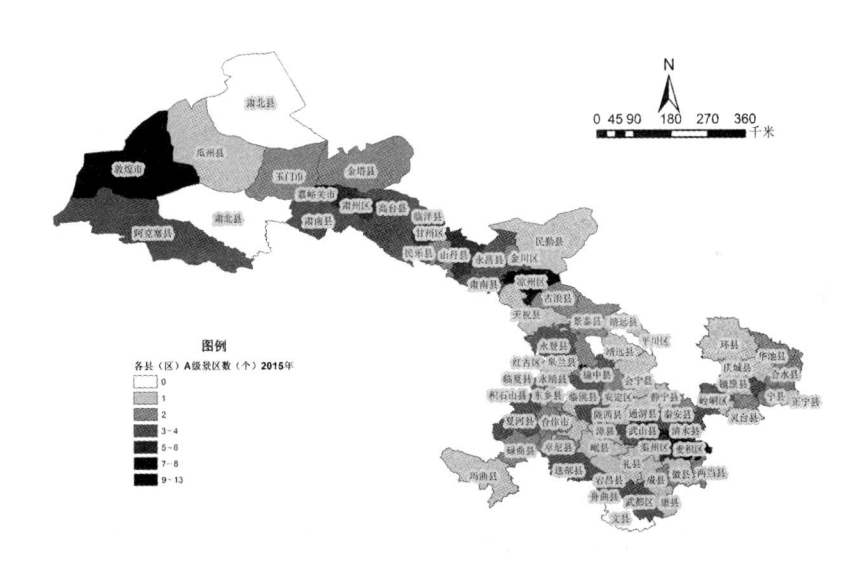

图 4-18　各县（区）A 级景区数状况图

（二）A 级景区空间分布分析

1. 点密度分析

基于点密度分析的全省 A 级景区的分布密度状况如图 4-19 所示。

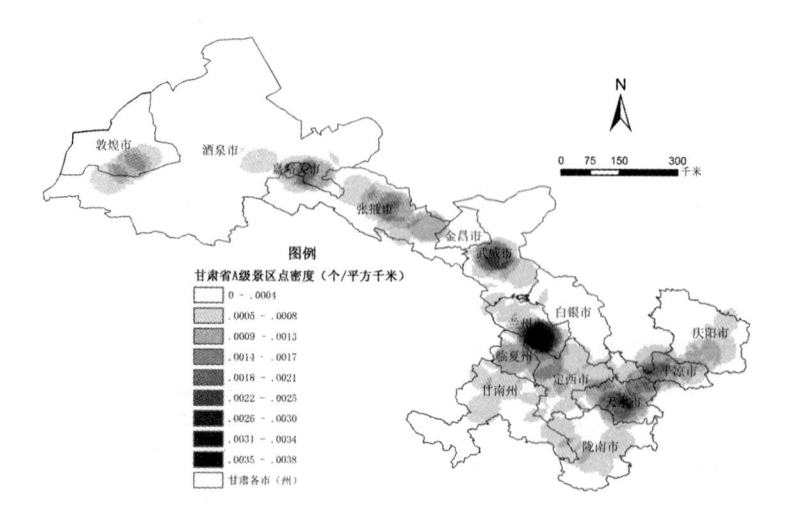

图 4-19　A 级景区的分布密度分析图

从点密度分布图可见，全省 A 级景区分布以兰州为中心，在**丝绸之路**沿线以及大致沿黄河各城市高密度分布，呈现"X"骨架状分布形态。

2. 最邻近距离分析

通过 ArcGIS9.3 中 Analysis/near 功能模块，计算 A 级景区与最邻近景区、城市、公路、铁路、河流的最邻近距离，统计结果如下。

A 级景区的最邻近景区、城市、主要公路、铁路的平均距离分别为 14.81km、15.52km、13.21km、45.01km，说明 A 级景区相互之间以及与主要交通线的距离较远，A 级景区交通条件不佳，整体交通连通度不好；A 级景区与主要河流的平均距离仅为 8.54km，A 级景区沿河分布的特征性明显。

进一步采用 ArcGIS9.3 中 Editor/Buffer 工具进行缓冲区分析，在主要河流的 10km 范围内，A 级景区达到 142 个，占 A 级景区总数的 64.25%；在 20km 范围内，A 级景区达到 195 个，占 A 级景区总数的 88.23%。说明甘肃省大部分 A 级景区的沿河分布。对 14 个各市（州）中心城区 50km 为单位进行缓冲区分析，可知在这一范围内 A 级景区达到 129 个，占 A 级景区总数的 58.37%。由于 14 个中心城市除合作市外均是临主要河流而建，因此甘肃省 A 级景区在沿河分布中，又重点围绕中心城市分布。

3. 插值分析

插值，就是用来填充图像变换时像素之间的空隙。在离散数据的基础上补插连续函数，使得这条连续曲线通过全部给定的离散数据点。插值是离散函数逼近的重要方法，利用它可通过函数在有限个点处的取值状况，估算出函数在其他点处的近似值，从而反映出函数的连续整体面貌。空间分析中的插值方法有最近邻点法、反距离权重法、趋势面法、多元回归法、径向基函数法、薄板样条函数法、克里金法、最近邻域法、线性内插法等。其中，径向基函数（Radial Basis Function，RBF）是一系列精确插值方法的组合；即表面必须通过每一个测得的采样值。作为精确插值器，RBF用于根据大量数据点生成平滑表面，这些函数可为平缓变化的表面生成很好的结果。本书以全省各县（区）的离散统计数据为依据，采用径向基函数插值法，以探查A级景区在各县（区）分布的连续状态。采用GIS9.3中Geostatistical Analyst/Geostatistical Wizard功能模块，对全省各县（区）A级景区数进行插值分析，分析结果如图4-20所示。

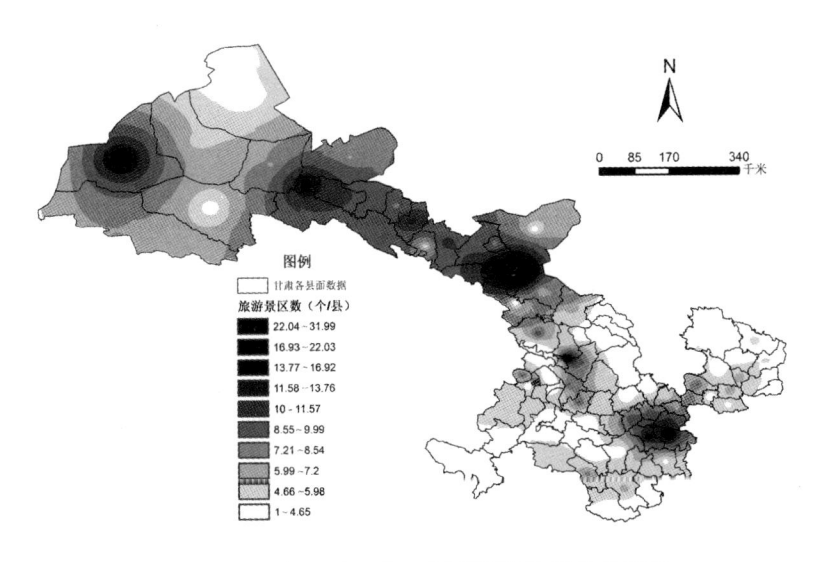

图 4-20　各县（区）A 级景区数的插值分析图

就各县（区）A级景区数的插值分析可见，景区的趋势分布特征不是非常突出明显，但是仍可看出以兰州、天水、平凉、武威、酒泉—嘉峪关、敦煌等城市的中心城区为极核的空间分布特征。

4. 平均最邻近分析

平均最邻近分析用以测量每个要素的质心与其最邻近要素的质心位置之间的距离，然后计算所有这些最邻近距离的平均值。如果该平均距离小于假设随机分布中的平均距离，则会将所分析的要素分布视为聚类要素；如果该平均距离大于假设随机分布中的平均距离，则会将要素视为分散要素。平均最邻近比率通过观测的平均距离除以期望的平均距离计算得出（使用基于假设随机分布的期望平均距离，该分布使用相同数量的要素覆盖相同的总面积）。

平均最邻近指数为 ANN=$\overline{D}_O/\overline{D}_E$，$\overline{D}_O = \dfrac{\sum_{i=1}^{n} d_i}{n}$ 表示观测的平均最邻近要素间的距离，n 表示观测要素数，表示各要素间的最邻近距离，$\overline{D}_E = \dfrac{0.5}{\sqrt{n/A}}$，$\overline{D}_E$ 表示预期的平均最邻近要素间的距离，A 表示观测区域的区域面积，如果小于 1，所表现的模式为聚类；如果大于 1，则所表现的模式趋向于离散或竞争。Z 表示与标准差的倍数，$Z = \dfrac{\overline{D}_O - \overline{D}_E}{SE}$，$SE = \dfrac{0.26136}{\sqrt{\dfrac{n^2}{A}}}$。运用 ArcGIS9.3 中 Spatial Analyst Tools/Average Nearest Neighbor 功能模块，对全省 220 处 A 级景区进行平均最邻近分析，分析结果如图 4-21 所示。

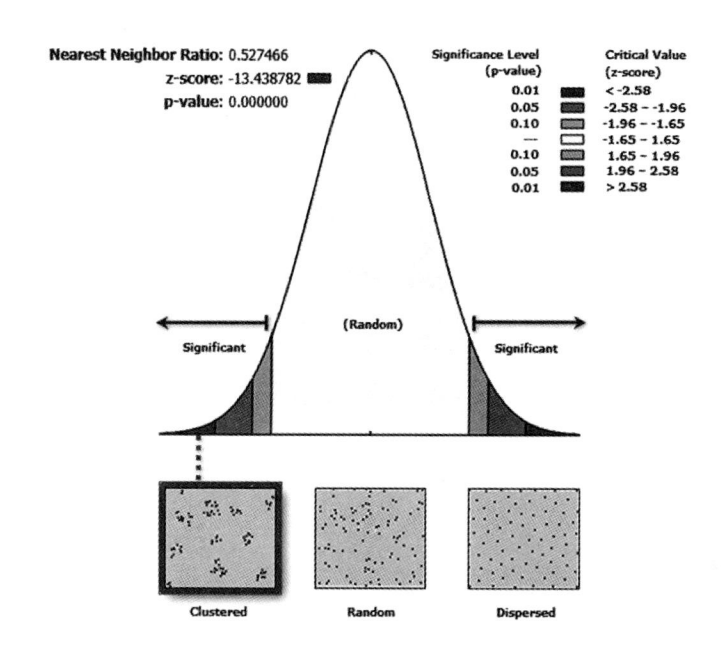

图 4-21　A 级景区最邻近指数分析图

最邻近指数为 0.53，Z 值达到了 -13.43，伴随概率为零，拒绝空间离散分布的原假设，A 级景区在空间上呈现高度集中分布的态势。

5. 基尼系数分析

基尼系数，是 20 世纪初意大利经济学家基尼，根据洛伦茨曲线所定义的判断收入分配公平程度的指标，是比例数值，在 0 和 1 之间。基尼系数最初用来综合考察居民内部收入分配差异状况，现在也被用来考察各种指标的均衡状况。基尼系数 < 0.2，表示绝对平均；基尼系数介于 0.2 ~ 0.3 表示比较平均；基尼系数介于 0.3 ~ 0.4 表示相对合理；基尼系数介于 0.4 ~ 0.5 表示差距较大；基尼系数 > 0.6 以上表示差距悬殊。借用基尼系数，分析各县（区）间 A 级景区数的均衡状况。甘肃省各县（区）A 级景区数的洛伦茨曲线见图 4-22。

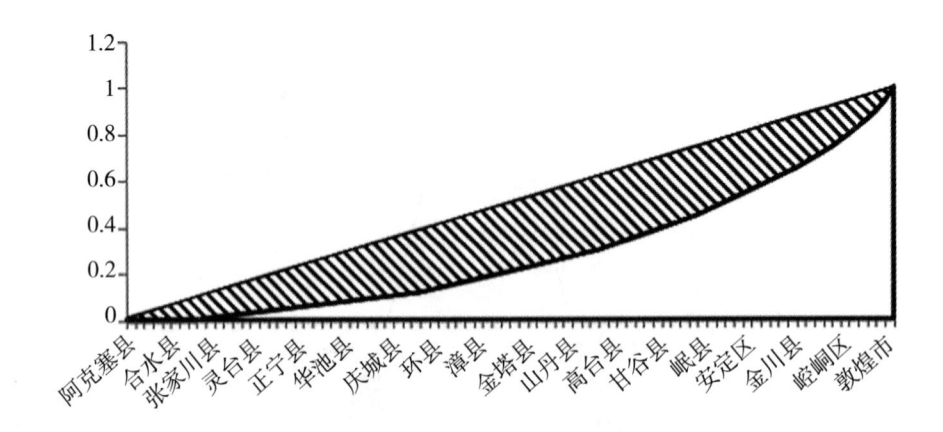

图 4-22　甘肃省各县（区）A 级景区数（2015 年）的洛伦茨曲线

在 Excel 中对各县 A 级景区数进行升序排列，依据排列数列得到洛伦茨曲线（图 4-22 中阴影部分图形下边界曲线），通过 Excel "添加趋势线"工具，求得洛伦茨曲线的拟合函数，并观察值 R^2。在对各县（区）A 级景区数进行分析时，由于一、二次线性拟合性不佳，采用三次线性函数进行回归拟合，得到洛伦茨曲线的拟合函数为：

$$y=0.941x^3-0.3501x^2+0.3755x-0.023, \ R^2=0.9987$$

$R^2=0.997$，由此求得曲边形（图 4-22 对角线下非阴影部分）的面积为：

$$S=\int_0^1\left[\left(\frac{0.941}{4}\right)\times x^4+\left(\frac{-0.3501}{4}\right)\times x^3+\left(\frac{0.3755}{2}\right)\times x^2+(-0.023\times x)\right]dx$$

解得：$S=0.2833$，求得基尼系数 $=\dfrac{(0.5-0.2833)}{0.5}=0.4334$，即各县区 A 级景区分布的基尼系数大于 0.4，各县（区）A 级景区数为不平衡状况，全省 A 级景区在各县（区）之间的分布呈现较高的集中性。

6. 空间自相关性分析

运用 ArcGis 中 Spatial Statistics/ Global Moran's I 功能模块，对各县（区）的 A 级景区数和加权的 A 级景区数（加权系数为等级数，即 1A 记为 1，2A 记为 3，以此类推）的空间自相关性进行分析，分析结果如图 4-23 所示。

据图 4-23，可见各县（区）的 A 级景区数分布呈随机分布状态，即不存在几个县（区）组合形成的 A 级景区高度富集的大区域，也不存在同

等级景区在县（区）间聚集分布的状况。

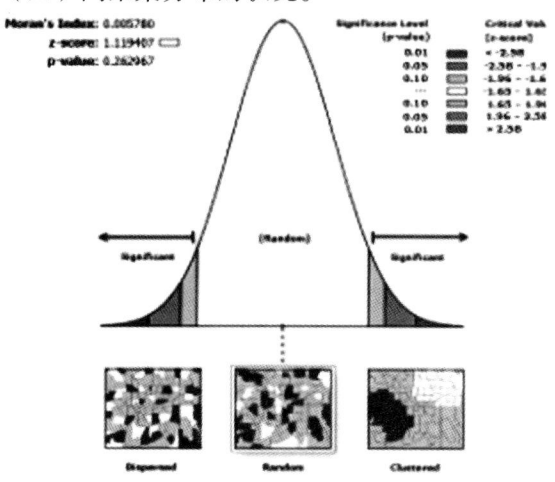

图 4-23　各县（区）A 级景区数空间自相关分析图

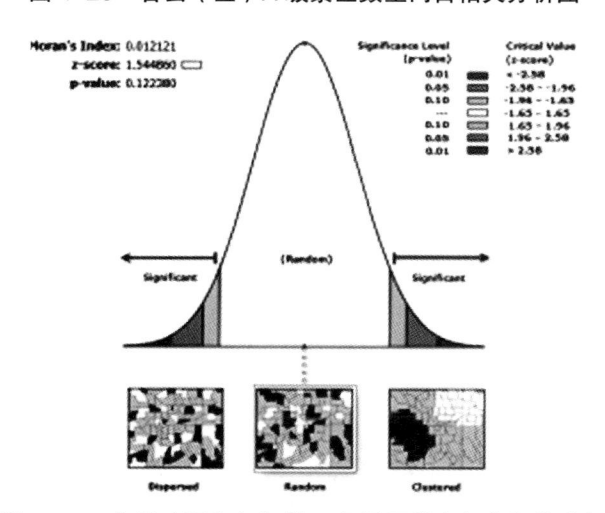

图 4-24　各县（区）加权的 A 级景区数空间自相关分析

（三）旅游空间结构演变分析

依据现有的统计资料，对甘肃省 2007—2015 年的 A 级景区的空间结构，以及 2004—2015 年旅游者与旅游收入的空间分布结构的演变进行分析。

1.A 级景区的空间分布演变状况

2007 年，甘肃省共有 A 级景区 106 个，其中 5A 级景区 2 个，4A 级景区 26 个，3A 级景区 24 个，2A 级景区 52 个，1A 级景区 2 个，平均等级数为 2.77，分布于全省 60 个县（区）中。2015 年，全省共有 A 级景区 220 个，其中，其中 5A 级景区 4 个，4A 级景区 73 个，3A 级景区 64 个，2A 级景区 77 个，1A 级景区 2 个，平均等级数为 2.84，分布于全省 72 个县（区）中。A 级景区的空间分布与各县（区）A 级景区数的对比状况如图 4-25 至图 4-28 所示。

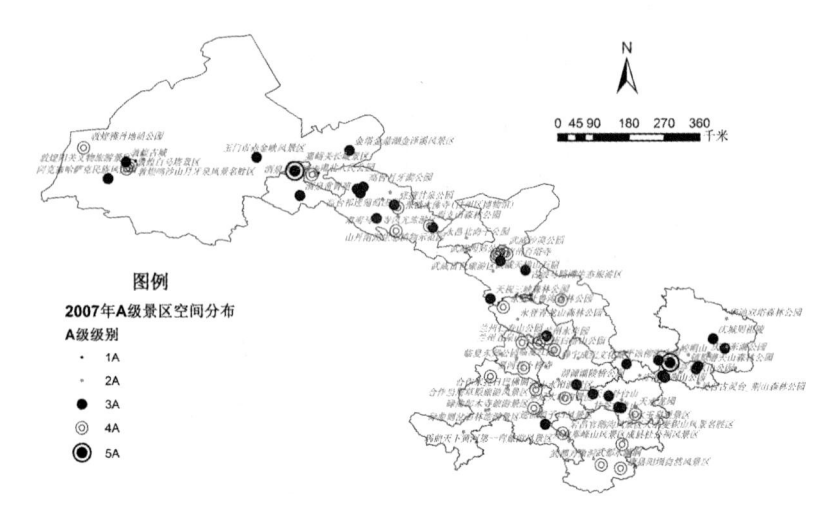

图 4-25　2007 年 A 级景区空间分布状况图

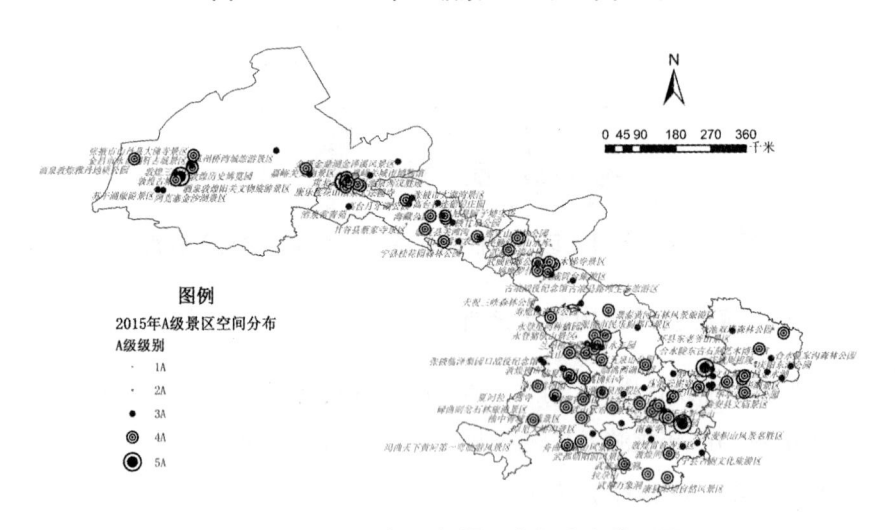

图 4-26　2015 年 A 级景区空间分布状况图

旅游供给的区域空间决定 **第四章**

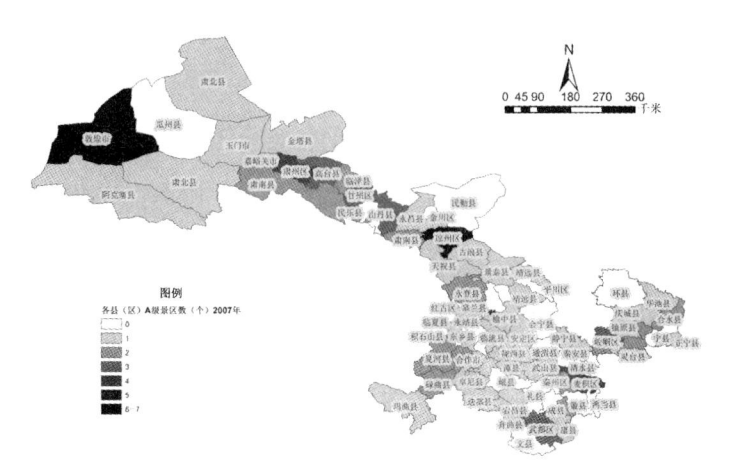

图 4-27 2007 年各县（区）A 级景区数状况图

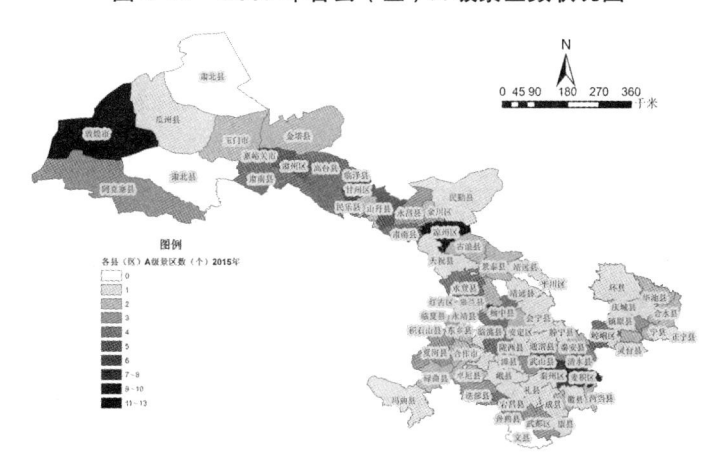

图 4-28 2015 年各县（区）A 级景区数状况图

2.A 级景区空间分布演变分析

（1）基尼系数的演变

2007 年各县（区）A 级景区数的洛伦茨曲线的拟合函数为，$R^2=0.993$，求得基尼系数为 0.5688，而 2015 年，各县（区）A 级景区数的基尼系数为 0.5212。相较于 2007 年，2015 年各县（区）的 A 级景区数的不均衡状况有所下降。

（2）平均最邻近值的演变

2007 年甘肃省 A 级景区平均最邻近系数为 0.58，Z 值为 -8.26（见图

-147-

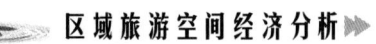

4-21）。2015年，该指数分别改变为0.54和-11.45，A级景区向越来越聚集的空间分布演变。

A级景区在空间中的聚集性增强，但各县（区）拥有数量的基尼系数降低，显示出新增A级景区的聚集突破了行政界域限制，跨县（区）的A级景区聚集区已然出现。

二、旅游交通空间状况

（一）旅游交通状况

甘肃位于中国版图中心，在西北地区居于坐中联四的中心位置，具有承东启西、南拓北展的区位优势，是中东部联结西北、西南的枢纽，又是东部及中原地区进入西北少数民族地区、青藏民族地区及边疆地带的桥梁。目前，甘肃航空运输已形成以兰州为中心，敦煌机场、嘉峪关机场等为支线机场的布局，兰州机场通达北京、上海、广州、西安、乌鲁木齐、深圳等30余个城市以及省内敦煌、嘉峪关、庆阳的40多条航线。铁路方面，兰新、包兰、陇海、兰青四条电气化铁路干线在兰州交汇，其中兰新、兰青、陇海铁路已全面实现复线运营。至2015年底，全省铁路营业里程达到2441.54km，其中复线铁路里程1487km。公路方面，2015年底，全省公路总里程达到123700km，二级以上公路8369km，全省高速公路通车里程达到2408km，农村公路10.75万km，公路密度达到27.2km/百平方千米。全省97%的乡镇和43%的建制村通了柏油路，100%的建制村通了公路。目前，全省形成了以省会兰州为中心，连云港至霍尔果斯、北京至拉萨等高速公路为主骨架，10条国道和32条省道为分支，农村公路纵横交织，沟通全省城乡、连接周边省区的四通八达的公路网络。

2015年，全省完成航空运输起降架次、旅客吞吐量、货邮吞吐量分别为39596架次、428.83万人次、32786.5吨；全省完成铁路客货运量2451.36万人次、6446.16万吨，铁路旅客周转量364.19亿人千米；全省完成公路客货运量5.83亿人次、2.88亿吨，客货运量分别占全省综合运输比

重 95.8%、84.2%，旅客周转量 265.07 亿人千米。[①]

（二）甘肃省旅游交通网络分析

连接度是表示交通网络的发达程度，表征甘肃省各 A 级景区（点）之间客流联系的可能性（节点间有无直接交通连接）。

1. β 指数

指数为网络中节点的平均连线数目，是对网络连接性的度量，对于多节点的旅游区而言，连接不同 A 级景区与城市节点之间的交通线越多、等级越高，则连接性越好，旅游者往来各旅游景区（点）之间越方便，较高的 β 指数是旅游区内 A 级景区与城市空间网络结构优化的要求与保障，其公式为：

$$\beta=L/V \quad \text{（公式 4-3）}$$

式中：β 表示交通网的连接度，L 表示交通网中边的数量，即两节点间的直接连接数目，V 表示交通网中顶点的数量，即节点数 β 的取值一般处于 0～3 之间，在这个范围内，β 值越大，表明网络的连接度越好。甘肃省旅游整体网络中，L=472，V=220+87=307[220 个 A 级景区与 87 个城市节点（86 个县区与嘉峪关市）]，根据公式计算得 1.54，值低，说明甘肃旅游交通网络的连接度较差。并且，甘肃省各景点之间已有交通线路缺少高等级公路，多是县乡道或省道，路况差，通过能力低，这更降低了旅游交通网络的连通性。

2. α 指数

指数是度量旅游网络回路性的指标，为观察的旅游网络回路数与理论最大数之间的比率，α 指数取值范围为 0～1，指数为 0 时，表示没有回路，指数为 1 时说明回路数达到了最大限度。旅游网络回路性与客源地节点层次无关，因此，在计算 α 指数时不区别节点层次。其公式为：

$$\alpha= \text{基本圈数} / \text{最大可能基本圈数} = (L-V+P)/(2V-5P) \quad \text{（公式 4-4）}$$

[①] 甘肃发展年鉴编委会. 甘肃发展年鉴 2012 [J]. 北京：中国统计出版社，2012.

式中：L 是边数，V 是节点数，P 为子图个数（若是连通的，$P=1$，否则等于连通块的个数，本书假设旅游网络中 $P=1$）。基本圈的含义是指当网上任何两点都有且仅有一条路可走通时，即"树"，基本圈数为 0；在此基础上，任何两点间增加一条边，就形成一个基本圈数；当所有点对之间都有边相连时（即点点相通），达到最大可能基本圈数。甘肃省旅游区空间结构平面拓扑图中 L 是 472，V 是 307，P 是 1，求得 α 指数为 0.27，处于非常低值的状况，旅游网络回路性较差。

3. γ 指数

γ 指数分析是一种类似于指数分析的空间分析方法，它也是用来反映一个区域网络中的连通发达程度，具体的方法是度量网络内各节点之间连线的观察数和连线的最大限度数目的比率，公式为：

$$\gamma = L/L_{max} = L/3(V-2) \quad \text{（公式 4-5）}$$

式中：L、V 的含义与指数计算公式中相同。指数的变化范围为 0~1，如果网络中无连线，即各节点毫不相连，则取下限 0；如果网络中每一节点都同其他点有连线，即网络最大连通时，取上限 1，根据公式计算得甘肃省旅游交通网络的指数为 0.52。

三、旅游饭店空间分布

至 2015 年底，甘肃省共拥有星级饭店 333 家，客房 33289 间，床位 59851 张。甘肃省饭店数与全国的比较统计表见表 4-3。

表 4-3 甘肃省饭店数与全国的比较统计表

		一星	二星	三星	四星	五星	总计
星级饭店数（家）	甘肃省	6	112	154	58	3	333
	全国	91	2197	5098	2375	789	10550
	占全国比例	6.59%	5.10%	3.02%	2.44%	0.38%	3.16%
星级饭店客房数（间）	甘肃省	193	6449	16395	9502	750	33289
	全国	4360	146882	571493	470600	269119	1462454
	占全国比例	4.43%	4.39%	2.87%	2.02%	0.28%	2.28%
星级饭店床位数（张）	甘肃省	377	12501	29470	16316	1187	59851
	全国	7681	340141	1057034	789962	398767	2593585
	占全国比例	4.91%	3.68%	2.79%	2.07%	0.30%	2.31%

续表

		一星	二星	三星	四星	五星	总计
单位饭店客房数（间/家）	甘肃省	32.17	57.58	106.46	163.83	250.00	99.97
	全国	47.91	66.86	112.10	198.15	341.09	138.62
单位饭店床位数（张/家）	甘肃省	62.83	111.62	191.36	281.31	395.67	179.73
	全国	84.41	154.82	207.34	332.62	505.41	245.84

从总体来看，甘肃省星级饭店的整体状况是：数量少，甘肃省星级饭店数、客房数、床位数分别仅占全国的3.16%、2.28%、2.31%；级别低，甘肃省星级饭店的平均星级水平是2.82，低于全国的3.15的水平，甘肃五星级饭店仅有3家，占全国的0.38%，占甘肃省星级饭店总量的0.90%，远低于全国7.47%的水平，甘肃四星级饭店仅有58家，占全国的2.44%，占甘肃省星级饭店总量的17.42%，低于全国22.51%的水平；规模小，甘肃省平均每家星级饭店的客房数、床位数分别为99.97间、179.73张，均低于全国平均138.62间、245.84张的水平，仅为全国平均水平的73.29%、78.29%。

（一）星级饭店分布状况

至2015年底，全省14个市（州）拥有星级饭店最多的是酒泉市，有58家，最多的县（区）是兰州市城关区，有35家；最少的市（州）是金昌市，只有4家，永昌等14个县（区）没有星级饭店。全省各地星级饭店数、床位数状况见图4-29至图4-30。

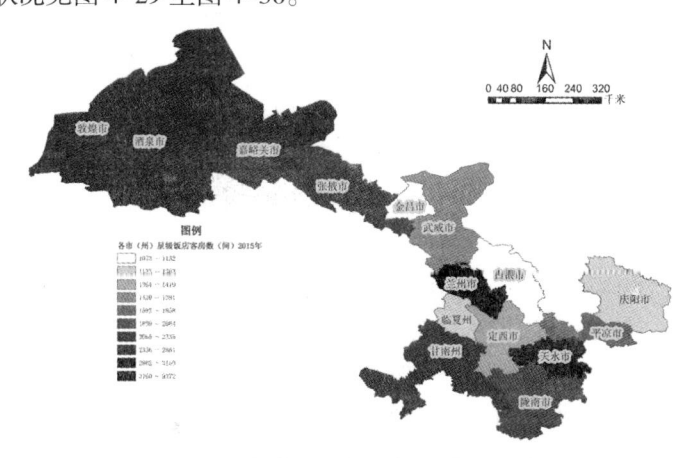

图4-29 各市（州）星级饭店数分布图

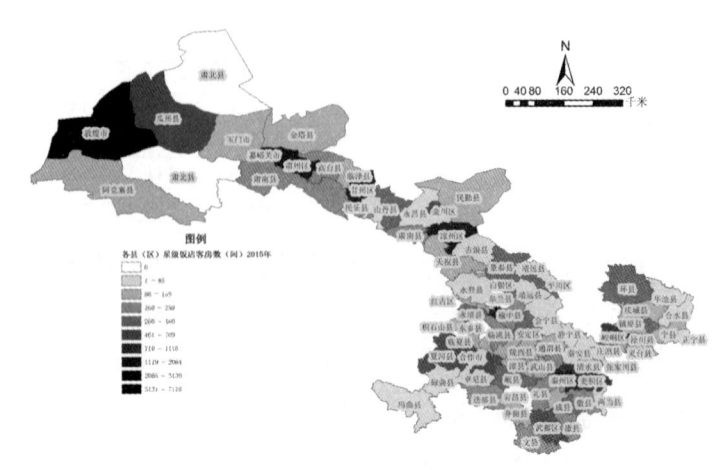

图 4-30 各县（区）星级饭店数分布图

（二）星级饭店分布结构分析

1. 各指标间的相关性分析

相关性分析，是评价要素指标见关联程度的分析方法。采用 SPSS13.0 中的 Analyze/Correlate 功能模块，对各县（区）星级饭店数、客房数、床位数、加权的床位数（以饭店的星级数作为权重）进行两要素间的相关性分析，分析结果如表 4-4 所示。

表 4-4 各县（区）星级饭店数、客房数、床位数、加权的床位数相关性分析

	星级饭店床位数	加权的星级饭店床位数	星级饭店数	星级饭店客房数
星级饭店床位数	1	0.909（**）	0.927（**）	0.921（**）
伴随概率（双尾）		0	0	0
加权的星级饭店床位数	0.909（**）	1	0.997（**）	0.996（**）
伴随概率（双尾）	0		0	0
星级饭店数	0.927（**）	0.997（**）	1	0.999（**）
伴随概率（双尾）	0	0		0
星级饭店客房数	0.921（**）	0.996（**）	0.999（**）	1
伴随概率（双尾）	0	0	0	

**Correlatio is sigificat at the 0.01 level（2-tailed）。

有以上分析可见，各地的星级饭店的四个数值之间有高度的相关性，相关显著性均达到 99%，相关系数均超过了 90%，饭店数决定了客房数与

床位数，各地的星级饭店平均规模基本相同。

2. 基尼系数分析

全省各县（区）星级饭店数的洛伦兹曲线如图4-31所示。

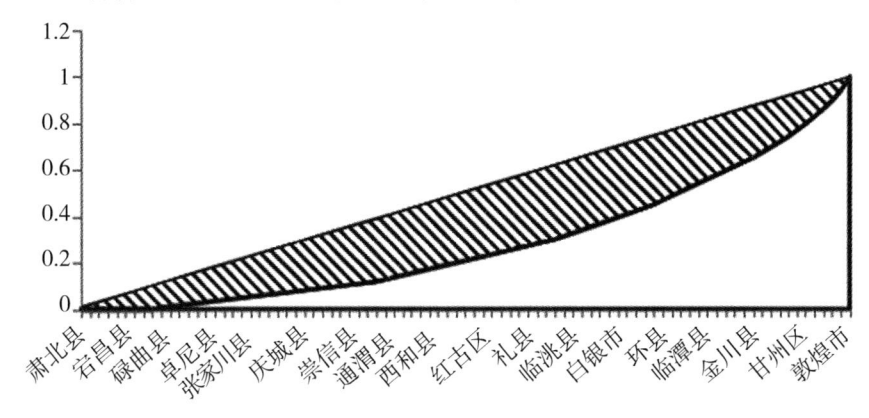

图4-31　甘肃省各县（区）星级饭店数的洛伦茨曲线

曲线的拟合函数为 $y=2.0501x^3-2.0088x^2+0.7251x-0.0467$，$R^2=0.983$，计算得星级饭店床位数各县（区）之间的基尼系数为：0.6825，甘肃省星级饭店床位数呈现不是特别显著，不均衡性特征非常突出。

3. 插值分析

全省各县（区）星级饭店数量的插值分析如图4-32所示。

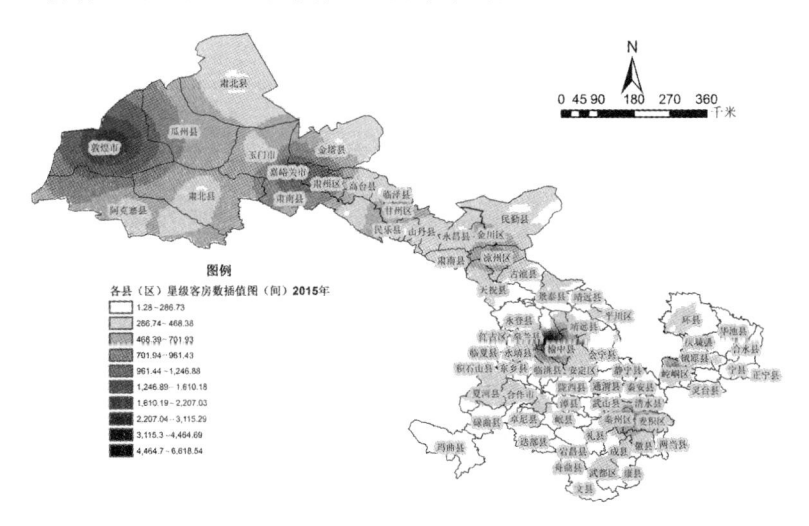

图4-32　各县（区）星级饭店床位数插值分析图

通过基于径向基函数的插值法分析，可以清晰地看到甘肃省星级饭店的极核型分布状况，形成了以兰州、天水、酒泉—嘉峪关、敦煌等几个主要旅游中心城市为极核的空间分布形态。

第五章　区域旅游业发展的空间分析

第一节　旅游市场的空间均衡

一、旅游市场空间均衡的状态

和普通商品一样，当某一地旅游产品的价格上升时，对该地的旅游需求量减少，而旅游供给量增加。价格的变动将协调买卖双方的计划，以实现一种均衡。均衡——是对立的因素相互平衡的状态：当价格使买卖双方的计划平衡时，市场均衡就出现了。均衡价格是需求量等于供给量时的价格，均衡数量是在均衡价格时交易的数量。

供需关系趋向均衡的调整使得交易得以实现，市场得以形成。市场总是向均衡变动，因为：当计划不匹配时，价格会调整，作为调节器的价格可以调节需求量与供给量。如果价格太高，供给量大于需求量；如果价格太低，需求量大于供给量。存在一个需求量等于供给量的价格，这就是均衡价格，也是市场力量驱使而形成的最终价格，也可以认为价格调整着旅游市场的空间均衡。

图 5-1、表 5-1 表示一个城市的三星级及同档次旅游饭店市场，或者也可以认为该档次旅游饭店供需双方对这个城市的空间选择。如表 5-1 所

示,如果每天每个房间的价格是100元,需求量是每天2200间,但没有哪个饭店愿意在这个价格下提供该档次饭店,也就是说会有每天2200个房间的短缺。表5-1最后一栏表示这种短缺。当价格为200元时,仍存在短缺,不过只有每天是900间。当价格是500元时,供给量是每天1500间,但需求量只有500间,这时就会出现每天1000个房间的过剩。既无短缺又无过剩的价格是每间每天300元,在这个价格上,需求量等于供给量1000间。均衡价格是每间每天300元,均衡数量是每天1000间。

图5-1表示需求曲线与供给曲线在每间每天为300元的均衡价格时相交。在高于300元的每一个价格上,存在饭店房间供给的过剩。例如,在400元时,过剩是每天600间,以浅灰色箭头表示。在低于300元的每一个价格上,存在房间的短缺。例如,在200元时,短缺是每天900间,以双箭头表示。

表5-1　三星级旅游饭店的供需表

价格（元/间天）	需求量	供给量（间天）	短缺（-）或过剩（+）
100	2400	0	-2400
200	1500	600	-900
300	1000	1000	0
400	700	1300	+600
500	500	1500	+1000

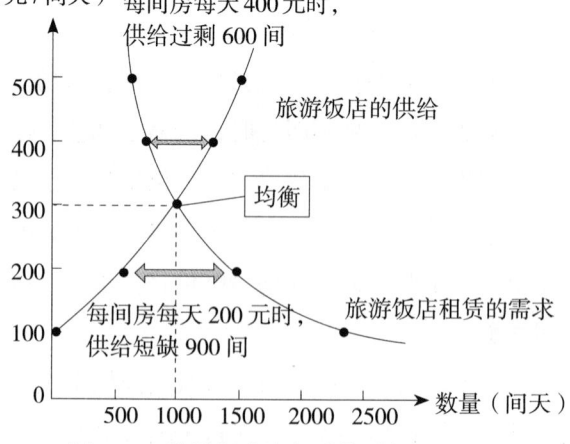

图5-1　旅游饭店市场均衡分析图

表 5-1 中列出了每一价格水平对应的租赁饭店的需求量和供给量，以及存在的短缺或过剩。当价格为每间每天 200 元时，需求量是每天 1500 间，供给量是每天 600 间。每天有 900 间的短缺，价格上升。当价格为每间每天 400 元时，需求量是每天 700 间，供给量是每天 1300 间。每天有 600 间的过剩，价格下降。如果价格为每天每间 300 元，供给量和需求量都是每天 1000 间。既没有短缺也没有剩余。买方和卖方都没有改变价格的激励。当需求量等于供给量时的价格就是均衡价格，每天 1000 间就是均衡数量。

二、旅游市场空间均衡的调整

（一）价格的调整

如果价格低于均衡价格，存在短缺；如果价格高于均衡价格，存在过剩。我们能指望价格改变并消除短缺或过剩吗？答案是：可以。因为这种价格变动对买卖双方都有利。现在我们看看为什么存在短缺或过剩时，价格会发生变动，短缺使价格上升。假定每个房间每天的价格是 200 元，计划入住的旅游者会订购 1500 间，而饭店计划每天出租 600 间。旅游者不能强迫饭店出售超出他们的计划的数量，因此，每天实际提供的房间数量是 600 间。在这种情况下，使价格上升的强大的力量发生作用，并使价格向均衡价格变动。一些饭店注意到大量无法满足的旅游者，就会提高价格，一些饭店增加供给量。随着供给者推动价格上涨，价格上升到均衡价格。升高的价格减少了短缺，因为它减少了需求量并增加了供给量。当价格上升到不再有短缺的点时，使价格变动的力量停止作用，价格停在均衡价格上。

过剩又会促使房间的价格下降，假定每间每天价格是 400 元，饭店计划每天提供 1300 间，旅游者计划每天订购 700 间，饭店不能强迫旅游者订购超出他们的计划，因此，每天实际出租的房间数量是 700 间。在这种情况下，使价格下降的强大的力量发生作用，并使价格向均衡价格变动。一些饭店无法租掉自己计划出租的房间，就会降低价格。此外，一些饭店减少在售房间的数量，他们决定将多的房间提供给别的租赁者，以获得自

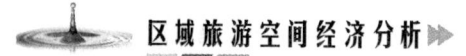

已期望的收入。随着旅游房间降低价格，饭店减少了过剩，增加了需求量并减少了供给量。当价格下降到不再有过剩的某点时，使价格变动的力量停止作用，停在均衡价格上。

买卖双方可以得到的最好交易。当低于均衡价格时，价格被迫上升。为什么买者不抵制价格上升并在较高价格时停止购买呢？因为他们对产品的估价高于现行价格，而且在现行价格时他们不能满足自己的全部需求。在一些市场上（例如在豪华饭店市场），租赁者甚至就是使价格上升的人，他们愿意支付更高的价格。

当高于均衡价格时，价格被迫下降。为什么卖者不抵制价格下降并在较低价格时拒绝出售呢？因为他们的最低供给价格低于现行价格，而且他们不能在现行价格时出售完他们想卖出去的东西。一般情况下，迫使价格下降的正是卖者，他们为了获得市场份额而提供较低的价格。

在需求量与供给量相等的价格下，买卖双方都不能以一种比之更好的价格交易。买者为购买最后一单位支付他们愿意支付的最高价格，卖者为出售最后一单位得到了他们愿意接受的最低价格。

当人们自由买卖，而且当需求者努力以可能的最低价格购买，供给者努力以可能的最高价格出售时，进行交易的价格是均衡价格——需求量等于供给量的价格。价格协调了买卖双方的计划，而且买卖双方都不再有改变价格的激励。

（二）预测价格和数量的变动

根据供需理论，价格的变动可以来源于需求的变动、供给变动或者两者的同时变动。让我们首先来看一下需求变动的影响。

需求的增加。当越来越多的人加入自驾车旅游者的行列，对旅游租赁房间的需求增加。表5-2中列出了原有的需求量和新需求量（与图5-2中的相同），以及供给量。

当需求增加，在原来的均衡价格300元下，出现了短缺。为了消除短缺，价格一定会升高。使需求量和供给量相等的价格是500元。在这个价格下，每天会有1500间旅游租赁房间。当需求增加时，价格和数量都增加。图5-2说

明了这些变化。图中表示了原有的需求和供给：原来的均衡价格是每间每天 300 元，均衡数量是每天 1000 间。当需求增加时，需求曲线向右移动。均衡价格提高至每间每天 500 元，供给量增加至每天 1500 间。供给量增加，但是供给没有变化，是沿着供给曲线的运动，而不是供给曲线的移动。

　　需求的减少。我们可以将需求的变化反过来。首先要考虑在价格为每间每天 500 元的情况，每天达成租赁交易的租赁房间的数量是 1500 间。看一下如果需求减少到原来的水平会出现什么情况。如果旅游目的地城市的旅游公交系统建设得到了完善，人们转向使用公共交通（旅游租赁房间的替代品），这种需求减少的情况就会发生。这种需求的减少使得需求曲线向左移动，均衡价格下降至每间每天 300 元，均衡数量减少到每天 1000 间。现在可以做出前两个预测：需求增加时，价格和数量都增加；当需求减少时，价格和数量都减少。

表 5-2　旅游房间租赁市场需求的变动表

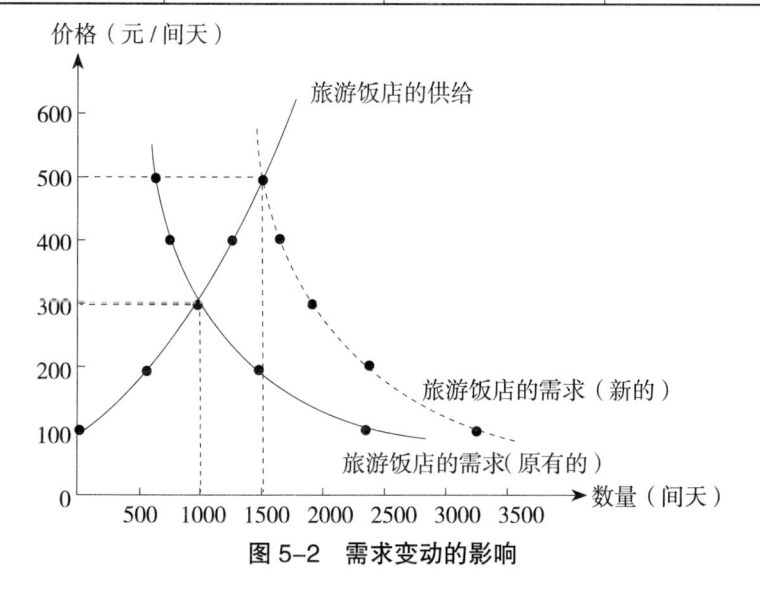

价格（元/间天）	需求量（间天） 原有的	需求量（间天） 新的	供给量（间天）
100	2400	3200	0
200	1500	2500	600
300	1000	2000	1000
400	700	1700	1300
500	500	1500	1500

图 5-2　需求变动的影响

最初，均衡价格是每间每天 300 元，均衡数量是每天 1000 间。当更多的人开始参加到自驾车旅游中，旅游租赁房间的需求增加，需求曲线向右移动。在价格为每间每天 300 元时，存在每天 1000 间的短缺。价格上升至新的均衡价格 500 元。当价格上升至 500 元后，供给量增加——由供给曲线上的浅灰色箭头表示——到新的均衡数量每天 1500 间。随着需求的增加，供给量也增加，但是供给不变——供给曲线不移动。

供给的增加。旅游房间生产商本身降低了房间的出场价格，当租赁房间商新购了一批旅游房间，租赁房间的供给增加。表 5-3 提供了新供给表。新均衡价格和均衡数量是多少？当价格下降至每间每天 200 元，均衡数量增加至每天 1500 间。你可以考查每间每天租赁房间为 300 元的旧价格时的需求量与供给量来说明原因。在该价格下，供给量是每天 2000 间，存在租赁房间的过剩，因此价格下降。只有在价格为每间每天 200 元时，供给量才等于需求量。图 5-3 说明了供给增加的影响。它显示旅游租赁房间的需求曲线和原来的供给曲线，以及新的供给曲线。原来的均衡价格是每间每天 300 元，均衡数量是每天 1000 间。当供给增加时，供给曲线向右移动。均衡价格下降到每间每天 200 元，均衡数量增加到每天 1500 间。需求量增加，但需求没有变动，即沿着需求曲线的运动，而不是需求曲线的移动。

供给的减少。如果开始时每间每天租赁房间的价格是 200 元，每天买卖数量是 1500 间。假设人力成本和原材料成本增加了，导致租赁房间的供给减少。供给减少使得供给曲线向左移动。均衡价格上升至每间每天 300 元，均衡数量减少至每天 1000 间。现在可以再做出两个预测：当供给增加时，数量增加而价格下降；当供给减少时，数量减少而价格上升。

表 5-3 旅游房间租赁市场供给的变动表

价格（元/间天）	需求量（间天）	供给量（间天）	
		原有的	新的
100	2400	0	700
200	1500	600	1500
300	1000	1000	2000
400	700	1300	2500
500	500	1500	3000

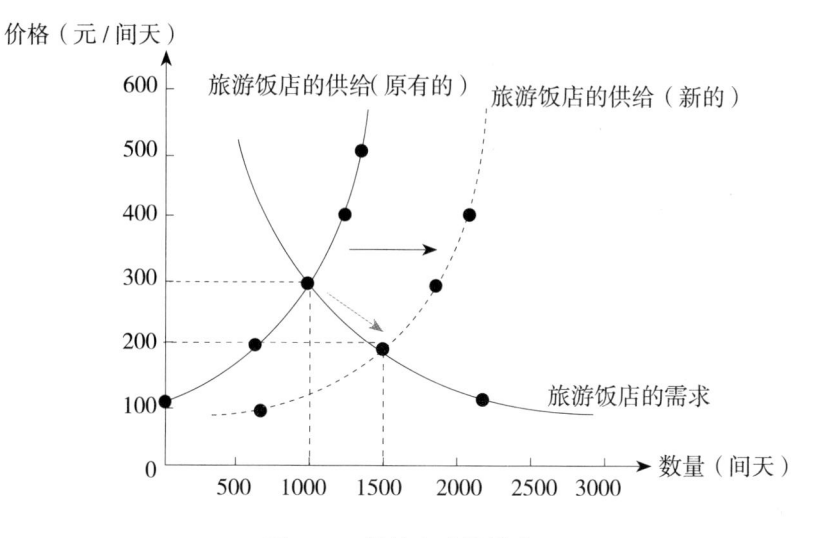

图 5-3 供给变动的影响

最初，租赁房间均衡价格是每间每天 300 元，均衡数量是每天 1000 间。当饭店购置新的房间后，租赁房间的供给增加，供给曲线向右移动。在价格为每间每天 300 元时，存在每天 1000 间的过剩。价格下降至新的均衡价格 200 元。当价格下降至 200 元后，需求量增加——由需求曲线上的箭头表示，但新的均衡数量是每天 1500 间。随着供给的增加，需求量也增加，但是需求不变——需求曲线不移动。

需求和供给两者都变动。现在你可以预测需求或供给变化对价格和数量的影响。根据已经学过的内容，你还可以预测当两者同时变化时的情况如何。为了了解这一点，让我们先总结一下已经学过的知识。

需求变化而供给不变。图 5-4 的第一行（a）、（b）、（c）幅，总结了需求变化而供给不变的影响。在（a）幅中，供给和需求都不变，价格和数量也都不变；在（b）幅中，需求增加而供给不变，价格和数量都增加；在（c）幅中，需求减少而供给不变，价格和数量都减少。

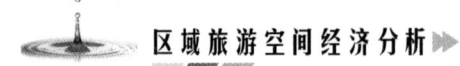

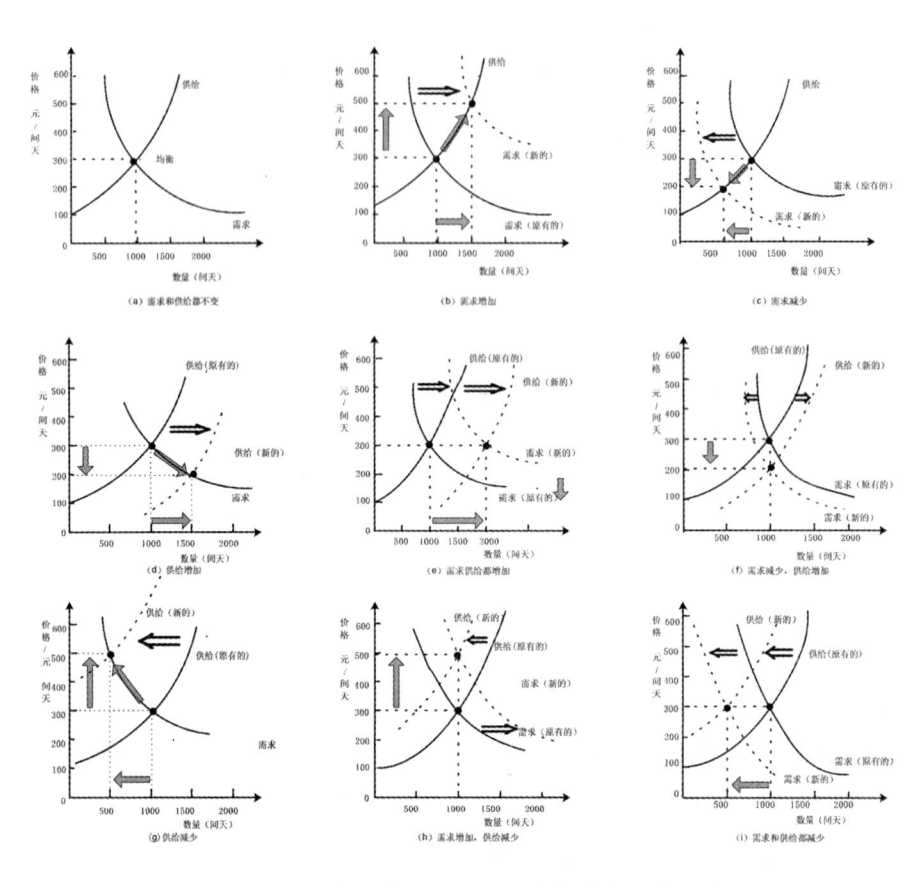

图 5-4　所有可能的供给和需求变动产生的影响

供给变化而需求不变。图 5-4 的第一列（a）、（d）、（g）幅，总结了供给变化而需求不变的影响。在（d）幅中，供给增加而需求不变，价格下降，数量增加；在（g）幅中，供给减少而需求不变，价格上升，数量减少。

需求和供给都增加。我们已经了解到增加需求会提高价格、增加数量，以及增加供给会降低价格、增加数量。图 5-4（e）幅结合了这两种变化。因为不管增加供给还是增加需求，数量都会增加，所以当需求和供给都增加时，数量一定也是增加。但对价格的影响不确定。需求的增加会提高价格，供给的增加则降低价格，所以我们不能说当需求和供给都增加时，价格是升还是降。我们需要知道需求和供给变化的数量来预测对价格的影响。

—162—

在图 5-4（e）幅中，价格没有变化。但是注意，如果需求比图中所示多增加一点，价格将会上升。并且，如果供给比图中所示多增加一点，价格将会下降。

需求和供给都减少。图 5-4（i）幅说明了当需求和供给同时减少时的情况。由于相同的原因，当需求和供给同时减少，数量减少，价格的变化则不确定。当需求减少，供给增加，则需求减少会降低价格、减少数量。而供给增加会降低价格并增加数量。图 5-4（f）幅结合了这两种变化。需求减少和供给增加都会降低价格，所以价格下降。但是需求减少会减少数量，供给增加使得数量增加。因此，如果不知道需求和供给变化的数量，我们不能预测数量变化的方向。在图 5-4（f）幅中，数量没有变化。但是注意，如果需求比图中所示多减少一点，数量将会减少。并且，如果供给比图中所示多增加一点，数量将会增加。

需求增加，供给减少。图 5-4（h）幅说明了需求增加和供给减少的情况。现在，价格上升了，同样地，数量变化的方向并不能确定。

三、旅游供需的空间均衡

旅游体验是人的需求，以人为中心的空间分布，受到现有经济发展基础的约束小，并且边际空间效应递增，决定边际空间意愿支出递增。与工业、农业受资源空间与市场空间不完全相同，需求空间差异以及由此而带来的体验差异，是旅游体验产品消费的重要特征，因此在选择的空间范围内，空间边际效用递增。虽然空间距离是约束旅游类文化体验的重要因素，但由此也发生了效用的递增所产生的推理，在很大程度上抵消了费用增加对距离选择的阻力，旅游者的空间效用情况如图 5-5，显示出在由旅游预算支出与时间约束的范围内，旅游者的空间效用递减但呈阶段性。

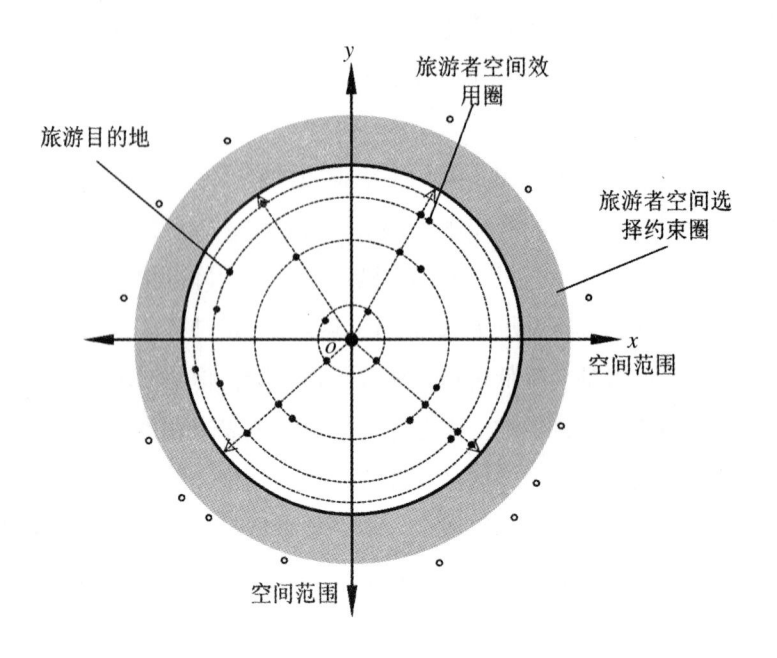

图 5-5　旅游者的空间效用图

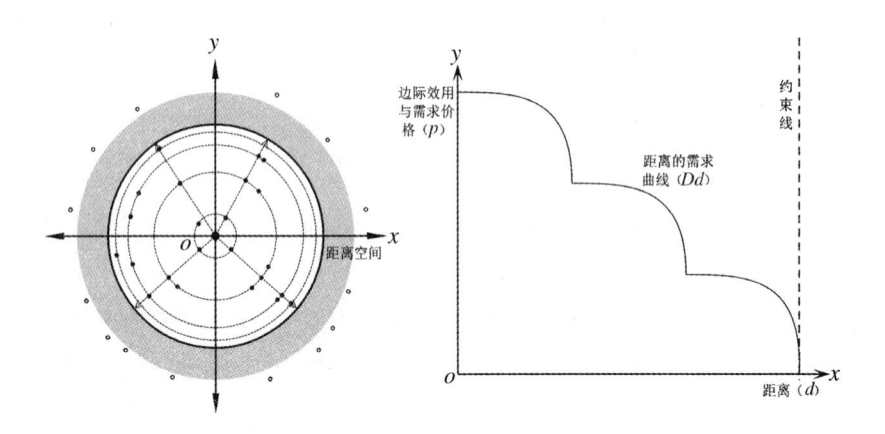

图 5-6　旅游产品的空间需求曲线

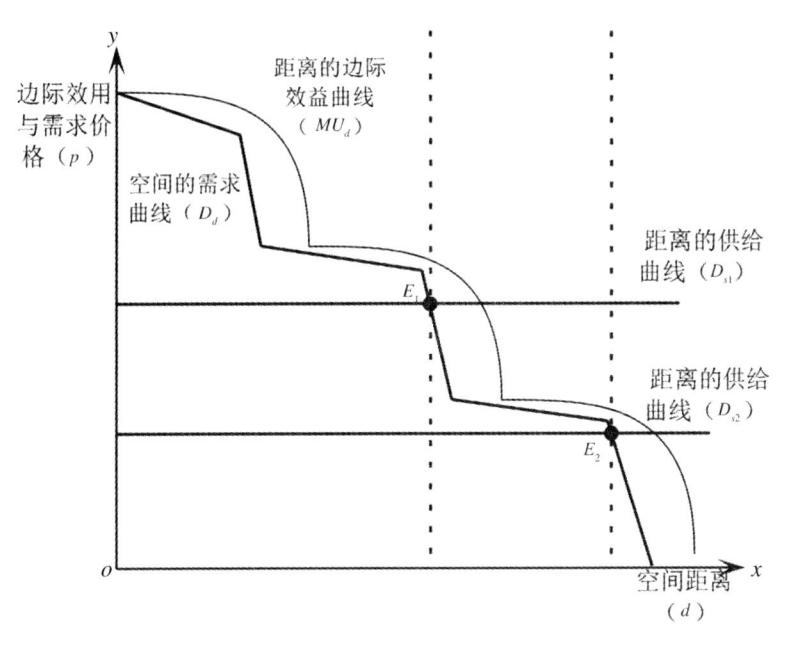

图 5-7　旅游产品的空间供需均衡

图 5-6、图 5-7 显示的旅游者的空间需求曲线，是旅游者愿意而且能够出行的空间范围。出行空间距离的远近，显示了旅游者可选择旅游产品与旅游目的地的数量。和消费者面对普通商品数量的增加而边际效用下降一样，整体而言，旅游者的边际空间效用（单位距离增加所带来的总效用的改变量）随着距离的增加而减少。旅游者的旅游开支与时间预算线，构成了旅游者的空间距离选择的约束。旅游者的空间感知与选择呈阶段性，使得其获得的边际效益呈阶梯状。边际效益是总效益的斜率，需求曲线是平均效益曲线。

旅游企业依托资源与资本等生产要素安排生产，其边际生产成本与旅游者的空间距离无关，因此空间供给线可以视为是一条平行于横轴的射线。

空间供需线的交点构成了旅游空间均衡点。可见随着供给价格的下降，旅游者选择的空间距离范围会随之而扩大。

第二节 区域旅游者空间分布决定的实证分析

一、旅游者空间分布概况

（一）旅游者空间分布状况

2015年，甘肃省14个市（州）中接待旅游人次最多的是兰州市，全年接待旅游人次超过1400万，最少的是金昌市，全年接待旅游人次不足100万，首末位接待人次之比超过14；全省86个县（区），接待旅游人次最多的是兰州市城关区，超过500万，最少的是酒泉市肃北蒙古族自治县，全年接待旅游人次不足2万，首末位接待人次之比超过400。全省2015年各市（州）如图5-8所示、各县（区）旅游人次分布状况如图5-9所示。

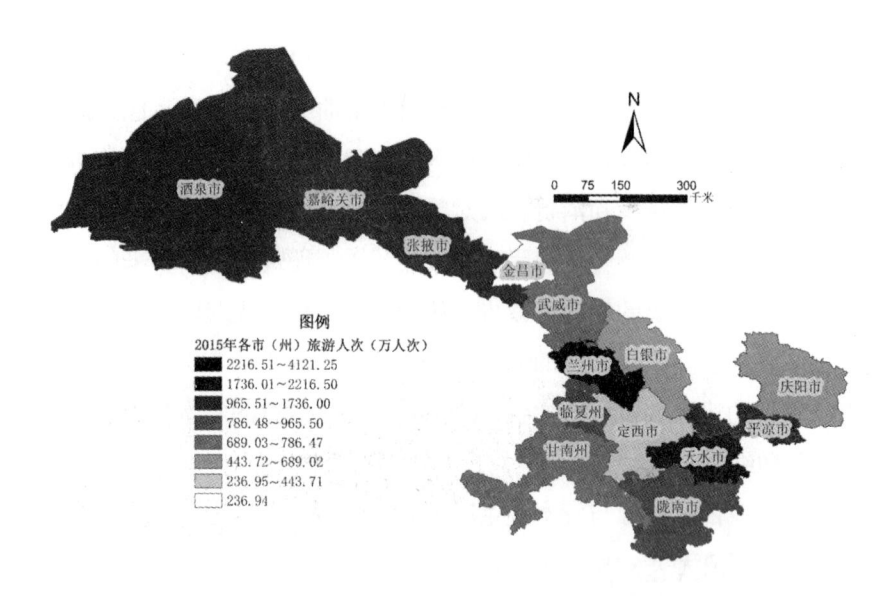

图5-8 各市（州）旅游人次分布图

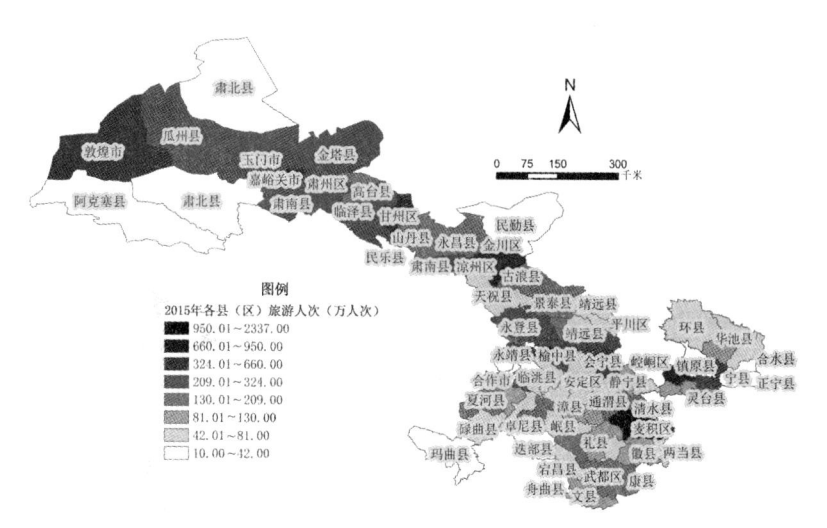

区域旅游业发展的空间分析　第五章

图 5-9　各县（区）旅游人次分布图

（二）旅游者空间分布特征

1. 插值分析

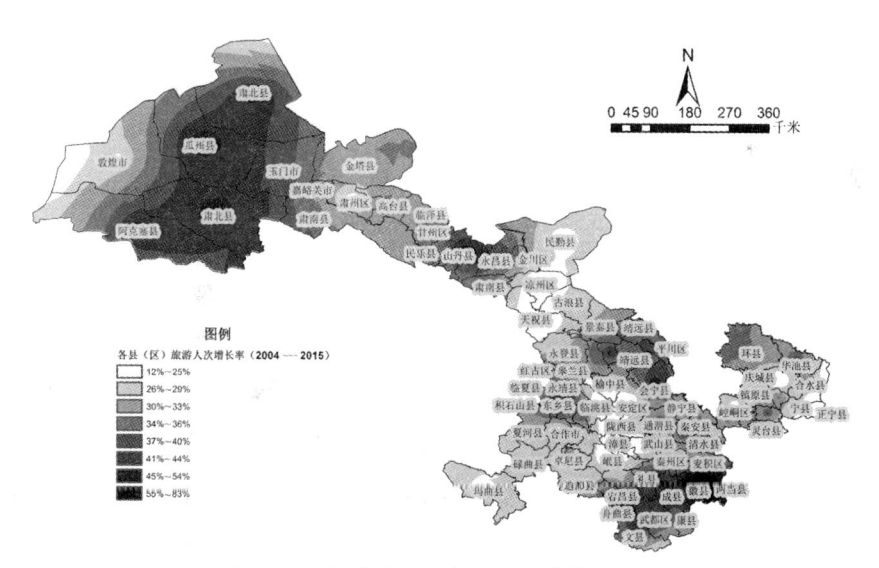

图 5-10　各县（区）旅游人次插值分析图

从图 5-10 插值分析可见，旅游者的空间分布呈现沿丝绸之路各中心城区明显极核分布，兰州、酒泉—嘉峪关、敦煌、天水等城市的中心城区是极核的中心，并有由极核向外侧逐渐递减的趋势。

2. 基尼系数分析

通过拟合的曲线函数，求得2015年旅游人次的县（区）分布的基尼系数为0.407，可见旅游人次分布呈现出不平衡状态。

3. 空间自相关性分析

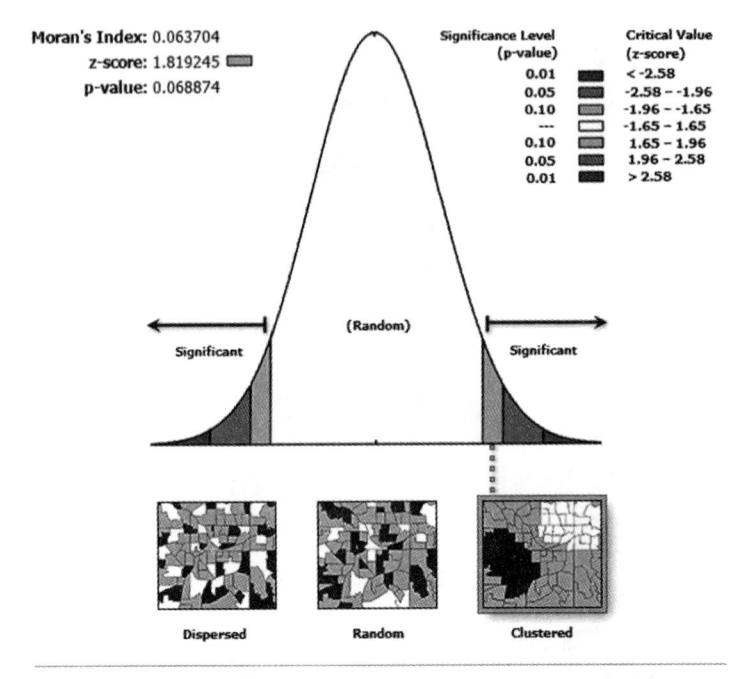

图5-11　各县（区）旅游人次空间自相关分析图

对各县（区）旅游人次的空间自相关性进行分析，各县旅游人次的自相关性较高，聚集度较高，这与各县（区）A级景区以及加权的A级景区数的空间自相关性不明显形成了对比，即邻近的县（区）的旅游人次数相关性高，但是A级景区数相关性不高。可见在对旅游者人次产生影响的因素中A级景区数不是完全的决定因素，交通条件也是一个重要的影响因素，同时也说明旅游者往往会选择目的地的周边地区旅游，从而形成了自相关性较高的状况。

二、旅游者空间分布结构演变分析

（一）旅游者空间分布的演变状况

2004年与2015年，旅游者空间分布状况与插值分析对比如图5-12至图5-15所示。

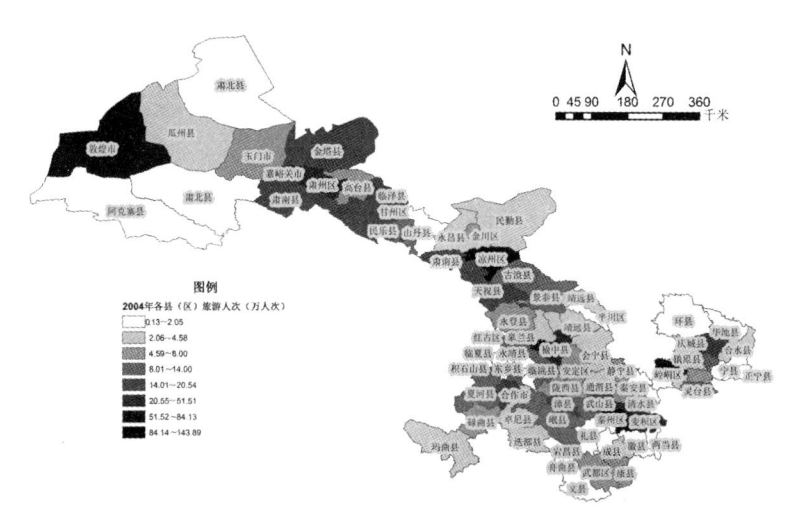

图 5-12　2004 年各县（区）旅游人次状况图

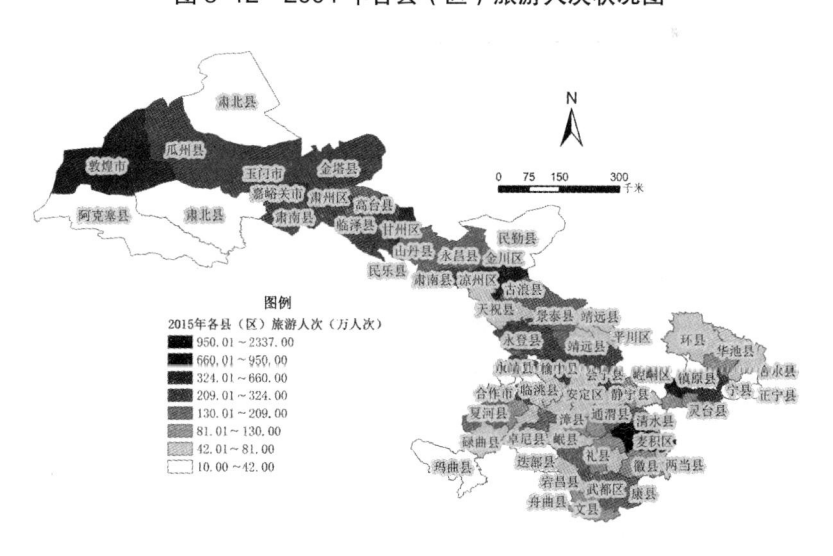

图 5-13　2015 年各县（区）旅游人次状况图

区域旅游空间经济分析

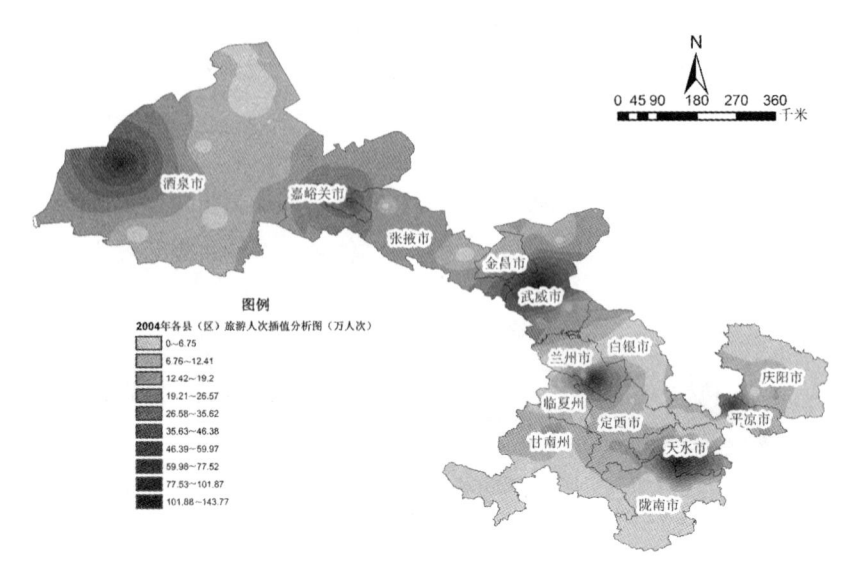

图 5-14 2004 年各县（区）旅游人次插值分析图

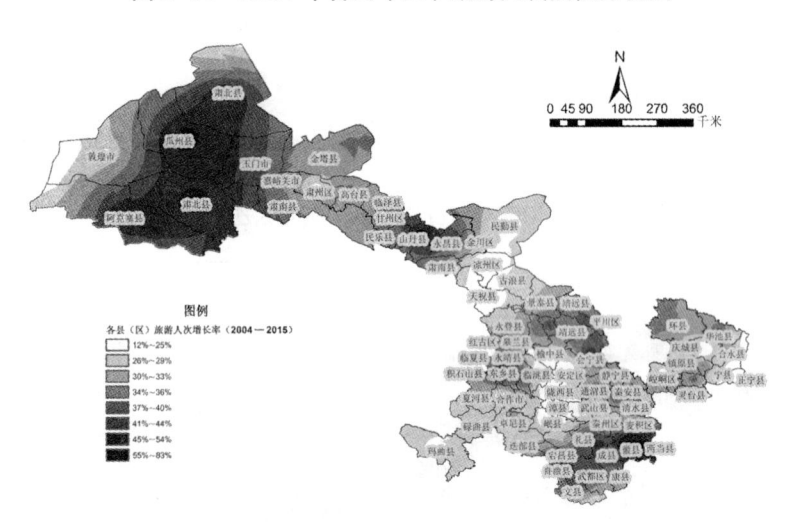

图 5-15 2015 年各县（区）旅游人次插值分析图

整体来看，2015 年相比于 2004 年，旅游人次的空间结构分布的态势没有发生根本变化，都呈极核状的空间分布，同时极核与周边的颜色对比增强，显示极核相对于周边地区，其中心性在强化。

从各县（区）旅游人次的相关性也可以看到 2004 与 2015 年旅游人次的相关显著性达到 99%，相关系数达到 77.4%。

表 5-4　2004 与 2015 年各县（区）旅游人次的相关性分析表

		2004 年旅游人次	2015 年旅游人次
2004 年旅游人次	Pearson 相关性	1	0.744**
	显著性（双尾）		0.000
2015 年旅游	Pearson 相关性	0.744**	1
	显著性（双尾）	0.000	

相关性显著度在 0.01 水平（双尾）。

（二）旅游人次空间分布的演变分析

1. 旅游人次增长率的空间分布分析

图 5-16　各县（区）年均旅游人次增长率状况图

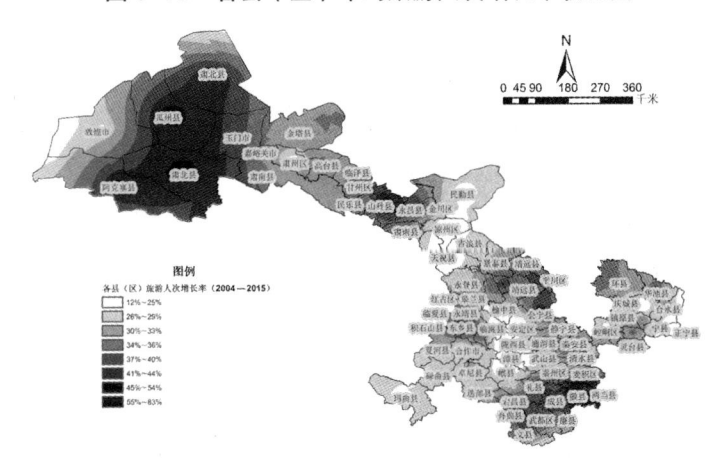

图 5-17　各县（区）年均旅游人次增长率插值分析图

由图 5-16 与图 5-17 可见，在陇南、白银以及酒泉市区（肃州区）与敦煌之间的瓜州、肃北、阿克塞等非传统热点地区形成了快速增长区域。

表 5-5　旅游人次增长率、2004 年旅游人次与 A 级景区数相关性分析表

		2004—2010 年各县（区）旅游人次增长率	2011—2015 年各县（区）旅游人次增长率	2004 年各县（区）旅游人次	2010 年各县（区）旅游人次	2010 年各县（区）A 级景区数	2015 年各县（区）A 级景区数
2004—2010 年各县(区)旅游人次增长率	Pearson 相关性	1	0.760**	−0.335**	−0.142	−0.308**	−0.290**
	显著性（双尾）		0.000	0.001	0.183	0.003	0.006
2011—2015 年各县（区）旅游人次增长率	Pearson 相关性	0.760**	1	−0.381**	−0.269*	−0.301**	−0.238*
	显著性（双尾）	0.000		0.000	.011	0.004	0.025
2004 年各县（区）旅游人次	Pearson 相关性	−0.335**	−0.381**	1	0.848**	0.769**	0.785**
	显著性（双尾）	0.001	0.000		0.000	0.000	0.000
2010 年各县（区）旅游人次	Pearson 相关性	−0.142	−0.269*	0.848**	1	0.659**	0.740**
	显著性（双尾）	0.183	0.011	0.000		0.000	0.000
2010 年各县（区）A 级景区数	Pearson 相关性	−0.308**	−0.301**	0.769**	0.659**	1	0.922**
	显著性（双尾）	0.003	0.004	0.000	0.000		0.000
2015 年各县（区）A 级景区数	Pearson 相关性	−0.290**	−0.238*	0.785**	0.740**	0.922**	1
	显著性（双尾）	0.006	0.025	0.000	0.000	0.000	

相关性显著度在 0.01 水平（双尾）

相关性显著度在 0.05 水平（双尾）

由表 5-5 可见，2004—2010 年、2011—2015 年两阶段旅游人次增长率的空间分布与起始年旅游人次的空间分布呈负相关性，相关显著性达到 99%、95%，相关系数为 −0.335、−0.301；两阶段增长率正相关，相关显著性达到 99%，相关系数为 −0.76。旅游人次年均增长与其他两个因素间的相关系数为负数，说明旅游"冷点"地区旅游人次增长较快。

2. 基尼系数的演变

2004年旅游人次的县（区）分布的基尼系数为0.4409。与2004年相比，2015年甘肃省的各县区旅游人次分布的基尼系数下降为0.4060，有了较大幅度的下降，旅游者分布的极核化有所降低，旅游者的分布更加分散。

3. 自相关性的演变

表5-6　2004、2010、2015年各县（区）旅游人次空间自相关性系数比较

	2004年	2010年	2015年
Z	1.64	2.51	1.81
P	0.10	0.01	0.07
分布特征	随机分布	聚集分布	弱聚集分布

2004—2010年旅游人次分布的空间自相关性呈现逐年增大的趋势，旅游人次的分布呈现越来越明显的相邻县（区）间的聚集态势，旅游热点地区对周边的影响逐渐增大，逐渐突破了行政界线，发挥了辐射作用。2010—2015年，自相关性下降，旅游人次空间分布向全省均质方向发展。

三、旅游者空间分布结构的模型解释

（一）相关估计模型

旅游者的空间分布是其空间选择与行为的表现，对其研究是旅游学研究的重要命题。Miossec等较早从空间结构和空间动力学的角度将旅游者的行为和类型同旅游目的地地理分布模型结合起来考虑。此后，学者们基于距离、旅游吸引物分布、时间约束、个人心理、中心城市等对旅游者空间分布特征展开了广泛的研究。学者们主要立足于地理学中的空间分析与经济学的效用分析方法，从旅游者群体空间分布与流动的角度出发，以演绎的逻辑，探讨旅游者空间分布的解释模型。

1. CES模型[①]

翁瑾、杨开忠等借用生产者关于生产要素配置的经典模型CES(Constant

[①] 翁瑾，杨开忠. 旅游空间结构的理论与应用[M]. 北京：新华出版社，2005.

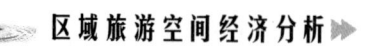

Electricity of Substitutio，不变替代弹性）生产函数，来分析旅游者在不同旅游目的地之间选择的状况，并提出了一个不对称的垄断竞争模型，建立起比较完整的旅游者空间选择模型，他们的工作具有重大的开创意义。

该模型假设，目的地的旅游基础设施和接待设施投入、目的地营销、旅游资源保护等都有显著的规模经济，只有足够大的旅游接待规模才能支撑起庞大的固定成本投入，而设施的改善、营销的加强又能进一步吸引更多的旅游者，在这样一种循环累积机制的作用下，旅游活动会表现出高度的空间集聚现象。同时，旅游者具有多样性偏好，为实现效用最大化，旅游者倾向于消费更多种类的旅游产品，即去更多的地方旅游，这又是促使旅游活动空间分散的力量。对旅游者而言，去更多的目的地旅游需要支付更多的旅行成本，更重要的是必须放弃从规模经济中得到的成本节约。旅游者需要在旅游产品的消费种数和单一产品的消费量间做出权衡。这样，在两种反向力量的作用下会存在一个均衡状态下的旅游空间结构。因此必须放松经典新经济地理学模型中的对称性假设，并引入参数控制不对称性程度，即控制分散力量的大小。基于此，设定一个由两层 CES 函数构成的效用函数。以这一函数作为旅游空间模型讨论的基础，进一步引入经济学中的消费者效用最大化、生产者利润最大化，以及实现长期均衡的零利润均衡条件，得到"供－需"均衡的最终关系表达式。

$$r\alpha_a\sigma_a n_a t_a = \frac{Y}{(1+n_a^{\frac{a-1}{1-\alpha}} an_b^{\frac{a-1}{1-\sigma}}) bt \frac{1-\alpha}{a} t \frac{1-\alpha}{b} \beta \frac{\alpha-1}{a} \rho \frac{\alpha-1}{b} \rho \frac{1-\alpha}{a}}$$

（公式 5-1）

$$r\alpha_b\sigma_b n_b t_b = \frac{Y}{(1+n_a^{\frac{a-1}{1-\alpha}} bn_a^{\frac{a-1}{1-\sigma}}) at_a^{1-\alpha} t_b^{\alpha-1} \beta_b^{\alpha-1} \rho_b^{1-\alpha} \rho_a^{\alpha-1}}$$ （公式 5-2）

该模型的大多数假设，包括生产的规模效益、旅游者的成本节约与旅游者的多样性偏好之间的矛盾，旅游产品具有一定程度的垄断特征等，都是非常正确的。多样性偏好和产品差异化所产生的分散力使得必须放松经典新经济地理学模型中的对称性假设，而构建不对称模型显示了其敏锐的

洞察力。这一模型为进一步探讨旅游的空间聚集与分散机理提供了有益的启示。但这一模型存在两个问题：首先，CES借用生产领域中生产要素替代弹性不变来分析旅游者行为，其最根本是假设消费者对旅游目的选择的替代弹性不变，这一假设是否成立缺乏明显的证据支持；其次，一方面认识到不同区位旅游产品具有差异性，因此能形成一定程度的垄断，另一方面又认为不同产品间存在着替代关系，当替代品足够多的情况下，其利润为零，就经济学的解释而言，只有在非常典型的垄断竞争市场的条件下，这两种假设才能同时成立，但不同区位的旅游产品市场是否就是垄断竞争市场值得怀疑，至少可以确定的是，垄断竞争市场不能涵盖全部的旅游产品市场。

2.AIDS 模型[①]

AIDS（Almost Ideal Demand System，几乎理想的需求系统）是目前关于需求系统估计的最为经典的模型，也已被广泛地运用于关于消费者选择的实证估算中。如果将对旅游区位的选择理解为旅游产品的选择，旅游者的空间行为过程理解为旅游产品的消费过程，AIDS 无疑应是一个非常值得借鉴的模型。该模型立足于间接效用函数，以一般效用条件下，支出最小来探讨消费者的选择，建立的假设是：①单调性，需求关于价格递减，收入递增；②零次齐次性，$u \times (\lambda P_1, \cdots, \lambda P_n, \lambda Y) = u \times (P_1, \cdots, P_n, Y)$ 对于任意的 $\lambda > 0$ 成立，即旅游收入与价格增长相同的倍数，效用不变；③拟凸性。

采用柯布-道格拉斯效用函数：

$$Y = a^{1-u} b^u \qquad （公式5-3）$$

依据间接效用函数中的谢菲尔德引理，推导出消费者对商品的选择模型：

$$W_i = a_i + \sum r_{ij} \log p_j + \beta_i \log \left(\frac{Y}{p} \right) \qquad （公式5-4）$$

W_i 表示对 i 商品的支出占总支出的比重。

---

① 朱建中，高汝熹.数理经济学［M］.武汉：武汉大学出版社，1993.

AIDS 是关于消费者消费的整体系统分析，它可以将旅游消费作为整体消费的一部分来研究旅游消费的比重，也可以把对某一地的空间选择作为整体旅游选择的一部分来研究对该地选择的消费比重或选择概率，这对于系统了解旅游者的空间选择无疑具有重要的借鉴意义。但是齐次性是 AIDS 的最根本假设，可是对于不同旅游者做出的选择，齐次性成立的假设无论是在定性还是定量评价中都难于肯定地成立。同时，本书所收集的数据仅限于甘肃省各地的旅游统计数据，旅游内在机理的数据不完善，因此，尚不能构建旅游者的消费系统予以说明。

3. 旅游消费效用函数[①]

该模型考虑一个 i 处，收入为 y 的住户，他们要把这笔收入分配到一般消费 C_i（包括储蓄）和各种旅行 ij 中去。这里 j 是目的地代号，ij 是从 i 到 j 的旅行次数。这家住户的效用函数是：

$$u = u(c_i, x_{i1}, x_{i2}, \cdots, x_{ij}) \qquad \text{（公式 5-5）}$$

又设效用函数是可以分开的，即：

$$u = u_0(c_i) + \sum_i u_j(x_{ij}) \qquad \text{（公式 5-6）}$$

$u_0(c_i)$ 是一般消费的效用函数，$u_j(ij)$（$j=1, 2, \cdots$）是旅行到某一目的地 j 的效用函数。由于旅行效用函数的自变量除了 x_{ij} 这一项外，还应涉及另一变量，它不能为住户所控制，这就是终点 j 的吸引力 a_j。在新古典经济学中，往往要求这两种变量是齐次的。可以采用下面的线性齐次函数：

$$u_j = a_j \varphi \left(\frac{x_{ij}}{a_j} \right) j=1, 2, \cdots \qquad \text{（公式 5-7）}$$

$$u_0 = a_0 \varphi(c_i/a_0) \qquad \text{（公式 5-8）}$$

显然，效用函数的形式都是相同的。

用 c_{ij} 表示从 i 处到 j 处，每一次旅行的交通成本（或经济距离），那么，这个消费者的预算约束就是：

[①] 杨吾扬, 梁进社. 高等经济地理学 [M]. 北京：北京大学出版社, 2000.

$$c_i = y - \sum_j c_{ij} x_{ij} \qquad \text{（公式 5-9）}$$

按照新古典经济学的假设，消费者要使下式的值达到最大，即：

$$\max_{x_{ij}} \left[a_0 \phi \left(y - \sum_j c_{ij} x_{ij} \right) / a_0 + \sum_j a_i \phi (x_{ij}/a_j) \right] \qquad \text{（公式 5-10）}$$

这个凹函数（通常都是这样假设）达到最大的必要且充分的条件是：

$$\phi'(x_{ij}/a_j) = c_{ij} \phi' \left[\left(y - \sum_j c_{ij} x_{ij} \right) / a_0 \right] \qquad \text{（公式 5-11）}$$

从这个条件可以解出：

$$x_{ij} = a_j \phi'^{-1} \left[c_{ij} \phi'(c_i a_0) \right] \qquad \text{（公式 5-12）}$$

如果记 $h = [\phi]^{-1}$，则上式变成：

$$x_{ij} = a_j h \left[c_i \phi'(c_i/a_0) \right] \qquad \text{（公式 5-13）}$$

再假设 c_i 是独立于位置 i 的，使得 $\phi'(c_i/a_0)$ 是一常数。这样一来，上式变成：

$$x_{ij} = a_j f(c_{ij}) \qquad \text{（公式 5-14）}$$

其中：

$$f(c_{ij}) = h \left[c_{ij} \phi'(c_i/a_0) \right] \qquad \text{（公式 5-15）}$$

如果约定 $u = a(x_{ij}/a)^b$，其中 $0 < b < 1$。最大化问题变成：

$$\max_{x_{ij}} \left[a_0 \left\{ \left(y - \sum_j c_{ij} x_{ij} \right) / a_0 \right\}^{b_0} + \sum_j a_i (x_{ij}/a_j)^b \right] \qquad \text{（公式 5-16）}$$

使它达到最大的必要且充分的条件是：

$$b_j (x_{ij}/a_j)^{b_j - 1} = b_0 c_{ij} (c_i/a_0)^{b_0 - 1} \qquad \text{（公式 5-17）}$$

按照我们前面的假设，$(c_i/a_0)^{b_0 - 1}$ 是一常数，记它为 k，则上式变成：

$$(b_0 k / b_j) c_{ij} = (x_{ij}/a_j)^{b_0 - 1} \qquad \text{（公式 5-18）}$$

$$x_{ij} = a_j (b_0 k / b_j)^{\frac{1}{b_j - 1}} (c_{ij})^{\frac{1}{b_j - 1}} \qquad \text{（公式 5-19）}$$

x_{ij} 就表示 i 处的这一户居民对 j 旅游目的地选择的概率。

这一模型借鉴的是经济学中的直接效用函数进行分析，这与 AIDS 模型采用间接效用函数的假设方法在形式上有差别，而实质上是一致的。这一模型完整地考察了客源地和目的地空间的关系对旅游者的空间选择的决定机理，无疑是解释旅游者空间选择的较好模型。但是运用该模型进行实证分析，需要对客源地进行分门类的数据调查，这是本书尚无法达到的。而且它所设立的齐次性、凹函数（与 AIDS 间接效用函数的拟凸性形式不一致，但实质一致）等假设，在实证中难以证明。同时运用直接效用函数进行分析，需要给出一个确定的、适用的效用函数，这在实证分析中很难做到（这也是 AIDS 模型采用间接效用函数的原因之一）。

4. 最大熵模型[①]

引力模型是地理学分析旅游者空间问题的主要理论出发点，该模型因距离衰减模式（阻抗函数）的改进而形成了牛顿型（幂函数）和威尔逊型（指数函数）两种基本形式。牛顿模型于20世纪60年代开始被引入旅游研究中，主要用于两地间旅游流的测度，此后，多位学者关注于该模型的改进及其在旅游需求预测中的应用，收入水平、交通成本等解释变量也被不断引入其中，并逐渐形成了对数线性形式的因果多元回归建模传统。在国内，张凌云、保继刚等较早地注意到旅游引力模型的价值，而基于"贸易引力模型"对中国入境旅游和国内旅游的研究也受到了关注。然而，牛顿模型面临着两个困境：一是它作为牛顿万有引力公式的一种类比经验公式，缺乏严格理论依据；二是存在断裂点悖论。

英国地理学者威尔逊吸收了物理学中熵的概念，从熵最大化原理出发推导出一种具有理论意义的空间相互作用模型，称之为最大熵模型。这一模型的假设是：某一个大区域被划分成若干个小区域。每个小区的流出总量是 O_i（$i=1, 2, \cdots$），流入量是 D_j（$j=1, 2, \cdots$），它们都是已知的。单位流从每一个小区到任一小区的运行成本 C_{ij}（$i, j=1, 2, \cdots$），从 i 到 j 的 T_{ij} 显示了两地的空间流动量。任意流分布 T_{ij}（$i, j=1, 2, \cdots$）应满足守恒条件：

[①] 杨吾扬，梁进社. 高等经济地理学 [M]. 北京：北京大学出版社，2000.

$$\sum_j T_{ij}=O_i, \ j=1, \ 2, \ \cdots \qquad （公式5-20）$$

$$\sum_i T_{ij}=D_j, \ i=1, \ 2, \ \cdots \qquad （公式5-21）$$

$$T=\sum_i O_i=\sum_j D_j=\sum_i \sum_j T_{ij} \qquad （公式5-22）$$

$$C=\sum_i \sum_j C_{ij}T_{ij} \qquad （公式5-23）$$

当T是给定时，T_{ij}可能发生的频数是：

$$W(T_{ij})=T!/\prod_{ij} T_{ij}! \qquad （公式5-24）$$

最大熵模式认为，在约束条件下，该频数达到最大的流分布，T_{ij}是最接近现实的流分布。

通过构成拉格朗日函数，最后得到：

$$T_{ij}=A_iB_jO_iD_je^{-\beta C_{ij}} \qquad （公式5-25）$$

由于考察的是对象各区域的所有流出与流入，因此该模型又称为整体系统模型。

就空间的相互作用而言，该模型非常接近现实的客源地和目的地旅游吸引状况，应当可以使用于旅游分析中。但是，该模式含有十分令人怀疑的行为假设，这就是首先要知道运输系统的总成本C。一般来说运输流是分散决策的结果，因此，这个假设似乎是难以接受的。此外，熵最大模式是用自然法则来揣测人文现象，分子没有意识，因此我们可以对它做出"具有等可能事件"性质的假设，但人是具有意识的高级动物，如果约定了T_{ij}表示人的旅行数，则人们的收入分布、价值观差异会使它们的旅行行为有相当大的不同。所以，这样看来，最大熵模式仅是一种尽可能近似的模拟模型。

（二）模型改进

现有研究主要依据地理学空间分析与经济学效用分析的方法，提出了一系列关于旅游者空间选择与分布的模型，并在主要是大尺度空间（如国家）系统中开展了实证研究，但现有模型或者理论自身存在悖论（如牛顿模型），或者假设条件无法完全适应旅游业的实际（如威尔逊模型的封闭宏观系统与变量守恒假设等）。同时，由于缺乏较充分的统计与抽样数据，现有模型的实践应用研究还较为缺乏，立足理论模型面向特定区域进行完整模型参数检验与估计的研究，以及相应的预测应用还很少见。本书借鉴已有研究提出的分布模型，力图构建一个更适应旅游者空间特征的分布模型，并依据数据较为充分与确实的甘肃省2015年各县（区）旅游者分布状况，进行模型的检验与参数估计，并将通过检验的参数模型作为预测模型，结合甘肃省旅游业"十三五"规划进行旅游者空间分布的预测，并进行演变趋势的比较分析。本书将为定量了解旅游者空间分布的影响因素提供数理基础，并为旅游者空间分布变化预测提供可行的方法，为分析旅游者空间分布的变化趋势提供条件，也为旅游饭店等服务设施的规划布局研究提供依据。

前述分析可见，现有的经济学效用模型与地理学空间作用模型，能在一定程度上说明旅游者空间分布的规律特征，但其假设与适用范围均存在一定的局限性，难以在实践研究中对不同尺度特别是中小尺度空间予以有效适用。旅游者的空间选择行为，是一种消费选择行为，必然立足于自身的效用做出；但也不同于普通的商业消费，它是一种空间选择行为，行为空间之间的相互作用也必然影响到其选择结果。将效用选择与空间作用模型相结合，应是旅游者空间选择与分布研究的有效方法。伯克曼将效用概念与空间相互作用理论结合，提出了基于效用正态分布假设研究以工作地点来选择住宅点的"通勤模型"，为研究旅游者的空间选择与分布提供了一个可借鉴的思路。该模型只要求行为主体对选择对象效用正态分布，不受尺度大小的影响，这对于省域及其以下不满足威尔逊熵最大化假设的尺度空间，显示出其适用性优势。本书借鉴以上理论与思路，提出一个基于效用的旅游者空间分布模型。

对于旅游者的空间选择而言，由于在旅游产品选择偏好上的差别，以及对旅游目的地认识上的差异，对同一旅游目的地，即同一旅游产品，会产生不同的预期效用。对此，选用一个随机变量，它表示旅游者到i处旅

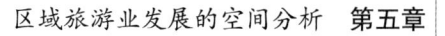

游而产生的随机效用,它因人而异。j是旅游者的出发地,i是旅游者选择的目的地。从j到i的距离越大,消费者所得到的效用越小。因此,就反映了旅游者在i处所得的净效用情况,其中r_{ij}表示从i到j的距离,α是一参数。假设一旦这个数超过了某一效用水平u_0,旅游目的地就确定了。即,一旦下式成立,就认定旅游者选择了i处的旅游产品。

$$\varepsilon_i - ar_{ij} \geq u_0 \qquad (公式5-26)$$

显然,概率$P(\varepsilon_i \geq u_0 + ar_{ij})$反映了在$j$处的人到$i$处旅游的可能性。假设总效用遵从正态分布,因此效用函数可写为:

$$u(x) = \frac{1}{\sqrt{2\pi}\sigma_i} e^{-\frac{1}{2\sigma_i^2}(x-u_i)^2} dx \qquad (公式5-27)$$

该函数表示以u_i为均值,σ_i为方差($\sigma_i > 0$)的正态分布效用函数。因此,旅游者对i地选择的概率就是:

$$P(x) = P(\varepsilon_i \geq u_0 + ar_{ij}) = \int_x^{+\infty} \frac{1}{\sqrt{2\pi}\sigma_i} e^{-\frac{1}{2\sigma_i^2}(x-u_i)^2} dx \qquad (公式5-28)$$

这个积分的结果是不能用初等函数表示出来的,用一个类似Logistic函数的有理函数近似,其函数特性与正态分布函数的特性一致,其导数特性与正态分布的概率密度函数特性一致,其表达式为:

$$P(x) \approx \frac{1}{1+e^{\frac{\beta(x-u_i)}{\sigma_i}}} \qquad (公式5-29)$$

其导数为:

$$P(x) = P'(x) = \frac{\frac{\beta}{\sigma_i} e^{\frac{\beta}{\sigma_i}(x-u_i)}}{(1+e^{\frac{\beta}{\sigma_i}(x-u_i)})^2} \quad (u_0 + ar_{ij} < x < +\infty) \qquad (公式5-30)$$

其中,β为常数,$\beta = 4/\sqrt{2\pi} \approx 1.6$,因此:

$$P(x) = \int_{u_0+ar_{ij}}^{+\infty} u(x) dx \approx \frac{1}{1+e^{\frac{\beta(u_0+ar_{ij}-u_i)}{\sigma_i}}} \qquad (公式5-31)$$

如前所述,这个概率反映了由j处的人到i处旅游的可能性,故i,j两地之间的旅游量(T_{ij})应与这个概率成正比。此外,两地间的旅游者人

次也应与由 j 处出发的旅游人口 b_j 成正比，即：

$$T_{ij}=kb_j \times P(x_i) \qquad \text{（公式5-32）}$$

因此：

$$T_{ij}=b_j\frac{k}{1+e^{\frac{\beta(u_0+ar_{ij}-u_i)}{\sigma_i}}} \qquad \text{（公式5-33）}$$

其中，k 是一常数。对于较大的 r_{ij}，式中分母的第二项居支配地位，故式5-33可简化成：

$$T_{ij} \approx b_j\lambda_i k e^{-ar_{ij}} \qquad \text{（公式5-34）}$$

其中：$\lambda_i=e^{\frac{\beta(u_i-u_0)}{\sigma_i}}$。式5-34是旅游者空间分布的基础模型。

现在讨论式5-34中各种量的经济学含义，并为了能够实证检验与应用，进一步寻找这些量的对应的可统计量。

（1）T_{ij}，b_j 以及 r_{ij} 是与 j 相关的量，j 表示的是相对于目的地 i 的旅游者出发地，在大尺度空间中它应是旅游客源地，在中小区域尺度中由于旅游流存在的空间等级体系，中心大城市在地区旅游空间相互作用中具有中枢地位，因此在中小区域尺度中特别是在具有相同客源市场的旅游目的地空间系统中，j 可以是相对于 i 的旅游集散中心。当假设到 i 的旅游者都是从 j 中转的话，则 T_{ij} 近似于 i 地的旅游者总量，b_j 表示 j 地出发的旅游者人次，假设它与旅游中心城市的旅游者输出能力正相关，即与旅游者通过中心城市向旅游目的地流转的水平正相关，进一步假设这一能力与旅游中心城市的交通干线通达能力（中心城市与外部区域的连通能力）正相关，因此可令：

$$b_j=q_j^d$$

其中，q_j 表示 j 地的交通干线通达能力，d 为常数。式5-34中 r_{ij} 表示旅游者从出发地 j 到达目的地 i 所付出的成本，即两地间的经济距离，可表示为：

$$r_{ij}=\frac{D_{ij}}{v_{ij}}$$

其中，D_{ij} 表示由 j 到 i 的实际交通距离，v_{ij} 表示 j 到 i 的平均行驶速度。

（2）在 λ_i 表达式中，β 为已知常数，u_0 表示旅游者选择的旅游目的

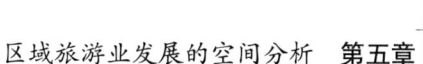

地所获得的最低效用水平,在对旅游者较大样本统计量中,可视为常数(即旅游者对于最低效用的判断趋于平均)。因此,λ_i 与 u_i 正相关,u_i 为效用函数 $u(x)$ 的均值,即旅游者对 i 地预期平均效用,它可以认为是与目的地吸引力相关的一个指标,由于 A 级景区是我国旅游产业链的核心,假设某地 A 级景区的质量与数量决定了旅游者对该地的预期平均效用,因此可令:

$$\lambda_i = s_i^c$$

其中,s_i 表示 i 地的景区数量与质量,用 i 地加权的 A 级景区数反映,c 为常数。因此最终的模型表达式为:

$$T_{ij} = k s_i^c q_j^d e^{-a r_{ij}} \qquad (公式5-35)$$

其中,$T_{ij} = \dfrac{D_{ij}}{v_{ij}}$。相较于式 5-34,式 5-35 的自变量更具有统计数据支撑,其假设是:(1)旅游者对旅游目的地的效用是正态分布;(2)旅游者是通过旅游中心城市出发到旅游目的地的;(3)旅游中心城市的旅游者输出量与其干线交通通达能力正相关;(4)某地 A 级景区的质量与数量决定了旅游者对该地的预期平均效用。

(三)实证估值与检验

1. 数据统计

本书依据"十二五"期末 2015 年的甘肃省各县(区)旅游人次统计数据,研究在甘肃省旅游系统中的旅游人次分布(T_{ij})。由于嘉峪关市无下辖的县(区),市域面积也较小,本书将其纳入县(区)分析,因此,本书研究的对象单位有 87 个[下文中的县(区)都包括嘉峪关市],面积最大的是酒泉市肃北蒙古族自治县,为 5.5 万平方千米,最小的为兰州市安宁区,为 86 平方千米。2015 年接待游客数最多的是兰州市城关区,达到 2330 万人次,最少的是庆阳市正宁县,为 9.5 万人次。

由于供给对需求影响具有延后性,本书关于旅游景区(s_i)与旅游交通(D_{ij}、q_j)等供给要素的数据采用 2014 年数据。2014 年底,甘肃省共有A级景区199个，占全国总数的3.0%，其中5A级景区3个，4A级、3A级景区各57个，2A级景区79个，1A级景区3个。A级景区分布在79个县（区），其中，武威市凉州区最多，为11个，临夏回族自治州广河县等8县（区）没有A级景区。旅游交通状况依据《甘肃省旅游交通地图（2014年版）》。

  本书主要以全省的14个市（州）中心城区为旅游中转地（j），由于敦煌市（县级市）是甘肃省重要的旅游目的地，与其所在地级市——酒泉的中心城区较远（近400千米），在旅游目的地空间结构中相对独立，同时公路、铁路、航空等条件都具备，也是全省旅游的重要节点，因此，本书将敦煌也作为旅游中心城市。旅游中心城市的交通干线通达能力（q_j）采用《省级主体功能区划分技术规程》提供的以0.5分为间距的权重赋值。如，兰州的值为：航空，干线机场1处（1分×1）；铁路，高铁1条（兰新高铁，2.5分×1），复线铁路4条（陇海铁路东西向、包兰铁路、兰西铁路，2分×4）；公路，高速公路5条（兰新高速、兰西高速、宝兰高速、兰临高速、兰白高速，1.5分×5），国道7条（G312东西向、G109东西向、G212、G213、G309，0.5分×7），以上共计22.5分，全省14市（州）分值总计131.5分。两地间的实际距离（D_{ij}）道路数据来源于甘肃省旅游交通地图的矢量化，平均行驶速度（v_{ij}）依据《中华人民共和国公路工程技术标准》（JTGB01-2003），并参考前人研究成果，本书设定高速公路为100千米/小时，其他国道与省道为80千米/小时，城市内部的交通为60千米/小时。各县（区）相对应的交通中心并不依照行政所属关系，而是依照交通就近原则设定，由于甘肃省内各县（区）与其对应的交通中心的交通连接仅需公路，本书借鉴基于交通可达性的城市影响空间范围研究方法，依据甘肃省公路交通状况，分析得出区域内各点到达邻近交通中心的时间图（时速设定仍采用前文数值），再采用ArcGIS10.3中的Spatial Analysis Tools-Distance-Cost Allocation（成本分配）模块得出基于交通通达性的各中心城市对应的辐射区域，由此来确定各县（区）对应的中心城市。

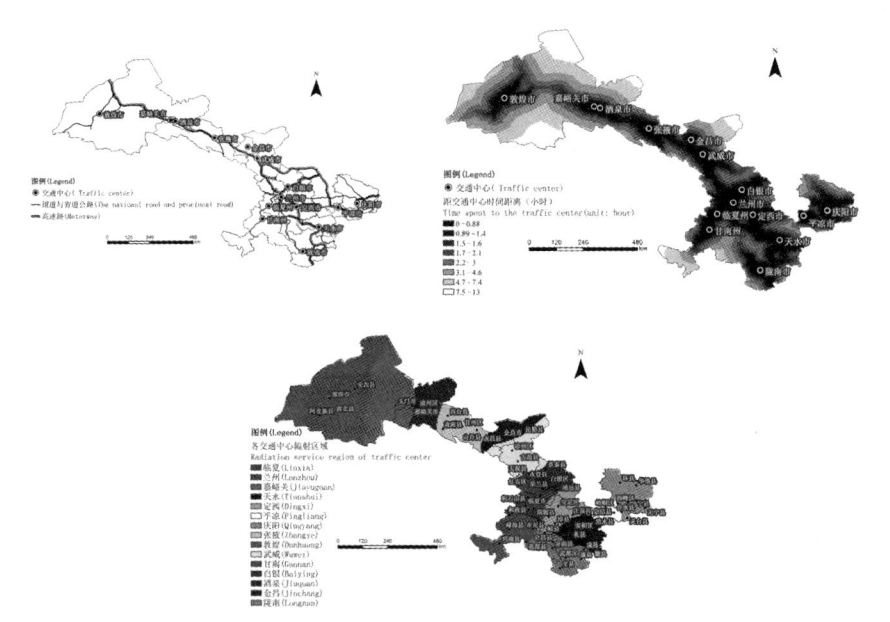

图 5-18　各交通中心所对应的县（区）分析过程及结果图

2. 参数的估计

为方便统计软件分析，通过对函数两边取对数的处理方法将指数形式的模型转变为变量为一次的线性函数式，将式 5-35 转为：

$$\ln T_{ij}=k+c \times \ln s_i+d \times \ln q_j+(-a) \times r_{ij} \quad （公式 5-36）$$

应用 SPSS13.0 中 Analyze-Regression 功能模块进行参数估计，估计分析及结果如表 5-7 所示。

表 5-7　参数估计与检验表

模型概要 Model Summary			
R 值 R value	R 的平方值 R square	调整的 R 平方值 Adjusted R square	估计值的标准误差 Std. Error of the Estimate
0.731	0.534	0.513	0.688
方差分析 AOVA				
项目 Item	平方和 Sum of squares	自由度 df	均方 Mean Square	F 值 F value	显著性 Sig.
回归 Regressio	42.315	3	15.741	27.162	0.000
残差 Residual	38.623	78	0.492		
总计 Total	80.938	81			

续表

变量 Variable	系数 Coefficients				
^	非标准化系数 Ustadardized coefficients		标准化系数 Stadardized coefficients	T 值 T value	显著性 Sig.
^	B 值 B	标准误差 Std. Error	Beta 值 Beta	^	^
常数 Costant	2.122	0.397		5.657	0.000
到交通中心距离 Distance to the traffic center	0.215	0.071	0.243	3.168	0.003
交通中心 L 值 L value of traffic center	0.576	0.166	0.291	3.662	0.001
加权 A 级景区 L 值 L value of weighted A-level Scenic Spot	0.782	0.123	0.522	6.332	0.000

即线性函数为：

$$\ln T_{ij}=2.122+0.782\times \ln s_i+0.576\times \ln q_i-0.215\times r_{ij}$$

因此，估计的结果为：

$$T_{ij}=e^{2.122}\times s_i^{0.782}\times q_i^{0.576}\times e^{-0.215*r_{ij}}$$

参数检验的结果显示 R=0.731，R^2=0.534，F=27.162（Sig.=0），说明回归方程的整体说明力较好。在 T 值检验中，各参数的伴随概率均低于 0.05，即相关性都超过 95%，因此可以作为参数使用。为了进一步验证估计模型的实用性，将 2015 年各地的 3 个自变量值带入公式中得到基于模型的旅游人次分布值，运用 SPSS13.0 中 Correlations 模块将各县（区）旅游人次对应的基于模型的估计值与实际统计值进行相关性分析。结果显示，各县（区）2015 年旅游人次运用函数进行测算与实际值比较，在双尾，相关性系数 Pearso Correlatio=0.747（Sig.=0，双尾），相关性较好，显示模型具有较好的说明力。

四、结论

由旅游人次的空间分布分析可知，全省各县（区）旅游人次的基尼系

数大，空间分布不均衡，空间自相关性较强，整体呈现出"极核—边缘"空间分布模式。插值与聚类分析显示，丝绸之路各中心城区是旅游人次分布的极核中心。

由旅游流分析可知，全省旅游流的整体网络化水平低。在整体网络流中，存在着板块分割的状况。网络的内聚性体现为西北低、东南高的特征，说明河西地区各地与周边地区的网络连接水平低，即甘肃与宁夏、青海、新疆等地连接程度低，旅游者呈现出"东进东出"的状况。通过中心性与旅游要素的相关性分析显示，旅游各要素向中心城市的聚集特征明显，旅游流网络中的中心也是旅游供给与旅游者空间分布的中心。

由旅游收入空间分布分析可知，全省收入的空间分布与旅游者的空间分布状况相似，整体呈较不平衡状况，空间自相关性强，邻接县（区）旅游收入的相关性强，在邻接县（区）A级景区数的空间自相关性低的条件下，说明交通是影响各地的旅游收入的重要因素。

由旅游人均支出的空间分布分析可知，各县（区）的旅游人均支出的基尼系数低，不均衡性不明显。但空间自相关性高，空间趋势线分布西高东低的特征明显，可见旅游人均支出与空间区位要素关系紧密，说明交通费用是影响旅游人均支出的主要因素。同时，旅游人均支出与旅游吸引物等旅游活动要素的关系不大，旅游吸引物多、品质高的地区的人均旅游支出并不高的状况，也说明甘肃省各地旅游产品层次趋同，空间差异不明显，仍都停留于观光型旅游，各地仍主要依靠人次的增加而增加旅游收入。

旅游者空间分布的解释模型分析显示，各县（区）旅游人次可以得到以县（区）A级景区数、交通中心指数、县（区）与交通中心的经济距离为自变量的模型的解释。模型中，A级景区数与交通中心指数的系数为正，是旅游者空间分布的促进因子，而目的地与交通中心的经济距离的系数为负，是旅游者空间分布的阻碍因子，旅游者的空间分布受吸引物与交通两方面因素的影响。模型的参数检验结果显示，各自变量与拟合结果间具有较强的相关性，甘肃省各县（区）旅游者是经过中心城市集散而流向各地的模型假设是成立的。

第三节 区域旅游流空间网络结构的实证分析

本书将旅游者在不同的旅游目的地空间中的流动视为不同目的地间网络关系的连接,各地间的直接旅游者流动数量视为连接的强度,采用社会网络分析软件 Ucinet6 对旅游流的网络结构进行分析。

一、调查数据

甘肃全省辖 14 个地级行政单位(12 个地级市和 2 个自治州),由于敦煌市(县级市)是甘肃省重要的旅游目的地,与其所在地级市——酒泉的中心城区较远(近 400 千米),在旅游目的地空间结构中相对独立,也是全省旅游网络的重要节点,因此,本研究以甘肃省 14 个地级行政区与敦煌市为 15 个旅游流网络节点。依据甘肃省旅游业"十三五"规划编制组 2015 年的抽样调查,并借鉴汪宇明等的研究假设[①],各地之间的旅游者流量可表示为:

$$f_{ij} = \frac{s_{ij}}{s_i - s_j} \times F_i \qquad (公式 5-37)$$

式中,f_{ij} 表示某年 i 地流入 j 地的旅游者总量,s_{ij} 表示抽样调查中 i 地流入 j 地之间的旅游者数量,s_i 表示 i 地抽样调查的游客总量,s_i' 表示 i 地内部流动的游客数,F_i 表示 i 地该年接待游客总量。依据抽样与统计数据及假设公式,全省各市(州)旅游流状况如表 5-8 所示。

表 5-8 全省各市(州)旅游流状况表(单位:万人次)

本站\下一站	兰州	嘉峪关	金昌	白银	天水	武威	张掖	平凉	酒泉	敦煌	庆阳	定西	陇南	临夏	甘南
兰州		1623.4	287.5	42.4	84.8	358.2	240.4	259.2	99.0	452.4	47.1	89.5	37.7	18.9	66.0	89.5
嘉峪关	50.9		0.0	5.7	0.0	0.0	33.9	33.9		99.0	118.8	0.0	0.0	0.0	0.0
金昌	43.7	29.1		69.4	0.0	0.0	36.4	29.1		29.1	0.0	0.0	0.0	0.0	0.0
白银	149.6	0.0	0.0		468.1	0.0	42.8	0.0	0.0	0.0	0.0	0.0	0.0	0.0	0.0
天水	483.2	0.0	0.0	0.0		870.5	17.3	0.0	189.8	0.0	0.0	77.7	43.1	0.0	0.0

---

① 汪宇明,高元衡. 上海与长江流域各省区间的旅游互动[J]. 地理学报,2008,63(6):657-668.

续表

下一站\本站	兰州	嘉峪关	金昌	白银	天水	武威	张掖	平凉	酒泉	敦煌	庆阳	定西	陇南	临夏	甘南
武威	138.3	57.2	33.4	0.0	0.0		352.4	100.2	0.0	85.9	0.0	0.0	0.0	0.0	0.0
张掖	210.1	267.4	28.6	0.0	0.0	171.9		561.5	0.0	210.1	0.0	0.0	0.0	0.0	0.0
平凉	96.4	0.0	0.0	59.3	44.5	0.0	0.0		863.0	0.0	0.0	96.4	29.7	0.0	0.0
酒泉	40.2	263.4	0.0	0.0	0.0	29.3	32.9	0.0		347.6	117.1	0.0	0.0	0.0	0.0
敦煌	25.8	309.8	0.0	0.0	0.0	0.0	0.0	0.0	116.2	105.3	0.0	0.0	0.0	0.0	0.0
庆阳	100.9	0.0	0.0	0.0	0.0	0.0	116.5	0.0	0.0	0.0		292.8	0.0	0.0	0.0
定西	51.9	0.0	0.0	11.5	69.1	0.0	0.0	46.1	0.0	0.0	0.0		201.7	23.0	23.0	17.3
陇南	196.4	0.0	0.0	0.0	220.9	0.0	0.0	0.0	0.0	0.0	0.0	400.9		0.0	0.0
临夏	136.9	0.0	0.0	0.0	0.0	0.0	0.0	0.0	0.0	0.0	0.0	51.3	34.2	573.0	68.4
甘南	181.0	0.0	0.0	0.0	0.0	0.0	0.0	0.0	0.0	0.0	0.0	20.1	0.0	60.3	277.2

运用 Ucinet6 中的 Visualize/NetDraw 功能模块，构建全省旅游流网络关系图，它是一个有向多值的网络关系图，如图 5-19 所示。

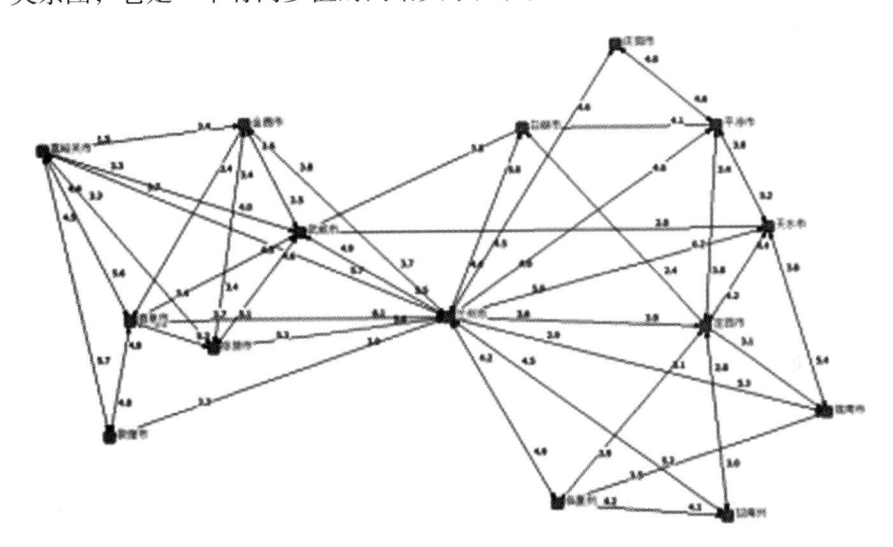

图 5-19 各市（州）旅游流网络结构图

二、对等性分析

在社会网络理论中，对等性分析是研究网络位置和社会角色的基础。对等性分析就是判断两个行动者与所有其他行动者之间的关系模式是否相同（或相似），如果相同，就说明它们具有相同的位置或角色，可以划入具有同一意义的类别中[①]。对等判别是运用 profile 法比较欧几里得距离对等性的方法（Euclide-a distance equivalece algorithm），采用 Ucinet6.0 中 network/roles&positions /Structural/Profile 分析模块，实现对甘肃省旅游流结构中的对等性分析，分析结果如图 5-20 所示。

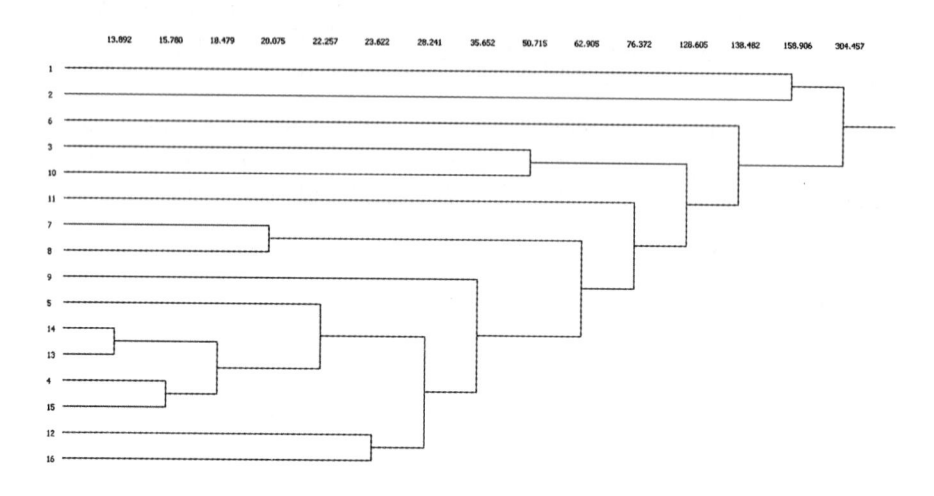

图 5-20　各市（州）旅游流结构对等性聚类图

以图 5-20 分析可见甘肃的旅游流结构具有非常明显的层次性，以距离 76.395 做切线，上半部分所包含的点有 1、2、6、3、10、11、7、8、9 对应的点分别是省外、兰州市、天水市、嘉峪关市、酒泉市、敦煌市、武威市、张掖市、平凉市，它们是旅游流网络的中心。

三、网络密度分析

网络的密度就是对研究对象网络完备性的一种测度。所谓完备性，是指网络结构图中各点之间连接的程度。一个完备的图是指图中各点两两连接。也就是说，网络的密度在一定程度上表征着这个网络中关系的数量与复杂程度。网络密度越接近 1，说明网络中每个个体都与其他所有个体关

[①] 刘法建，张捷，章锦河，陈冬冬．中国入境旅游流网络省级旅游地角色研究［J］．地理研究，2009，（6）：1142-1151．

系越紧密，相反地，密度越接近零时，个体与个体之间的关系越弱。运用Ucinet6.0中Network/cohesion/density模块对经过二值化的甘肃省旅游流网络结构的密度进行分析。

分析结果显示，全省旅游流网络矩阵密度的平均值为0.381，说明甘肃省旅游流网络各个体间的联系程度不高，网络化水平不强。图5-19已较为清晰地显现出全省旅游网络结构被分为东西两个部分，这两个部分所含市（州）与甘肃省在地域上大致以黄河为界，划分为河西（包括武威、金昌、张掖、嘉峪关、酒泉5个地级市以及敦煌市）与河东地区［包括兰州、白银、定西、临夏、甘南、陇南、天水、庆阳、平凉等9个市（州）］完全一致。进一步就两个地区进行各自的网络密度分析，显示河西地区网络密度达到0.800，显示了非常强的网络联系程度。河东地区网络密度为0.556，弱于河西地区，但也超过0.5，具有较强的网络联系程度。两个地区间的平均联系程度仅为0.148，网络联系强度非常低。可见，甘肃省河西、河东地区各成网络结构系统的特征明显，整体网络密度水平低是由于河西与河东地区网络联系不紧密所致。

四、中心性分析

中心性分析是社会网络分析的重点之一，是衡量网络中一个对象是否重要，评价其在整体网络结构中地位的重要指标。在区域旅游空间结构分析中，对旅游流网络进行多种中心性指标测度，可以量化出不同的旅游地在整体区域旅游网络中的功能、地位、作用及重要性。已有学者用中心性分析对相关区域进行过研究，并提出了针对性的建议，说明了中心度分析在旅游研究中具有可用性[1]。中心度用以分析某旅游地的相对重要性，反映出某一旅游地居于怎样的中心位置，以及与其他旅游地在互动中的影响和支配效力[2]。

---

[1] Hwang Y.H, Ulrike. G .Daniel. R. F. Multicity Trip Patterns Tourists to The United States［J］. Annals of Tourism Research，2006，33（4）：1057-1078.

[2] 刘法建，张捷，章锦河，等.中国入境旅游流网络省级旅游地角色研究［J］.地理研究，2009，29（6）：1142-1151.

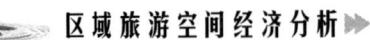

本书采用"中心性"指标对甘肃省旅游流网络中各市（州）旅游地的功能作用进行量化测度。旅游网络的中心性又可分为三种：程度中心性、接近中心性、中间中心性。（1）程度中心性，是最直观地衡量各个旅游地在旅游网络中所处中心地位的指标，可用一个旅游地与其他旅游地之间直接联系多少来表示。程度中心性可分为内向与外向，内向程度中心显示的其他旅游地指向该地的流向，其值高低反映了其作为区域旅游聚集点的功能；外向程度中心显示的该地指向其他旅游地的流量，其值高低反映了其作为区域旅游扩散点的功能。（2）接近中心性，是用某旅游地与其他所有旅游地测地线之和表示其在网络中的位置，接近中心性越高，说明它与其他旅游地之间的旅游流通达性越好，联系越紧密，越处于整个网络的中心，核心作用也越强，接近中心性反映了该地在整个旅游流网络中的中心条件。接近中心性也可分为内向与外向，内向接近中心性显示的其他旅游地指向该地的通达性；外向接近中心性显示的该地指向其他旅游地的通达性。（3）中间中心性，是一个从宏观上衡量某旅游地在旅游流网络互动中对其他旅游地控制和依赖程度的指数。它是通过测度一个旅游地出现在另外两个旅游地测地线之间次数的多少表示其重要性，类似于旅游流"桥"的作用，次数越多，中间中心性越大，对旅游流控制力越大，具有越多的结构优势，其他旅游地对它的依赖程度越强。运用Ucinet6.0，network/Centrality 中的 Degree（程度）、Closeness（接近）、FREEMAN BETWEENNESS（中间）三个分析模块进行三种中心性计算。为了能够使得各个中心度的值具有可比性，对各类中心度的结果值进行无量纲化处理，采用 Spss9.3 中，Analyze/Descriptive statistics/Descriptive/Save standardized values as variables 模块实现，分析结果见表5-9、图5-21。

由表5-9及图5-21可见：（1）全省整体网络的内、外向的接近中心势为85%左右，中间中心势为62.86%，整体网络具有较好的可能连通水平，但内、外向的程度中心势值为55%左右，旅游流的实际网络连接程度不高。（2）兰州市的三个中心性指标都处于较大幅度领先地位，显示出其作为全省旅游业一家独大的核心集散中心地位，也反映出全省多元旅游中心尚

未形成。(3) 在河西地区，张掖市接近中心度与中间中心度不高，内向程度中心度也并不突出，但外向程度中心度非常高，在河西地区处于第一位，显示出其作为区域旅游的扩散中心地位突出，是河西地区旅游流网络的集散地。酒泉与嘉峪关的各项中心性指标都相近，其旅游网络中的功能地位相近，两市非常高的内向中心性与并不突出的外向中心性，显示其作为旅游目的聚集地的地位，但并没有发挥旅游网络扩散地的作用。武威市的内、外向接近中心度以及中间中心度都较高，显示出其在整体网络中优越的地位，是具有全省旅游网络中心地的优势地位，但其相对不突出的外向程度中心度，表明其并没有这种将优势地位转化为旅游流网络的扩散地，河西门户的地位并没有发挥应有的功能。(4) 在河东地区，天水市的接近中心性与中间中心性并不突出，显示其地处甘肃省最东部，在全省旅游网络的中心条件不突出，但天水的程度中心性值非常高，反映出其作为区域旅游集散中心的重要地位。和天水市比较相似，平凉市的接近中心性与中间中心性并不突出，中心条件不突出，但程度中心性值较高，是区域旅游集散中心。定西市非常高的接近中心性与中间中心性，即在整个网络中具有非常好的网络中心条件，但程度中心度低，表明其并不是区域旅游网络流聚集目的地，但却是旅游流向其他地区流转的中转地，处于河东地区旅游流网络的"腰眼"的地位。(5) 其他市州的旅游中心性指数均较低，处于全省旅游流网络的边缘地位。

五、空间凝聚分析

为分析网络系统中整体以及各系统的凝集状况，需要进行凝聚分析。凝聚分析把网络中存在的数量关系分为两类，子系统之间的关系（External-links）和子系统内部之间的关系（Internal-links），据此可以构造一个指数，即 E-I 指数（External-Internal Index，简写为 E-I Index），具体地说，其中 EL 代表"子系统之间的关系数"，IL 代表"子系统内部的关系数"。该指数的取值范围为 [-1, +1]，该值越向 1 靠近，表明关系越趋向于发生在子系统之间，意味着子系统林立的程度越小；该值越接近 -1，表明子系统之间的关系（即外部关系）越少，关系越趋向于发生在子系统之内，意味着子系统林立的程度越大；该值越接近零，表明子系统内外关系数量差不多，关系越趋向于随机分布，看不出子系统林立的状况。

在通过 E-I 指数对系统网络进行分析之前，首先要对整体系统中可能存在的子系统进行划分。依据前文分析，甘肃省整体旅游流网络结构以兰州为连接点，东西各自构成相对独立的网络体系，因此设定：河东地区，包括兰州、白银、定西、陇南、甘南、临夏、平凉、庆阳、天水，记为1；河西地区，包括酒泉、嘉峪关、敦煌、张掖、武威、金昌，记为2；为反映出完整的网络关系，将指向外省的旅游流也纳入网络中，记为3。运用 Ucinet6.0 中 network/cohesion/E-I index 分析模块，分析结果见表 5-9、图 5-21。

整体的 E-I 指数为 -0.208，小于 0，并且远低于期望值 0.150，说明甘肃省各区域的内聚性强，河西、河东地区出现了子系统独立的情况。整体而言，河东地区（-0.429）低于河西地区（-0.297），河东地区的旅游流以内部流动为主，河西地区外部旅游流量相对较大。如图 5-21，就各个地区而言，E-I 值分布并没有出现非常明显的在某个区域或方向上的地域分异规律。最大的三个地区分布是敦煌市、武威市、兰州市。这显示，敦煌作为区域外旅游者选择的重要的旅游"口岸"城市，与外部联系相对较高，但较低的中心性指数，反映出敦煌的口岸目的地的功能并没有转变为省内的集散功能，直飞敦煌而忽略省内其他旅游地的特征明显。武威、兰州，是由于这两地作为区域外旅游者重要的旅游目的地，部分原因也是由于其充当了两个子系统的连接通道，使得 E-I 值相对较高。张掖、天水是外地旅游者主要旅游目的地，E-I 值相对较高。白银、庆阳的旅游业相对较弱，但在交通区位上分别与系统外宁夏、陕西等联系，内聚性也相对较弱。陇南市虽然地处甘肃省南部，陕西、甘肃、四川交界处，但相对滞后的交通条件影响了外部旅游者的到来，使得其内聚性相对较高。定西较高的内聚性显示其作为中介中心仅仅局限于河东地区子系统内。整体而言，全省各市（州）E-I 指数值低，并且相对高值呈点状分布，旅游流通过高值点"门户"后在内部流动为主的特征明显，显示出全省的两个网络之间以及与外省的联系水平低；同时，旅游"门户"地并

没有与区域空间"门户"地相匹配，特别是甘肃省南部陇南、甘南，与陕西、四川等的外部旅游交通连接程度低，外部联系水平低；全省在南、北方向上与内蒙古、宁夏、青海的旅游流网络连接有待提高，与外界相连的狭长腹地区域并没有成为狭长的旅游流连接区域。

表5-9 各市（州）旅游网络中心度无量纲化值及EI指数与功能定位

地区	相对程度中心度 内向	相对程度中心度 外向	接近中心度 内向	接近中心度 外向	中间中心度	E-I指数	功能定位
兰州市	3.12	3.22	3.43	3.4	3.61	−0.07	全省旅游集散中心
张掖市	0.05	0.54	−0.08	−0.09	−0.3	−0.33	区域旅游集散中心
定西市	−0.69	−0.61	−0.08	0.43	−0.11	−1	区域旅游中转地
天水市	0.71	0.8	−0.31	−0.09	−0.22	−0.33	区域旅游集散中心
武威市	−0.07	−0.24	0.44	−0.09	−0.17	0	全省旅游集散中心
酒泉市	0.44	−0.17	0.17	−0.09	−0.25	−0.43	旅游网络目的地
嘉峪关市	0.29	−0.73	0.17	0.16	−0.23	−0.43	旅游网络目的地
平凉市	0.41	0.24	−0.31	−0.09	−0.21	−0.67	区域旅游集散中心
金昌市	−0.98	−0.85	−0.31	−0.09	−0.31	−0.6	旅游网络边缘地
临夏州	−0.31	−0.13	−0.52	−0.31	−0.3	−0.6	旅游网络边缘地
敦煌市	−0.72	−0.48	−0.52	−0.52	−0.31	0	旅游口岸目的地
甘南州	−0.64	−0.5	−0.52	−0.52	−0.31	−0.5	旅游网络边缘地
陇南市	−0.56	−0.18	−0.31	−0.71	−0.3	−0.6	旅游网络边缘地
庆阳市	−0.61	−0.54	−0.71	−0.71	−0.31	−0.33	旅游网络边缘地
白银市	−0.43	−0.36	−0.52	−0.71	−0.29	−0.2	旅游网络边缘地
整体中心势	0.5431	0.5513	0.8503	0.8495	0.6286	整体E-I指数：−0.208 整体E-I指数期望值：0.150	

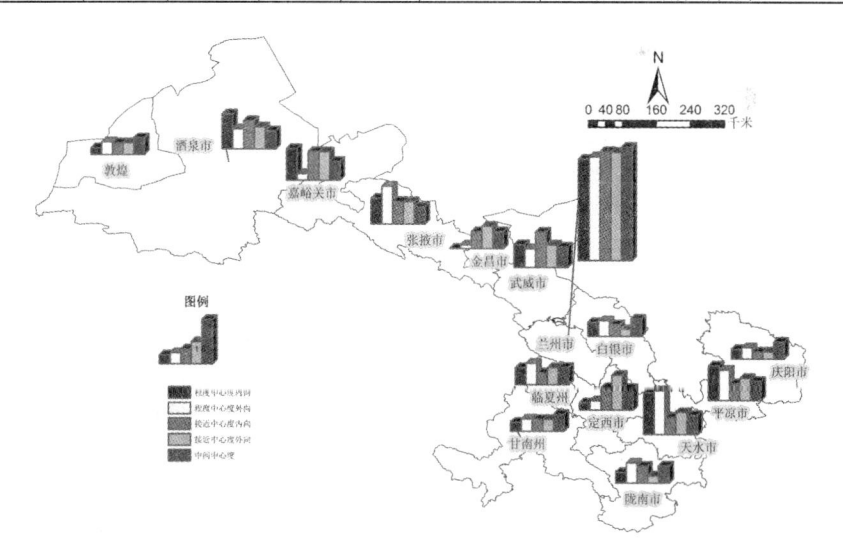

图5-21 甘肃省旅游流网络各地E-I值及中心性指标无量纲化值分布状况图

第四节 区域旅游收入水平空间结构的实证分析

一、旅游收入空间分布结构分析

（一）旅游收入空间分布状况

2015年，甘肃省14个市（州）中旅游收入最高的是兰州市，全年旅游收入达到102.3亿元，最少的是金昌市，全年旅游收入仅为4.61亿元，首末位之比为22。全省各市（州）中，旅游收入占地区生产总值比重最高的是天水市，达到12.87%，最低的是金昌市，仅为1.98%。比重超过8%，成为支柱型产业的市（州）有6个，分别是天水市、陇南市、平凉市、酒泉市、甘南藏族自治州、临夏回族自治州；全省86个县（区），旅游收入最高的是兰州市城关区，最少的是酒泉市肃北蒙古族自治县。旅游收入的空间分布状况如图5-22、5-23所示。

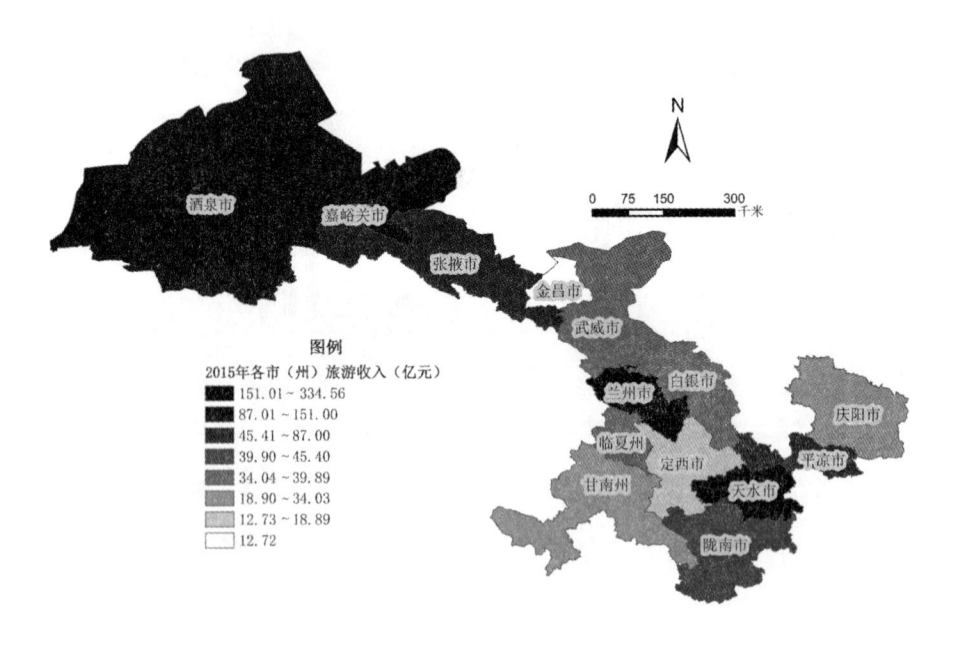

图5-22 各市（州）旅游收入分布图

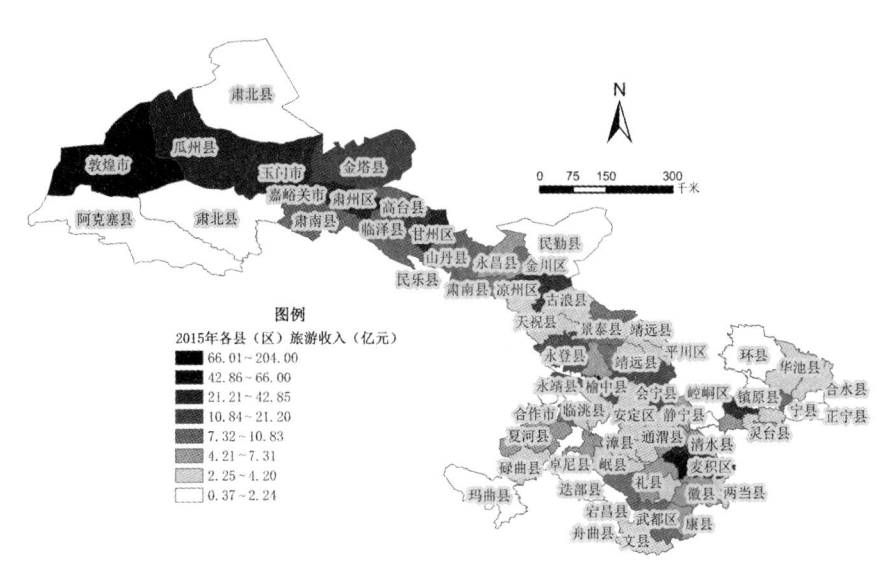

图 5-23　各县（区）旅游收入分布图

（二）旅游收入空间分布结构分析

1. 插值分析

各县（区）旅游收入的插值分析如图 5-24 所示。

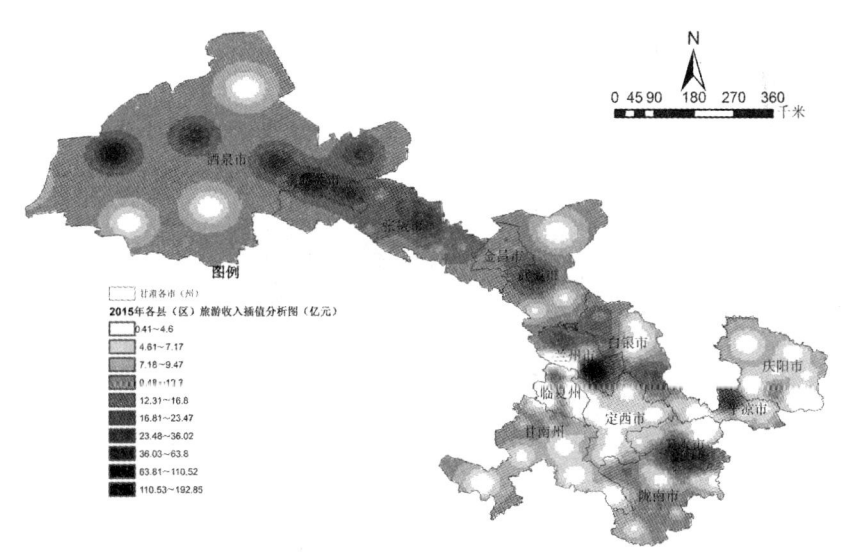

图 5-24　各县（区）旅游收入插值分析图

由插值分析的结果可以看到，极核中心分布特征明显，兰州、酒泉—嘉峪关、敦煌、天水等城市的中心城区是极核的中心，并有由极核向外侧逐渐递减的趋势。

2. 基尼系数分析

由于二项式拟合的 R^2 值较低，采用三项式拟合，图 5-24 曲线的拟合函数为，$R^2 = 0.959$，求得基尼系数为 0.4015，可见全省各县（区）旅游收入的空间分布较为不均衡，但是不均衡的状况弱于旅游人次空间分布的不均衡状况。

3. 空间自相关性分析

各县（区）旅游收入空间自相关的 GIS 分析结果如图 5-25 所示。

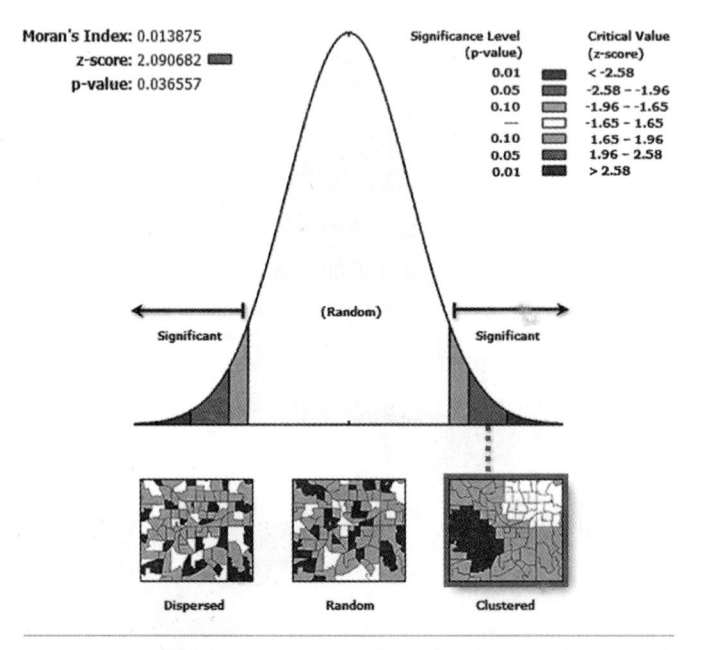

图 5-25　各县（区）旅游收入空间自相关分析图

由 2015 年各县（区）旅游收入的自相关分析结果可见，与旅游人次的空间分布状况具有一致性，各县（区）旅游收入空间自相关性指数高，各邻近县（区）旅游收入的相关性高。

4. 聚类分析

表 5-10　各区（县）旅游收入聚类初始中心统计表

	Cluster				
	1	2	3	4	5
2015 年旅游收入	1.1252	13.6991	50.8513	24.3740	4.9583

旅游收入最高的是第三类仅有 1 个——兰州市城关区，是全省旅游的收入的极核；其次是第四类与第二类，分别有 4 个和 6 个，均是各地的中心城区；再次是第五类，是中心城市的周边城区或拥有著名旅游景区的县（区）。其余属第一类。全省旅游收入的等级差异明显。

表 5-11　各县（区）旅游收入的聚类分析结果表

所属类型	1	2	3	4	5
县区	瓜州县、玉门市、阿克塞县、高台县、临泽县、民勤县、山丹县、永昌县、民乐县、肃南县、古浪县、天祝县、永登县、环县、皋兰县、华池县、镇原县、临洮县、东乡县、积石山县、临夏县、西峰区、宁县、临夏市、静宁县、广河县、夏河县、和政县、正宁县、康乐县、通渭县、泾川县、渭源县、庄浪县、陇西县、华亭县、崇信县、卓尼县、灵台县、秦安县、张家川县、甘谷县、漳县、清水县、武山县、碌曲县、岷县、玛曲县、礼县、迭部县、两当县、西和县、徽县、舟曲县、成县、康县、文县、红古区、合作市、平川区、靖远县	敦煌市、嘉峪关市、甘州区、金川区、崆峒区、麦积区	城关区	肃州区、凉州区、七里河区、秦州区	金塔县、景泰县、白银区、榆中县、会宁县、合水县、永靖县、庆城区、安定区、临潭县、宕昌县、武都区、安宁区、西固区

二、旅游人均支出的空间分布结构分析

以"旅游收入、旅游人次"的结果，作为各地人均旅游支出值进行分析。

（一）旅游人均支出的空间分布状况

全省各市（州）与各县（区）2015 年人均旅游支出状况如图 5-26、5-27 所示。

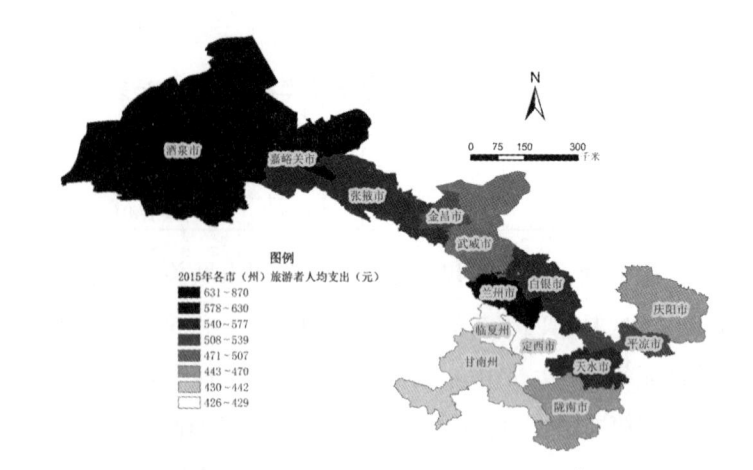

图 5-26　各市（州）人均旅游支出分布图

图 5-27　各县（区）人均旅游支出分布图

（二）旅游人均支出的空间分布结构分析

1. 基尼系数分析

全省各县（区）人均旅游支出的洛伦茨曲线的拟合函数为：$R^2 = 0.999$，求得基尼系数为 0.1528。各县（区）旅游人均支出的差异性不明显，人均支出的空间分布较均衡。

2. 空间自相关性分析

对各县（区）旅游人均支出的空间自相关性进行分析，分析结果如图

5-28 所示。

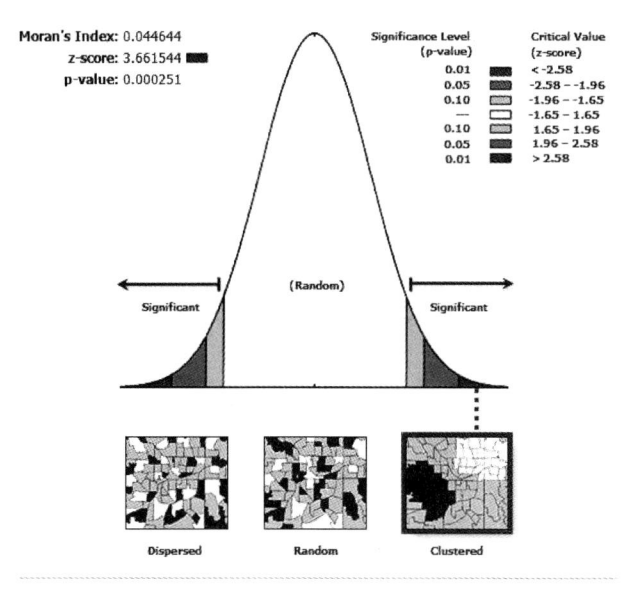

图 5-28　各县（区）旅游人均支出空间自相关分析图

2015 年的人均支出空间自相关性较强，呈现各邻接县（区）的聚类分布状况。

3. 空间趋势线分析

各县（区）人均旅游支出的空间趋势状况（旋转 45°）如图 5-29 所示。

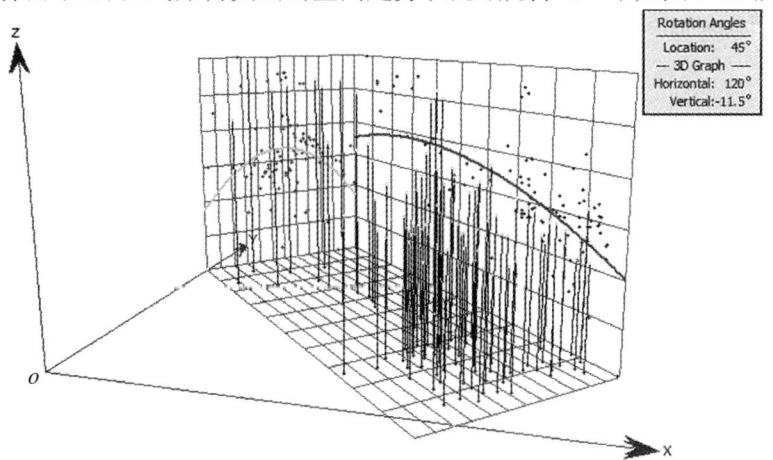

图 5-29　各县（区）人均旅游支出空间分布的趋势线分析图

可见人均旅游支出在西北—东南方向上呈明显的递减趋势,河西高、河东低的态势明显,在东北—西南方向上呈兰州高、两端低的倒U形分布。

由入境旅游市场空间分布及其变动分析可知,甘肃省入境旅游市场呈波动发展态势,整体上增长不大。旅游吸引力半径逐步增大,客源地基尼系数逐步缩小,反映了市场的多元化发展,也反映出日本等原周边主要客源市场的大幅度萎缩。

由国内旅游市场的空间分布分析可知,各市(州)国内旅游市场空间都是东部地区趋同,这在另一方面也反映出,省外各地旅游者对甘肃省各地的旅游偏好无差异。从全省分析,客源地空间存在着空间引力关系,客源地的人口、人均地区产值是促进因素,而空间距离则是阻碍因素。

三、旅游收入空间分布演变分析

(一)插值分析对比

旅游收入空间分布插值分析对比如图5-30、5-31所示。

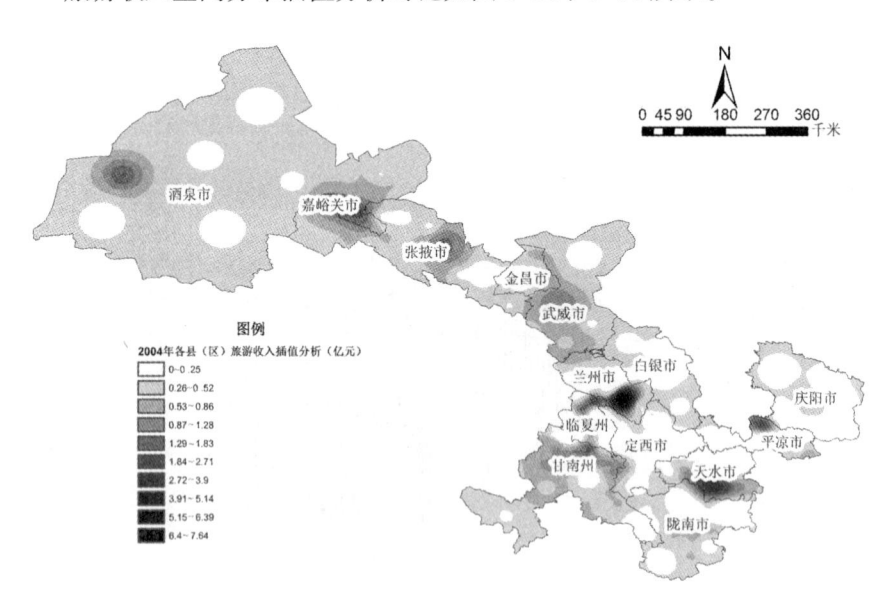

图5-30　2004年各县(区)旅游收入插值分析图

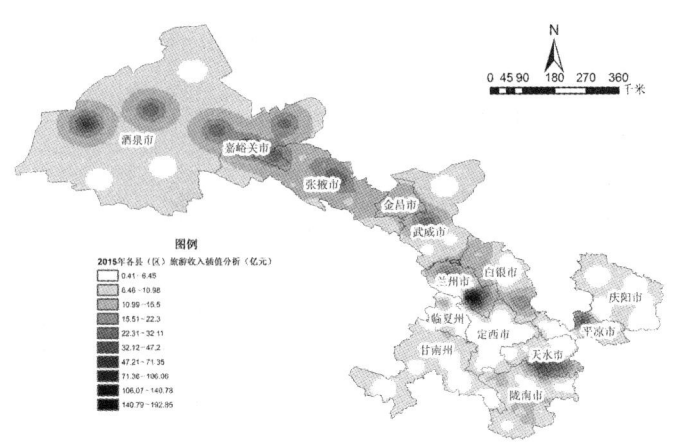

图 5-31　2015 年各县（区）旅游收入插值分析图

无论是就旅游收入的实际空间分布对比，还是进行插值分析对比，反映出旅游收入的空间分布结构基本没有发生较大的变化，均体现出以兰州、天水、敦煌、酒泉—嘉峪关、武威、平凉的中心城区为中心的极核分布，但平凉、武威等地的中心极核性出现了消退，兰州、酒泉—嘉峪关的极核性得到了增强，并出现了向周边区域扩散的趋势。

（二）旅游收入年均增长率的空间分析

各县（区）旅游收入年均增长状况（2004—2015 年）如图 5-32 所示，基于径向基函数的各县（区）旅游收入增长率的插值分析（2004—2015 年）如图 5-33 所示。

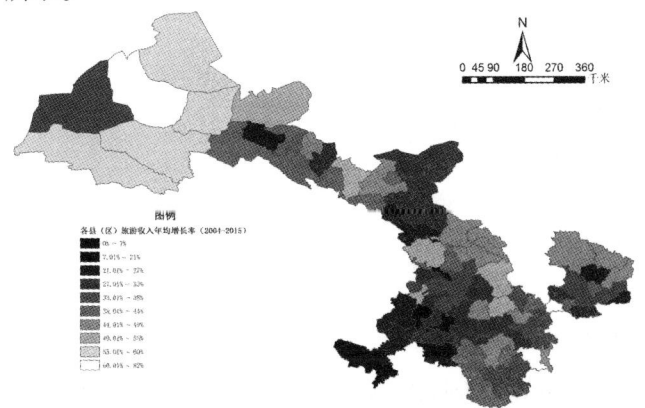

图 5-32　各县（区）旅游收入年均增长率状况

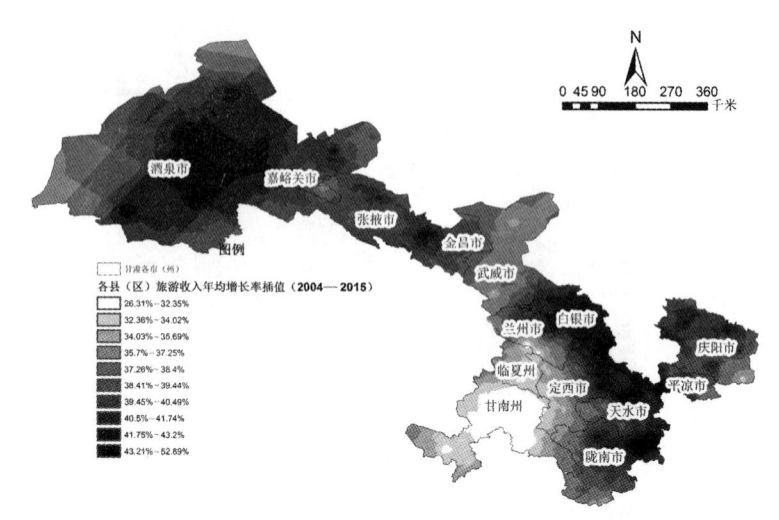

图 5-33　各县（区）旅游收入年均增长率的插值分析图

可见，在传统非热点地区旅游收入增长较快，这与前面所反映的旅游人次极核分布弱化是相一致的。在甘南、陇南等非传统热点地区以及天水、兰州、张掖、敦煌等城市中心区的周边地区形成了快速增长点。

旅游人次年均增长率与旅游收入年均增长率空间分布的相关性分析如表 5-12 所示。

表 5-12　各县（区）旅游人次与旅游收入年均增长率相关性分析表

	旅游人次年均增长率 2004—2015	旅游收入年均增长率 2004—2015
旅游人次年均增长 Pearson Correlation Sig.（2-tailed） N	1 87	0.746** 0.000 87
旅游收入年均增长率 Pearson Correlation Sig.（2-tailed） N	0.746** 0.000 87	1 87

**Correlation is significant at the 0.01 level（2-tailed）。

在双尾 99% 的显著度下，全省各县（区）旅游人次年均增长率与旅游收入的年均增长率的相关性达到了 0.746，可见两者的空间相关性较高，各县（区）旅游收入随旅游人次增长而增长的态势明显。

（三）基尼系数的演变

2015年与2004年旅游收入基尼系数的改变与旅游人次基尼系数的改变非常相似。2004年旅游收入的县（区）分布的基尼系数为0.4829。与2004年相比，2015年旅游收入的基尼系数0.4015有所下降，旅游收入分布的极核化有所降低，但空间不均衡性依然存在。

（四）自相关的演变

各县(区)旅游收入的空间自相关性分析对比如图5-34图至5-36所示。

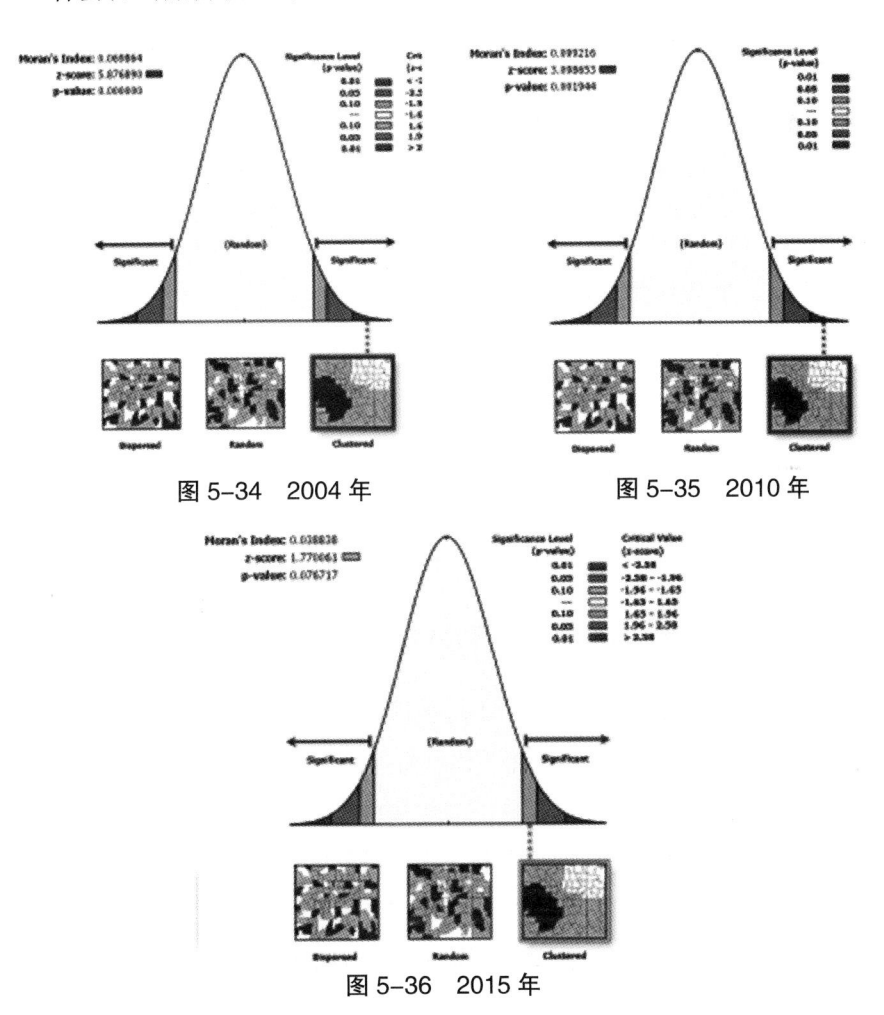

图5-34　2004年

图5-35　2010年

图5-36　2015年

从2004年与2011年、2015年全省各县（区）的旅游总收入的空间自相关性状况可见，旅游收入空间分布的自相关性得到了逐渐减小，旅游收入空间分布呈均质化发展。

第五节 旅游空间结构特征与成因

一、旅游空间结构现状特征

（一）A级景区沿河聚集分布

A级景区的空间最邻近距离分析显示，A级景区呈聚集分布态势。A级景区与主要河流的平均距离仅为9.02km，在主要河流的20km范围内的A级景区占A级景区总数的91.36%，说明甘肃省大部分A级景区沿河分布。

（二）旅游供给空间聚集度高

甘肃省的旅游供给要素呈现出较高的空间聚集度，旅游供给的中心指向明显。各县（区）的A级景区数的基尼系数为0.5212；星级饭店数、客房数、床位数的基尼系数分别是0.4060、0.4443、0.5250。A级景区、星级饭店的空间分布呈现出较强的不平衡性。就插值进行分析，以上各要素的空间分布具有明显的各市（州）中心城区指向性。

（三）旅游者空间分布呈"极核—边缘"式

旅游者的空间分布体现出较不均衡性，2015年全省各县（区）旅游人次的基尼系数为0.4060。从自相关性分析可见，Z值为2.91，自相关性高，呈现出明显的县域间空间聚集状态。空间的基尼系数与自相关性同时高，说明在整体差异性大的情况下，邻接区域的相关性高，即高值与高值区域邻接，低值与低值区域邻接。进一步审视插值分析状况，可见旅游人次围绕兰州、酒泉—嘉峪关、敦煌、天水等中心城市呈"极核—边缘"式空间布局。

（四）旅游交通网络连通度低

甘肃省 A 级景区与城市的网络结构分析中，指数值为 1.41，α 指数值为 0.21，γ 指数值为 0.47，与现有研究的其他一些地区相对比，甘肃省的交通网络连通度非常低，旅游交通网络亟待改善。

（五）旅游流网络整体联系度低，子区域联系度高，旅游者"东出东进"

对抽样调查的网络分析显示，整体的 E-I 指数为 0.259，说明甘肃省整体旅游流出现了派系林立的情况，整体联系度低，各区域内凝聚性强。凝聚性整体体现出西高东低的状况，说明旅游流呈现"东进东出"的状况。兰州的子区域内凝聚性非常弱，说明兰州的辐射作用及于全省范围而不是邻近的子区域范围。

（六）各市（州）国内客源地东向趋同，全省入境客源地空间呈现多元化发展

依据旅游者抽样调查分析，就全省而言，旅游空间吸引力模型是适用的，旅游客源地的空间分布的影响因素中，空间距离是阻力因素，客源地的人口数与反映经济水平的人均地区产值则是引力因素。就各市（州）抽样分析显示，各市（州）的旅游吸引力半径与 A 级景区、旅游饭店、旅游人次、旅游收入等的相关性都不明显，但是呈现出非常明显的西高东低的态势，即与我国东部地区的距离越远，空间吸引力半径越长，反之越短，可见，各市（州）的国内客源地空间东向趋同。

对于入境客源市场，缺乏各市（州）的有效统计或抽样数据，就全省的整体而言，客源市场的空间吸引半径整体的趋势是在延长，而基尼系数则存在下降的趋势，说明客源地空间呈现多元化发展。

二、旅游空间结构现状特征的成因分析

（一）旅游空间结构要素间的相关性分析

各县（区）旅游人次、旅游供给量以及面积、人口、经济水平等各要素间的相关性分析统计结果如表 5-13 所示。

表 5-13 各要素间的相关性分析统计表

		2015旅游人次	2015旅游收入	2015年人均旅游支出	A级景区	加权的A级景区	交通经济距离	交通中心指数	星级饭店数	星级饭店床位数	面积	人口	2015GDP
2015旅游人次	Pearson 相关性	1	.974**	.340**	.589**	.601**	-.214*	.302**	.801**	.887**	-.056	.553**	.721**
	显著性（双尾）		.000	.001	.000	.000	.044	.004	.000	.000	.600	.000	.000
2015旅游收入	Pearson 相关性	.974**	1	.448**	.545**	.554**	-.146	.298**	.807**	.923**	-.002	.529**	.728**
	显著性（双尾）	.000		.000	.000	.000	.173	.005	.000	.000	.985	.000	.000
2015年人均旅游支出	Pearson 相关性	.340**	.448**	1	.235*	.236*	.259*	.262*	.405**	.397**	.458**	.084	.432**
	显著性（双尾）	.001	.000		.027	.026	.014	.013	.000	.000	.000	.432	.000
A级景区	Pearson 相关性	.589**	.545**	.235*	1	.969**	-.208	.112	.690**	.608**	-.029	.446**	.406**
	显著性（双尾）	.000	.000	.027		.000	.050	.295	.000	.000	.785	.000	.000
加权的A级景区	Pearson 相关性	.601**	.554**	.236*	.969**	1	-.200	.089	.724**	.616**	-.016	.375**	.403**
	显著性（双尾）	.000	.000	.026	.000		.060	.407	.000	.000	.879	.000	.000
交通经济距离	Pearson 相关性	-.214*	-.146	.259*	-.208	-.200	1	.042	-.137	-.128	.850**	-.436**	-.287**
	显著性（双尾）	.044	.173	.014	.050	.060		.693	.199	.231	.000	.000	.006
交通中心指数	Pearson 相关性	.302**	.298**	.262*	.112	.089	.042	1	.126	.203	.029	.209*	.351**
	显著性（双尾）	.004	.005	.013	.295	.407	.693		.239	.056	.787	.049	.001
星级饭店数	Pearson 相关性	.801**	.807**	.405**	.690**	.724**	-.137	.126	1	.927**	.040	.366**	.623**
	显著性（双尾）	.000	.000	.000	.000	.000	.199	.239		.000	.709	.000	.000
星级饭店床位数	Pearson 相关性	.887**	.923**	.397**	.608**	.616**	-.128	.203	.927**	1	.010	.471**	.721**
	显著性（双尾）	.000	.000	.000	.000	.000	.231	.056	.000		.928	.000	.000
面积	Pearson 相关性	-.056	-.002	.458**	-.029	-.016	.850**	.029	.040	.010	1	-.323**	-.118
	显著性（双尾）	.600	.985	.000	.785	.879	.000	.787	.709	.928		.002	.273
人口	Pearson 相关性	.553**	.529**	.084	.446**	.375**	-.436**	.209*	.366**	.471**	-.323**	1	.507**
	显著性（双尾）	.000	.000	.432	.000	.000	.000	.049	.000	.000	.002		.000
2015GDP													

*Correlation is significant at the 0.05 level（2-tailed）.

从以上相关性分析可见，旅游供给各要素的分布具有较高的相关性，A 级景区数、加权的 A 级景区数（1A 为 1，2A 为 3，以此类推）、星级饭店数、星级饭店客房数、星级饭店床位数、星级饭店的加权床位数以及旅行社数相互间的相关性双尾显著性均高于 99%，相关性系数均高于 60%。

旅游收入与旅游人次的相关性达到了 97.4%，旅游者的数量对总收入起到了决定性作用。旅游收入和人次与旅游供给各要素的相关性分析的显著性高于 99%，旅游收入与要素分布的相关性介于 50%～92% 之间，旅游人次与这些要素的相关性介于 58%～88% 之间。旅游收入、人次与旅游供给要素的空间分布的相关性仍较高，旅游供需的匹配程度较好。

人均旅游支出与旅游收入、人次以及 A 级景区数、饭店数的相关性分析的显著性均高于 95%，说明人均支出对于旅游总收入会产生一定的影响，并且与旅游要素的空间分布存在一定的关联性，但是相关性系数都低于 50%，可见对旅游人均支出的分析不能仅限于景区、饭店等供给要素的空间分布影响。

（二）旅游空间结构特征的成因

1. 地理环境特征以及旅游资源的类型结构决定了景区的空间分布

A 级景区沿河分布的空间特征是由甘肃省地理环境特征以及旅游资源的类型结构决定的。甘肃大部分地处西北干旱、半干旱地区，黄河及其支流渭河、洮河等以及疏勒河、黑河、石羊河等三大内陆河沿河区域，由古至今都是人类生存的主要空间，是人类文化繁衍生息的主要区域，也是多样、独特的自然景观集中分布的地区。甘肃省 220 个 A 级景区中，以人文旅游资源为主的景区为 181 个，占总数的 82.27%，在这些人文旅游资源中，以历史文化资源为主的 145 个，历史文化旅游资源的空间分布，是由人类历史活动空间即人类文化分布空间决定的。在以现代人文资源为主的 A 级景区中，也主要是以河流为主的人文资源，包括高台大湖湾水利风景区、民勤红崖山水库、甘州区大野口水库水利风景等。

2. 旅游吸引物与交通的空间分布决定旅游者空间分布

空间区位指向是经济活动在选择区位时所表现出来的尽量趋近于特定空间区位的趋向。甘肃省的旅游者空间结构具有明显的旅游吸引物与交通条件的区位指向性。旅游人次的空间分布与 A 级景区、加权的 A 级景区的空间分布在 99% 的显著度下，相关性系数达到了 58.9%、60.1%，具有一定的相关性。由于各县（区）A 级景区数的基尼系数较大，各县（区）的 A 级景区数分布不均衡，使得各县（区）旅游人次的基尼系数较大，分布不均衡；A 级景区平均最邻近分布分析显示，A 级景区呈现非常明显的聚集分布状态，使得全省各县（区）旅游人次的空间分布的自相关性高，呈现较高的集聚分布的状态。

旅游交通是旅游业的支柱之一，旅游交通的发达与否直接影响到旅游业的发展。现代旅游活动的异地性使交通成为人们外出旅游的前提条件。它为旅游者顺利往返于出发地和旅游目的地之间活动以及旅游景点之间的往返过程提供了条件和手段。从相关性分析表中可见，各县（区）旅游人次与旅游交通中心经济距离，在 95% 显著度下，相关系数为 –21.4%，制约效应明显。在旅游交通网络分析中，明显地反映出全省旅游节点间的网络化水平低，这是甘肃省旅游发展滞后的重要影响因素。同时，旅游人次、旅游收入、人均旅游支出的空间自相关性高，这与 A 级景区数的空间自相关性低形成了对比，即邻域间旅游人次等的相关性高，而 A 级景区数的相关性低，说明区位交通，这一在邻域间具有较强相关性的因素影响了旅游人次等三个指标值。

本书给出的解释模型及其参数估计，更是定量性地反映出 A 级景区与交通条件对旅游者的决定作用，也说明了甘肃各县（区）旅游人次的空间分布是由中心城区集散而流向各地的结果。

3. 旅游者的空间分布决定旅游收入的空间分布

人次决定收入。就 2015 年的数据分析，在 99% 显著性下，旅游人次与旅游收入空间分布的相关性系数达到了 97.4%，而与旅游人均支出的相关性系数仅为 34.0%。相比于旅游收入与旅游人次相对较高的基尼系数，

旅游人均支出呈现均质化状况，说明各地特别是旅游聚集地区，仍停留于粗放式的数量增长，而不是主要通过提高人均旅游支出实现旅游高收入。

进一步分析，这种因果关系主要是由于甘肃省各地旅游产品层次较低、结构趋同导致的消费层次低、结构趋同造成的。观光游是甘肃省所提供的最主要的旅游产品。据调查，全省220个A级景区中（景区内及周边5km范围内），仅有34个具有休闲度假综合服务功能，占全部A级景区数的11.36%；仅有98个具有餐饮服务功能，其中只有56个能提供特色餐饮服务，占全部A级景区数的25.45%；仅有79个能提供住宿服务，占全部A级景区数的35.90%；仅有135个设有旅游商品卖场（商店），占全部A级景区数的61.36%；仅有11个具有景区特色演艺活动，占全部A级景区数的5.00%，但均没有实现常态化表演。甘肃省这种产品开发的低层次在地域上差异性不大，无论是敦煌、嘉峪关等旅游发展水平较高的地区，还是旅游发展相对滞后的定西、临夏，旅游产品都主要停留于观光游，各地旅游产品的规划与开发停留于旅游观光景点的增多。产品层次与结构决定了消费水平与结构，在旅游消费支出中，行、吃、住是满足旅游者在游览中生理需求的消费，属于基本旅游消费，支出弹性小，游、购、娱等非基本旅游消费支出弹性大。在甘肃省各地的旅游者支出中，基本旅游消费支出占了绝大部分，就全省抽样调查显示，甘肃省旅游者的城际间交通支出比重占全部支出的43.11%[1]，而同期全国平均水平为21.6%[2]，基本旅游消费的比例大使得旅游人均消费的县（区）间差异小。同时，旅游交通费所占的比重大，这也解释了人均旅游支出表现出的西北相对较高，东南较低的状况。

4. 旅游者空间分布结构决定旅游饭店等供给设施的空间结构

在相关性分析中可见，在双尾，99%显著性下，旅游饭店数、饭店床位数与旅游人次、旅游收入的相关性都到达了80%以上，表现出明显的决

---

[1] 2011年抽样统计.

[2] 国务院发展研究中心信息网.2010年国内抽样调查［EB/OL］. http://edu-data.drcet.com.c/web/ChaelPage.aspx? chael=lyxy.

定关系。资本是旅游饭店的最主要生产要素，在所有生产要素中，资本最具有流动性，也是最不受空间条件约束的生产要素，追求利润最大化，是资本空间选择的最根本原因。旅游消费的空间分布决定了利润空间分布的状况，旅游者的空间分布决定了旅游饭店的空间分布。

5. 区域地形特征决定了空间旅游流的特征

甘肃省东西狭长，东西长达1655km，南北最宽处530km，最窄处仅25km。同时，甘肃地形较破碎，乌鞘岭、华家岭以及六盘山、太子山、莲花山等将甘肃分割为几个较为独立的地域板块，板块间交通受到了一定的限制，使得甘肃旅游网络形成了以兰州为主中心，嘉峪关—酒泉、天水等为次中心，板块间相互较独立，板块内中心聚集的分布状态。并且，板块内的凝聚度和该板块与其他板块的相对独立性即交通联系度相关，相对于河东地区，河西远离甘肃省主要客源市场，交通连接也主要是通过河东地区，因此其内聚度强，与区域外的联系程度低。各中心的中心度与旅游饭店以及旅游收入、旅游人次高度相关，既是集散中心也是旅游交通中心、旅游设施聚集中心、旅游者的聚集中心和旅游收入较高地区。

6. 宏观经济空间格局与区域交通区位条件决定了国内市场空间分布

旅游者在客源地与目的地之间的空间流动是旅游活动的基本表现，这种流动的强度取决于两地的空间引力强度。在不考虑目的地吸引力的情况下，客源地的人口与经济水平是促进因素，而交通距离则是阻碍因素，我国的人口、经济在宏观上呈现由东向西的梯度分布趋势。甘肃省东西狭长，航空、铁路、公路交通干线均沿丝绸之路呈东西走向布局，北与宁夏、内蒙古，南与四川的连接的交通干线少，通行条件较差。以上两方面原因造成了甘肃客源市场的向东指向和旅游流"东进东出"的空间指向，且各市（州）呈现较高的一致性。

第六章 区域旅游空间经济分析的预测应用

本章将对甘肃省"十三五"旅游发展空间布局政策进行梳理，以反映旅游供给空间结构的变化趋势。在此基础之上，分别采用时间序列预测和模型方法预测两种方法对甘肃省旅游者空间结构的演变趋势进行预测，基于两种预测方法的横向比较以及与现状纵向比较，分析甘肃省"十三五"旅游空间结构演变的特征，针对现有规划不足，提出优化对策。

第一节 "十三五"旅游发展的空间布局

一、整体布局

2015年，甘肃省政府办公厅发布了《甘肃省"十三五"旅游业发展专项规划》，这是甘肃省首次将旅游业五年规划作为国民经济和社会发展专项规划予以发布，体现了政府对旅游业功能认识的转变以及旅游业在甘肃省国民经济社会中战略地位的提升。该规划提出，在"十三五"期间要实施"321"战略，优化旅游业布局。即，做大做强丝绸之路旅游线、华夏文明黄河旅游线、大香格里拉旅游线3条国家精品线路；积极培育甘南—陇南—定西—白银—平凉—庆阳及兰州—武威—张掖红色旅游，天水—陇

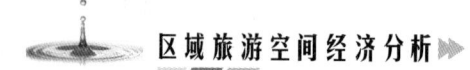

南先秦与三国历史文化旅游两条成长型旅游线路；建设兰州、天水、平凉休闲度假旅游圈。集中力量、突出重点、组团发展，实现旅游业布局的整合优化①。

二、旅游发展布局

2006年编制完成的《甘肃省旅游业发展规划（2006—2020）》②是甘肃省旅游业发展的指导性文件，规划提出甘肃省将立足"文化甘肃""绿色甘肃""山水甘肃""民俗甘肃""现代甘肃"的旅游环境和旅游资源的角度，开发种类繁多的旅游产品。2016年10月，《甘肃省"十三五"旅游业发展规划》（以下简称《"十三五"旅游规划》）开始正式公布实施③。依据《"十三五"旅游规划》全省正打造形成"11361"，即"一带一城三区六廊道百景区"的空间布局，完善、优化甘肃省旅游空间布局。

（一）一条丝绸之路黄金旅游带

依托华夏文明传承创新区丝绸之路文化发展带中的历史文化和自然旅游资源富集的优势，发挥甘肃在丝绸之路经济带中黄金段的区位优势，打造甘肃丝绸之路黄金旅游带。以丝绸之路为纽带，以沿线平凉、天水、定西、兰州、临夏、武威、金昌、张掖、酒泉、嘉峪关和敦煌为节点和增长极，突出特色，集中打造旅游发展高地，实现多极突破。建立联动机制，加大资源整合力度，深入挖掘文化内涵，充分展示其大漠戈壁、丹霞砂林、冰川雪峰、森林草原、民族风情等多彩魅力，打造贯通全省东西全境的旅游金带，使之成为全省最具活力、最具辐射带动功能的旅游发展轴，成为

---

① 甘肃政府网.甘肃省人民政府办公厅关于印发甘肃省"十二五"旅游业发展规划的通知[EB/OL].http：//www.gasu.gov.c/cotet/2011-08/66629.html，2011-08-03.

② 中国科学院地理科学与资源研究所，甘肃省旅游局.甘肃省旅游业发展规划[M].北京：中国旅游出版社，2009.

③ 甘肃省人民政府办公厅.关于印发《甘肃省"十三五"旅游业发展规划》的通知[EB/OL].http：//www.gsta.gov.cn/jx/ghwb/21986.htm，2016-10-13.

全国丝绸之路精品旅游带的脊柱，共同提高丝绸之路旅游带在全国旅游的地位和世界知名度。

（二）一座国际文化旅游名城

落实《敦煌国际文化旅游名城建设规划纲要》和《敦煌旅游综合改革试验区总体方案》，推进敦煌国家旅游改革创新先行区建设，加快国际化进程，实现与中亚、西亚地区直至欧洲各国"政策、道路、贸易、货币、民心"五通，建成中国国际丝路艺术旅游目的地、国家全域旅游示范区、国家研学旅游目的地、国家人文旅游示范基地、国际化特色旅游城市。努力发挥丝绸之路（敦煌）国际文化博览会的平台作用，把丝绸之路（敦煌）国际文化博览会办成国家层面最有影响力的一流文化盛会，倾力办好丝绸之路高峰论坛，使其成为拉动甘肃省现代服务业加速发展的新引擎，把敦煌建成丝绸之路上最耀眼的国际文化旅游名城。

（三）三大特色旅游区

进一步凝聚共识，落实华夏文明传承创新区"1313工程"，将以敦煌文化为核心的河西走廊文化生态区建设成为文化生态旅游示范区，将以黄河文化为核心的兰州都市文化产业区打造成黄河都市文化旅游产业集聚区，将以始祖文化为核心的陇东南文化历史区发展成为文化旅游传承创新区。进一步明确每个区域内各城市的特色功能定位和差异化发展方向，打造全省三大特色旅游目的地的发展和支撑点。

1. 河西走廊文化生态旅游示范区

建设以嘉峪关、酒泉、张掖、金昌、武威、敦煌等河西走廊重要旅游城市为节点，串联为发展轴线，向全域延伸拓展，以"传奇丝路·壮美河西"为主打形象品牌，以文化体验、艺术采风、科普研学、户外运动、自驾越野、地理探秘、低空飞行等多业态旅游产品为核心的文化生态旅游示范区、丝绸之路国际精华旅游目的地。着力挖掘区域内文化生态资源优势，将祁连山国家级自然保护区升级，创建为全省首个国家公园，以公益性和公共产品建设为全省资源开发和大景区体制机制突破提供先行先试范例，打造旅游促进文化生态可持续创新发展的示范基地。

武威：中国旅游标志名城。充分发挥中国旅游标志的品牌影响力和市场竞争力，深入挖掘、整合开发深厚的"天马故里"历史文化名城资源、特色鲜明的中国葡萄酒城、奇特的腾格里沙漠景观、浓郁的藏族聚居区民族风情、瑰丽的祁连雪山冰川等丰富资源。以"马踏飞燕—金色大道"大景区建设为突破口，构建标杆性经典旅游产品体系，着力完善旅游要素配置和产业链，建成东接兰州、西联敦煌的旅游支点和"中国旅游标志名城"，把武威打造成名副其实的中国旅游标志目的地，建成丝绸之路黄金旅游带上的明星旅游城市。

张掖：产业融合发展极。全面推进旅游文化、体育、医养融合发展示范区建设，围绕构建多元融合的产业体系，深化旅游文化体育融合发展的体制机制改革，创新融合发展途径、模式，不断拓展新的发展空间，催生新的产业形态，形成新的消费热点，打造产业融合发展的新高地，把张掖建成丝绸之路黄金线路重要旅游目的地、中国西部区域性游客集散中心和国际特色休闲度假名城。

嘉峪关：全域旅游发展极。充分发挥嘉峪关城市功能健全、基础设施完善、景区发展较好、产品业态丰富等优势，按照全域旅游发展要求和建设标准，实现景城一体化、全域景观化、产业融合化。在全省率先开展全域旅游示范区创建，联动酒泉和航天城，打造国际著名、国内一流的旅游目的地，引领全省文化旅游产业综合开发。

2. 黄河都市文化旅游产业集聚区

以黄河甘肃段的兰州、白银、临夏、甘南4市（州）为轴线，以"九曲黄河、奇峡秀水"为主打形象品牌，以黄河之都、水韵古镇、休闲水乡、壮美石林、草原湿地、回藏风情为核心内容，建设融黄河文化、都市风光、自然山水、民族风情于一体的黄河都市文化旅游产业集聚区，成为黄河风情国际旅游目的地。

兰州：都市旅游发展极。突出丝路旅游带、黄河旅游带和长城旅游带

交汇点的独特优势，充分发挥省会城市中心带动作用。依托兰州黄河风情线、兴隆山大景区建设，深度整合资源，开发高品质旅游产品，培育旅游产业集群，把兰州打造成为荟萃华夏文明、凸显黄河风情的国际化都市文化旅游发展极。

甘南：民族风情旅游发展极。联动临夏回族自治州，深入挖掘民族风情、宗教圣地、黄河首曲、高原生态、草原湿地等特色旅游资源。依托拉卜楞寺—桑科草原、冶力关等旅游大景区建设，打响九色香巴拉品牌，大力发展休闲避暑、朝觐礼佛、艺术采风、民族风情体验等旅游产品，把甘南打造成国家全域旅游示范区。

3. 陇东南文化旅游传承创新区

以中东部的庆阳、平凉、天水、陇南、定西5市为主体区域，以始祖文化、农耕文化、先秦文化、三国文化、丝路文化、氐羌文化、民俗风情、高原地貌、山水田园、百峡千瀑、天池溶洞等资源为特色，以"华夏祖脉、养生福地"为主打形象品牌，以羲皇故里、麦积烟雨、道源圣地、岐黄故里、中医养生、寻根访祖、官鹅神韵、乞巧民俗、白马风情、红色南梁、两当兵变、渭水溯源、嘉陵漂流、高原避暑、农耕体验、生态养生、休闲度假为系列产品。在平凉、庆阳、定西3市打造"黄土风情、养生福地"子品牌，在天水、陇南两市打造"华夏祖脉、山水家园"子品牌，构建全球华人祭祖圣地、中医药养生特色国际旅游目的地和国家级休闲度假旅游目的地，打造陇东南文化旅游传承创新区。

天水：祖脉旅游发展极。深度挖掘始祖文化、大地湾文化、先秦文化、佛教文化、道教文化、农耕文化等祖脉文化资源，实施华夏祖脉旅游品牌打造工程、大景区突破工程、旅游线路产品优化工程、基础设施提升工程、政策机制支持工程等五大工程，着力打造祖脉旅游文化节会平台，将"公祭伏羲大典"培育成为国际水准、国内一流的品牌节会，将"甘肃——全球华人寻根祭祖圣地"旅游品牌推向全国、打向世界，把天水建设成为国际著名的文化旅游目的地。

平凉：养生旅游发展极。以崆峒山为龙头，深入挖掘平凉中医药、针灸、道教、佛教、武术、温泉、山水生态等优质养生旅游资源，大力发展医养、食养、文养、武养、山养、水养、佛养、道养等系列养生产品，打造"神奇秀美崆峒山、天下养生第一地"养生旅游品牌，推动陇东南国家中医药养生保健旅游创新区建设，把平凉建成全国著名的中医药养生旅游目的地、国际中医药文化旅游交流示范区。

庆阳：红色旅游发展极。以改革创新为动力，以红色南梁大景区建设为引擎，加强红色文化与岐黄中医药文化、周祖农耕文化、民俗文化融合，以子午岭生态风光为基底，促进全市旅游产品转型升级，将庆阳建设成陕甘宁毗邻区域旅游集散中心、全国红色文化旅游胜地、中国农耕及民俗文化体验基地、全国中医药养生保健旅游示范基地，成为国内知名的红色旅游发展极。

（四）六条主题旅游廊道

升级传统旅游线路，发挥各条主题游线的资源优势，因地制宜打造公路全境贯穿、交通体系立体便捷、公共服务体系配套完善、旅游目的地品牌凸显、历史与文化交融、时尚与现代相接、民俗与田园辉映、多元景观相得益彰的旅游大通道，形成"古绿青蓝紫金红"七彩风景廊道。以精品丝路旅游廊道、黄河风情旅游廊道、民族风情旅游廊道、寻根访祖旅游廊道、长城边关旅游廊道、红色征程旅游廊道六条旅游廊道为战略发展轴，以相关主题旅游资源整合和全域旅游联动为基础，大力带动廊道沿线旅游区域一体化发展，通过标准化风景廊道的建设，构建全省与国家重点旅游带有机衔接的立体风景廊道体系。

1. 精品丝路旅游廊道

以天水、平凉、敦煌交通枢纽及兰州、嘉峪关、张掖、金昌、庆阳机场为进出口，以连霍高速、陇海铁路、兰新高铁串联起丝绸之路沿线重要旅游景区，形成精品丝路旅游黄金大廊道。

2. 黄河风情旅游廊道

以甘南、白银交通枢纽以及兰州、夏河机场为进出口，以沿黄快速通道、京藏高速、兰海高速、包兰铁路、兰成铁路串联起沿黄四市（州）的重要旅游景区，形成黄河风情旅游大廊道。

3. 民族风情旅游廊道

以甘南、临夏交通枢纽为进出口，以兰郎高速、兰成铁路等串联沿线重点景区，形成回藏民族风情旅游廊道。以兰州、张掖、敦煌交通枢纽为进出口，以省道301、302和兰新铁路、敦格铁路等串联沿线裕固族、哈萨克族、蒙古族、藏族等民族风情区，形成祁连腹地民族风情旅游大廊道。

4. 寻根访祖旅游廊道

以陇东南天水、平凉、庆阳、陇南、定西五市交通枢纽为进出口，以青兰高速（庆阳至定西）、天定高速、天平高速、十天高速、兰渝铁路、宝成铁路、陇海铁路等串联沿线重点旅游景区，形成"华夏祖脉、养生福地"旅游圈环线廊道。

5. 长城边关旅游廊道

以兰州、敦煌交通枢纽以及嘉峪关、金昌、张掖机场为进出口，以国道312，省道308、314、315连接汉明长城沿线重点景区，形成"秦时明月汉时关"的边关风情自驾旅游廊道。

6. 红色征程旅游廊道

以兰州、甘南、庆阳交通枢纽为进出口，以省道210、国道212等串联沿线红色旅游景区，形成"重走长征路"旅游廊道。以兰州、张掖、武威、酒泉交通枢纽为进出口，以省道308、国道312、连霍高速等串联沿线红色旅游景区，形成"红色记忆"旅游廊道。

（五）百个重点景区

率先建设20个大景区，以省带市、以市带县、以大带小、层层推动，建设30个精品景区，50个特色景区，按照"高端化建点、精品化连线、一体化布面"的原则，全省形成"235"布局的100个重点旅游景区体系，完善旅游目的地体系建设，提升全省旅游业的核心竞争力和国际影响力。

表 6-1　甘肃省"235"布局的 100 个重点旅游景区规划表

市（州）	20 个大景区	30 个精品景区	50 个特色景区	合计
兰州	2 个：百里黄河风情线—锦绣丝路园、兴隆山	3 个：大兰山景区（含五泉山）青城、什川	4 个：仁寿山、鲁土司衙门、石佛沟景区、吐鲁沟	9
嘉峪关	1 个：嘉峪关	2 个：紫轩葡萄酒庄园、华强方特欢乐世界	2 个：东湖生态旅游景区、魏晋墓景区	5
金昌	1 个：紫金花城—神秘骊轩	1 个：金川国家矿山公园	2 个：御山峡圣容寺景区、北海子景区	4
白银	1 个：黄河石林	1 个：会宁红军会师旧址	3 个：寿鹿山景区、法泉寺景区、北武当黄河景区	5
天水	1 个：麦积山	5 个：伏羲庙、大地湾、大像山、水帘洞景区、卦台山景区	3 个：南郭寺景区、玉泉观景区、清水温泉景区	9
酒泉	3 个：敦煌莫高窟—月牙泉、敦煌阳关—玉门关、酒泉卫星发射中心	3 个：西汉酒泉胜迹、赤金峡、锁阳城	5 个：金塔县胡杨林景区、透明梦柯冰川、悬泉置遗址、玉门油田红色旅游景区、瓜州草圣故里文化景区	11
张掖	1 个：张掖丹霞	3 个：张掖国家湿地公园、张掖大佛寺、山丹焉支山—皇家马场	4 个：张掖平山湖、玉水苑、民乐扁都口、中国工农红军西路军纪念馆	8
武威	1 个：马踏飞燕	1 个：天祝三峡景区	5 个：天梯山石窟、红崖山水库、古浪战役纪念馆、冰沟河景区、神州荒漠野生动物园	7
平凉	2 个：崆峒山、大云寺—王母宫	2 个：关山莲花台、云崖寺	4 个：龙泉寺、皇甫谧文化园、界石铺红军长征纪念园、泾川温泉	8
庆阳	1 个：红色南梁	1 个：周祖陵	4 个：北石窟寺、陕甘红军纪念园、山城堡战役纪念园、调令关	6
定西	1 个：渭河源	2 个：陇西县李家龙宫、漳县贵清山、遮阳山	2 个：岷县狼渡湿地草原、通渭温泉度假区	5
陇南	1 个：官鹅沟	4 个：阳坝景区、徽县三滩景区、武都万象洞、油橄榄景区	5 个：文县天池景区、成县西狭颂景区、堡子山历史文化旅游景区、西和县晚霞湖景区、哈达铺景区	9
临夏	2 个：黄河三峡、松鸣岩—古动物化石地质公园	2 个：莲花山景区、临夏国家级民族民俗文化产业园	2 个：积石民俗村景区、药水峡景区	6
甘南	2 个：拉楞寺—桑科草原、冶力关	2 个：大峪沟、拉尕山	4 个：当周草原、则岔石林、郎木寺、腊子口	8
合计	20	30	50	100

"十三五"旅游业规划在空间布局的要素认识上，突破了传统的以"景点（景区）"或旅游线路为单元要素展开规划，而是以"旅游目的地"为单元要素。该规划提出，要集中力量打造一批特色鲜明、优势突出的优秀旅游城市目的地、旅游示范区、旅游名镇、重点旅游景区，培育甘肃省现代旅游目的地体系，建设全省旅游业发展高地；着力打造兰州、天水、平凉、敦煌、嘉峪关—酒泉、张掖6个旅游集散中心城市，努力建设全国优秀旅游城市目的地。围绕旅游目的地城市以及之间的连接通道，加强重点旅游景区（点）建设。依据旅游规划目标以及《甘肃省"十三五"旅游业重点项目库》确定本书预测依据，至2020年全省A级景区数达到353个，其中5A级10个、4A级153个，全省各县（区）均有A级景区分布，其中最多的是武威市凉州区，达到19个，最少的兰州市红古区为1个。全省交通干线评分由2015年131.5分，增长到2020年199.5分。由于实现县县通高速，全省各中心城市至各县（区）交通时数均设定为100千米。

三、旅游交通的建设

（一）旅游交通建设的主要项目

"十三五"旅游业规划充分认识到"旅长游短"是甘肃旅游空间的特点，也是甘肃旅游业发展所面临的瓶颈。因此该规划提出，实施交通畅通工程，以解决旅游者"进不来、出不去、走不动"瓶颈问题。

在区域内交通建设上，主要是要打通干线交通连接景区的快速通道，途经4A级以上景区的高速公路设置出入口，力争将高速公路延伸到4A级景区。4A级景区与交通主干道连接公路达到2级以上，3A级景区与交通主干道连接公路达到3级以上，形成完善的旅游公路交通体系。

在外部交通建设上，到2020年，丝绸之路经济带综合交通枢纽和黄金通道建设取得突破性进展，实现市州民航全覆盖、市州有铁路、县县通高速、乡镇通国省道、村村通沥青或水泥路，基本建成互联畅通、便捷高效、安全可靠、绿色环保的综合交通运输体系。基础设施更加完善，交通设施网络完备高效，枢纽功能有效增强；运输服务明显提升，公共客运服务便捷舒适，现代物流服务经济高效；支持保障更加有力，平安绿色交通快速发展，行业治理体系更加完善。综合交通运输体系的整体优势和组合效率有效发挥，为甘肃省经济社会发展提供坚实基础和保障条件。基本建成辐射全国、沟通"一带一路"沿线国家的"两横七纵"综合交通运输通道。全省骨干公路网全部建成，到2017年实现100%建制村通沥青（水泥）路，到2020年公路总里程达16.5万公里，高速公路通车里程达7300千米，实现县县通高速、乡镇通国省道、村村通沥青或水泥路、省际出口公路畅通、口岸公路畅通，国省干线服务水平明显提升。全省铁路网主骨架基本建成，实现快速铁路东西贯通，形成快速客运网和大能力货运网，对外通道布局更加完善，铁路运营里程力争达到7200千米，其中快速铁路里程3000千米以上，路网密度150千米/万平方千米。形成以"一心、一轴、两网、三圈、九通道"为主，内联外通、点线结合、对外放射、对内成网的路网结构。全省铁路电气化率达到86%，复线率达到69%。市州铁路覆盖率由目前的85.7%提高到100%，其中市州快速铁路覆盖率达到78.6%，县区铁路覆盖率由目前的49%提高到90%以上，全省14个市州全部通铁路。内河航道通航条件显著改善，全省河航道通航里程突破1000千米，达到1017千米，等级航道里程达到726千米。枢纽功能强化提升。"一主三副、多极多点"综合交通枢纽体系基本形成，在全国以及"一带一路"格局中的枢纽地位显著提升。兰州铁路枢纽地位明显提升，基本实现省会兰州至省内大部分市州2小时到达、市州之间6小时到达、兰州至全国大部分中心城市10小时到达。全省机场布局持续完善，航线网络进一步优化，建成兰州、嘉峪关、敦煌三大国际空港，全省民用机场达到12个，规划新建通用机场25个，完成10个干支线机场兼顾通航功能改造，实现市州民航服务全覆盖、县级城市单元覆盖率达到85%。铁路物流枢纽功能明显强化，建成兰州、武威、天水三大国际陆港，中欧班列常态化运行。兰州、临夏、白银、陇南四个重要港口实现规模化、专业化。各市州基本建成综合客运枢纽，以多式联运为特

征的物流园区基本覆盖全省主要工业集中区，兰州、酒嘉、天水、张掖、平凉等国家公路运输枢纽全面建成。

（二）各地旅游交通定量评价变化

各县（区）对应的中心城市依据交通建设重点项目的交通中心指数变化情况，见表6-2。

表6-2 "十三五"交通中心指数变化情况

	兰州市	嘉峪关市	金昌市	白银市	天水市	武威市	张掖市	酒泉市	定西市	陇南市	平凉市	庆阳市	临夏州	甘南州	敦煌市	全省总计
2015年交通中心指数	35	13	7	8	20	17	13	11	15	11	14	12	6.5	10	8.5	200
2020年交通中心指数	23	13	7	8	12	10	13	11	9.5	5.5	7.5	5.5	5	3	8.5	140

（三）旅游交通网络变化

依据"十三五"规划，A级景区的增加使得旅游节点数发生了增加，旅游节点之间的连接线数也有所增加，改变后的值分别为：V=210+87（包括嘉峪关市）=297，L=431。依据改变后的V与L值，求得指数值为1.46，α指数值为0.23，γ指数值为0.49。相对于2015年的值1.40、0.20、0.47，旅游整体网络连通度有所改进，但仍非常低。

第二节 旅游者空间分布结构的演变趋势预测

一、基于时间序列的预测

（一）预测方法

以陇南市成县的旅游人次的预测分析（基于2004—2015年统计数据）为例，说明时间序列预测方法。

1. 线性回归预测

因为各地的旅游人次数基本都呈现随时间序列而增加的趋势，即人次与时间序列存在线性关系，因此将时间序列量作为自变量，人次作为因变量进行线性回归预测。使用 Excel 中的回归分析功能模块完成，预测统计结果如表 6-3 所示。

表 6-3　线性回归预测统计表

回归统计	
Multiple R	0.959073
R Square	0.91982
Adjusted R Square	0.911802
标准误差	10.89302
观测值	12

方差分析	df	SS	MS	F	Sigificace F
回归分析	1	13612.37	13612.37	114.7195	0
残差	10	1186.579	118.6579		
总计	11	14798.95			

系数取值	Coefficients	标准误差	t Stat	P-value	Lower 95%	Upper 95%	下限 95.0%	上限 95.0%
Intercept	−10.0921	6.70419	−1.50535	0.16315	−25.03	4.845746	−25.03	4.845746
X Variable 1	9.756608	0.91092	10.71072	8.44E−07	7.726952	11.78626	7.726952	11.78626

R^2 为 0.91982，显示回归方程具有较好的拟合度，可以作为预测方程使用，得到线性回归方程：$y=-10.0921+9.756608x$，其中 y 表示旅游人次的预测值，表示时间序号，将后续时间变量带入该回归方程中，得到预测值。

2. 灰色模型预测

灰色系统理论是控制论的观点和方法延伸到社会、经济系统的产物。也是自动控制科学与运筹学的数学方法相结合的结果，是一种"少数据"建模的方法。它通过对原始数据的处理和灰色模型的建立，将变化规律不明显的情况找出规律，通过规律分析系统的发展变化，并做出科学定量的预测。运用 Excel 进行灰色模型预测，其计算方法已经成熟，并得到了较广泛的应用。预测结束后，要对结果进行评价，评价的依据是，方差比

$c<0.35$,小误差概率 $P>0.95$,确定为优秀;$c<0.5$,$P>0.8$,确定为合格;$c<0.65$,$P>0.7$,确定为基本合格;$c>0.65$,$P<0.7$,确定为不合格[1]。

以陇南市成县为例进行灰色模型预测如表6-4所示,评价等级为优秀。

表6-4 灰色模型预测统计表

年份	序号	旅游人次	累加生成数列 Y_t	均值生成数列 Z_t	Z_t^2	X_tZ_t	$Y \wedge t$	$X \wedge t$	δ_t	$\delta_t - \delta$	K
2004	0	7	7.00	0.00	0		7				
2005	1	8.5	15.50	11.25	126.56	95.625	27	20	−11.97	9.01	1
2006	2	26.06	41.56	28.53	813.96	743.4918	52	25	1.46	4.42	1
2007	3	37.86	79.42	60.49	3659.04	2290.1514	82	30	8.30	11.26	1
2008	4	34.4	113.82	96.62	9335.42	3323.728	117	36	−1.15	1.81	1
2009	5	41.78	155.60	134.71	18,146.78	5 628.1838	160	43	−0.94	2.02	1
2010	6	48.47	204.07	179.84	32,340.63	8 716.6025	211	51	−2.88	0.08	1
2011	7	56.54	260.61	232.34	53,981.88	13 136.504	273	62	−5.19	2.23	1
2012	8	68.3	328.91	294.76	86,883.46	20 132.108	347	74	−5.90	2.94	1
2013	9	77	405.91	367.41	134,990.11	28 290.57	436	89	−12.19	9.23	1
2014	10	106	511.91	458.91	210,598.39	48 644.46	544	107	−1.20	1.76	1
2015	11	128	639.91	575.91	331,672.33	73 716.48	672	129	−0.86	2.1	1
2016	12						827	155			
2017	13						1014	186			
2018	14						1237	224			
2019	15						1506	269			
2020	16						1830	323			
2021	17						2218	389	δ		
2022	18						2686	467	−2.96		
2023	19						3247	562			
2024	20						3922	675			
2025	21						4733	811			
		$\sum X_t$	$\sum Z_t$	$\sum Z_t^2$	$\sum X_tZ_t$		9312	S^2	0.6745S1	$\sum K$	
		639.91		2 440.77	882 548.56	204 717.9		5.5793	23.6868	11	
		S^1	D	α	μ			$C=S^2/S^1$	P	等级确定	
		35.1176	3 750 700	−0.184	17.3523			0.15 859	1.00	优秀	

3. 指数平滑预测

指数平滑预测方法给近期的观察值以较大的权数,给远期的实际值以较小的权数,使预测值既能较多地反映最新的信息,又能反映大量的历史资料的信息,防止随机波动的影响,从而使预测结果符合实际。运用Excel

---

[1] 邹万江,张连富,卢伟.用Excel建立灰色数列预测模型的研究[J].佳木斯大学学报(自然科学版),2005,23(3):378-380.

进行以指数平滑预测的方法也非常成熟[①]。平滑过程可多次进行，以更好地消除随机波动影响，本书采用三次平滑法。平滑指数取 0.05～0.95 之间，使得方差的平方和最小的值。以陇南市成县为例进行指数平滑预测，如表 6-5 所示，平滑指数取 0.05。

表 6-5　平滑指数预测统计表

年份	预测序列	实际值	S_1	S_2	S_3	a=0.5 平滑 3	差的平方和	a	A	B	C
			7.00	7.00	7.00	7.00		0.50	127.82	25.13	6.39
2004		7	7.00	7.00	7.00	7.00	0.00				
2005		8.5	7.75	7.38	7.19	7.19	1.72				
2006		26.06	16.91	12.14	9.66	9.66	268.84				
2007		37.86	27.38	19.76	14.71	14.71	535.81				
2008		34.4	30.89	25.33	20.02	20.02	206.80				
2009		41.78	36.34	30.83	25.43	25.43	267.48				
2010		48.47	42.40	36.62	31.02	31.02	304.47				
2011		56.54	49.47	43.04	37.03	37.03	380.54				
2012		68.3	58.89	50.96	44.00	44.00	590.55				
2013		77	67.94	59.45	51.73	51.73	638.76				
2014		106	86.97	73.21	62.47	62.47	1894.91				
2015		128	107.49	90.35	76.41	76.41	2661.60				
2016	1					159.34					
2017	2					203.65					
2018	3					260.74					
2019	4					330.63					
2020	5					413.29					
2021	6					508.75					
2022	7					616.99					
2023	8					738.02					
2024	9					871.84					
2025	10					1018.44					

---

① 唐五湘，程桂枝 .Excel 在预测中的运用［M］.北京：电子工业出版社，2001：119-122.

4. 最终预测值

以上述三种方法的均值作为最终预测值，陇南市成县旅游人次的预测值如表6-6所示。

表6-6 陇南市成县旅游人次的预测值

年份	预测旅游人次	预测年增长率
2016	146.91	14.78%
2017	175.36	19.36%
2018	210.19	19.86%
2019	251.80	19.80%
2020	300.72	19.43%
2021	357.57	18.90%
2022	423.08	18.32%
2023	498.13	17.74%
2024	583.80	17.20%
2025	681.38	16.71%

（二）预测结果

基于时间序列的全省旅游者空间分布结构，即各县（区）旅游人次的预测结果见表6-6，以及图6-1、图6-2。

图6-1 2015年各县（区）旅游人次数预测图（基于时间序列）

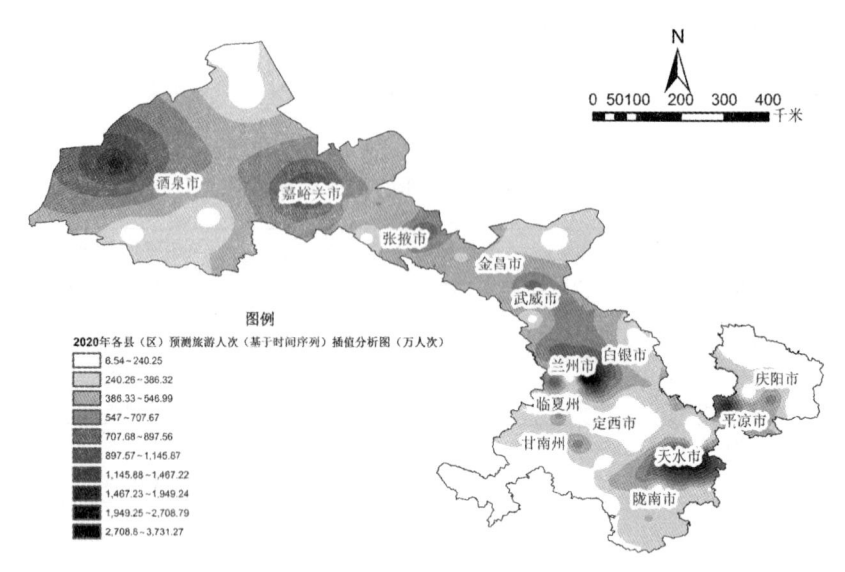

图 6-2　2015 年各县（区）旅游人次数插值分析图（基于时间序列）

二、基于规划布局的预测

（一）预测方法

依据第 5 章第 2 节中给出的甘肃省旅游者空间正态分布模型参数，结合《甘肃省"十三五"旅游业发展专项规划》中对旅游供给规划内容，将规划中所确定的项目内容指标，带入解释模型中，对甘肃省旅游业的空间结构演变进行预测。模型为 $T_{ij}=e^{2.122}\times S_i^{0.782}\times q_j^{0.576}\times e^{-0.215*r_{ij}}$。

由于全省的"十三五"旅游规划主要着眼于对全省在此期间的发展战略、发展任务的重大布局，主要是发挥宏观指导作用，针对该规划预测的变量值主要基于以下两个方面：①A 级景区建设（相关变化值见附录 3）；②旅游中心城市交通指数的改变，包括机场、铁路、高速公路建设，包括夏河、平凉、庆阳、天水、陇南等地机场的建设或有效使用，同时也使得甘南、陇南等地的交通中心由兰州分别改为各自市（州）（相关变化值见上节）；③重点旅游线路道路等级的改善，主要是高速公路的建设，使得旅游交通时速从 60 千米变为 80 千米（相关变化值见附录 3）。

（二）预测结果

预测结果见表 6-7 及图 6-3、图 6-4。

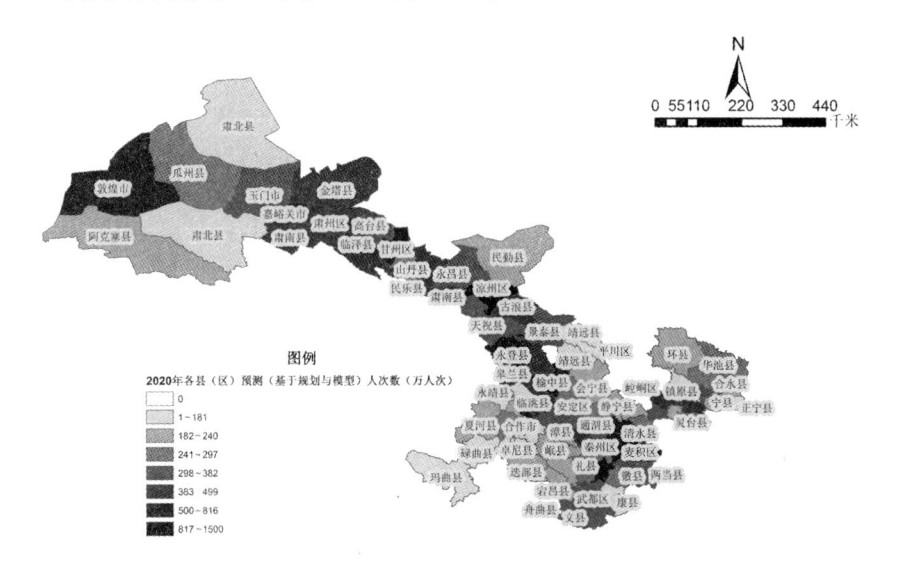

图 6-3　2020 年各县（区）人次数预测图（基于规划与模型）

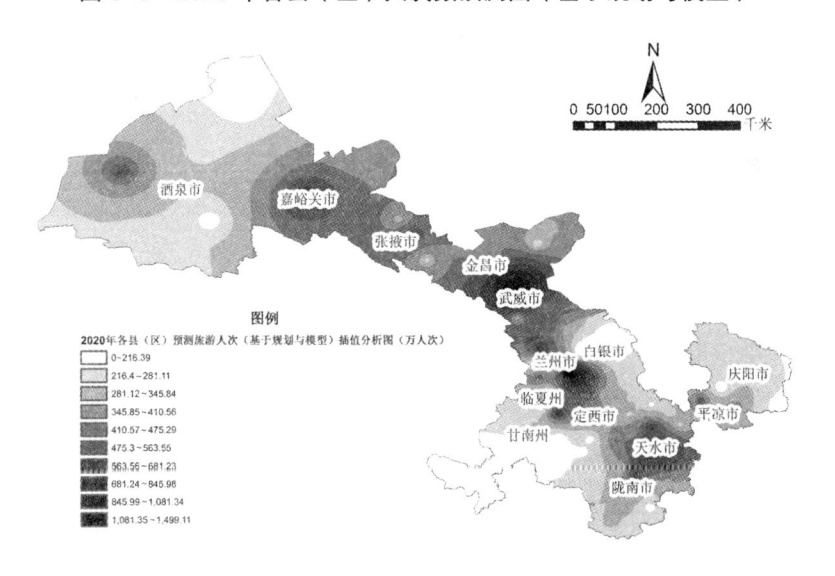

图 6-4　2020 年各县（区）人次插值分析图（基于规划与模型）

表 6-7 2020年各县（区）旅游人次预测统计表（基于两种方法）

县（区）	肃北县	瓜州县	敦煌市	玉门市	金塔县	阿克塞县	嘉峪关市	肃州区	高台县	肃南县	临泽县	甘州区	民勤县	山丹县	永昌县	民乐县	金川区	凉州区	古浪县	天祝县	景泰县	永登县
函数预测值（万人次）	122.26	252.52	616.15	367.35	395.16	227.45	816.33	428.13	443.09	424.50	310.14	579.97	225.63	402.44	346.84	259.73	379.22	1499.86	411.54	314.83	315.74	636.60
时间序列预测值（万人次）	44.85	583.68	1782.61	659.70	431.62	117.88	1656.55	595.59	548.16	696.52	452.71	1008.37	58.17	367.73	322.49	412.74	402.17	861.93	666.75	163.59	540.77	853.51
函数预测值/时间序列预测值	273%	43%	35%	56%	92%	193%	49%	72%	81%	61%	69%	58%	388%	109%	108%	63%	94%	174%	62%	192%	58%	75%

县（区）	皋兰县	白银区	华池县	七里河区	榆中县	会宁县	合水县	永靖县	安定区	临洮县	镇原县	东乡县	积石山县	西峰区	宁县	临夏市	广河县	夏河县
函数预测值（万人次）	455.59	252.38	249.92	553.38	689.98	234.98	274.11	460.41	257.14	146.09	70.98	152.69	310.90	331.10	237.39	530.14	333.80	231.16
时间序列预测值（万人次）	978.89	776.24	185.43	888.34	894.19	405.03	159.59	899.39	339.67	296.85	226.19	59.15	100.54	658.08	53.96	201.47	70.10	374.48
函数预测值/时间序列预测值	47%	33%	135%	62%	77%	58%	172%	51%	76%	51%	31%	258%	309%	50%	440%	63%	476%	62%

县（区）	正宁县	康乐县	通渭县	渭源县	泾川县	庄浪县	渭州县	华亭县	崇信县	卓尼县	临潭县	秦安县	张家川县	甘谷县	漳县	清水县	武山县	岷县	麦积区	玛曲县
函数预测值（万人次）	179.84	610.54	271.03	457.48	366.63	238.54	352.52	341.32	218.48	142.34	266.83	579.08	267.57	382.19	191.06	459.95	415.60	205.99	639.73	115.73
时间序列预测值（万人次）	132.89	111.76	540.32	142.01	238.54	154.90	142.01	394.79	189.30	126.04	173.91	664.85	66.87	320.78	316.39	162.63	175.37	143.84	2516.08	54.48
函数预测值/时间序列预测值	135%	30%	102%	61%	69%	20%	1074%	38%	18%	41%	69%	20%	53%	75%	529%	88%	460%	115%	51%	48%

县（区）	岩县	选部县	两当县	徽县	西和县	舟曲县	康县	武都区	成县	文县	红古区	西固区	康关区	安宁区	秦州区	合作市	平川区	靖远县	礼县	和政县	总计
函数预测值（万人次）	227.43	200.12	348.83	549.76	347.74	240.46	300.72	315.63	180.64	318.30	169.91	346.57	58.17	221.3%	499.45	1287.21	170.34	154.07	206.93	295.92	24167.91
时间序列预测值（万人次）	44.85	583.68	1782.61	659.70	431.62	117.88	1656.55	595.59	548.16	696.52	452.71	1008.37	58.17	367.73	322.49	412.74	402.17	861.93	666.75	163.59	540.77	32963.70
函数预测值/时间序列预测值	507%	34%	20%	83%	81%	204%	17%	53%	33%	46%	38%	34%	2213%	136%	210%	70%	42%	18%	35%	126%	55%	73%

—230—

三、两种方法预测的比较

（一）相关性分析

对两种方法的预测结果以及与 2015 年的值进行相关性分析，如表 6-8 所示。

表 6-8 两种方法预测结果之间以及与 2015 年值的相关性分析表

		基于函数预测	基于时间序列预测	2015 旅游人次
基于函数预测	Pearso Correlation Sig.（2-tailed）	1	0.692** 0.000	0.711** 0.000
基于时间序 列预测	Pearso Correlation Sig.（2-tailed）	0.692** 0.000 87	1 87	0.947** 0.000 87
2015 旅游人次	Pearso Correlation Sig.（2-tailed）	0.711** 0.000 87	0.947** 0.000 87	1 87

**Correlation is sigificat at the 0.01 level（2-tailed）

两种预测方法的相关性分析，在双尾 99% 可信度下，相关性达到 69.2%，说明两种预测方法结果之间以及与 2015 年的值之间，具有较强的相关性。

（二）基尼系数的比较

对预测结果后的全省各县（区）旅游人次的基尼系数进行分析，基于规划运用函数方法预测的 2020 年各县（区）间旅游人次的洛伦茨曲线拟合函数为：$y = 1.1353-0.2492+0.222$，$R^2=0.995$，求得基尼系数为 0.3765，相比于 2015 年各县（区）旅游人次基尼系数 0.4060，有了一定幅度的下降。时间序列预测的各县（区）间旅游人次的洛伦茨曲线拟合函数为 $y=1.9953-1.1282+0.348$，$R^2=0.991$，基尼系数 0.4065，与 2015 年的基本持平。可见，基于规划运用函数方法预测的结果，基尼系数下降，空间的极化分布状况有所降低。

（三）空间自相关性比较

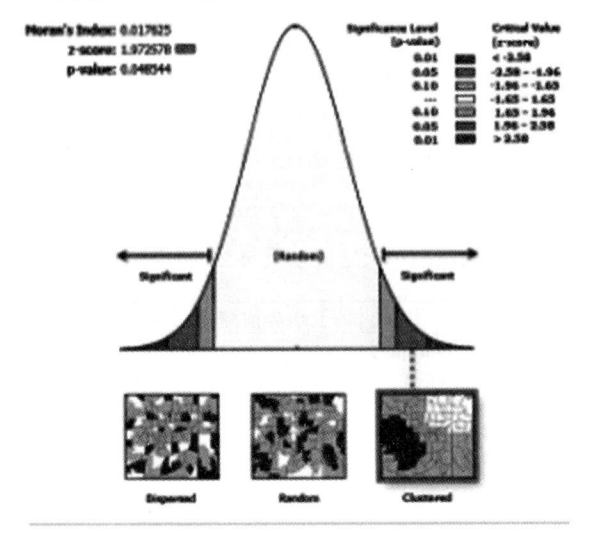

图 6-5　基于时间序列法预测结果的空间自相关分析图

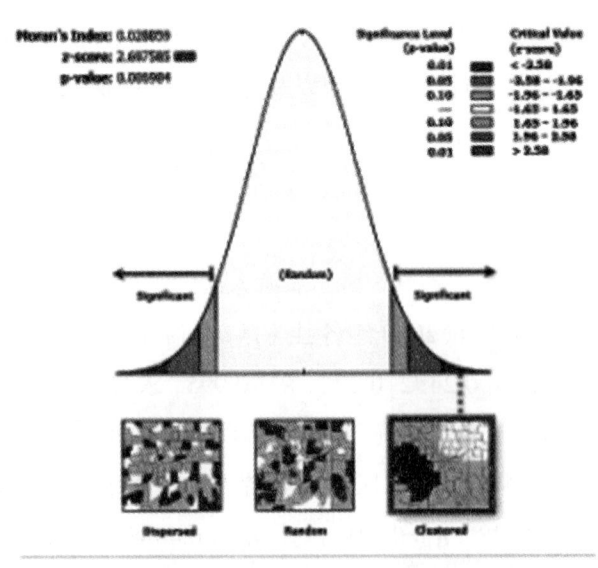

图 6-6　基于模型与规划法预测结果的空间自相关分析图

两种预测方法结果的各县（区）间空间自相关分析如图 6-5、图 6-6

所示。结果显示，基于规划运用函数预测，县（区）间旅游人次的空间自相关性明显下降，县（区）旅游人次的空间集中度减少。

（四）比较结论

基于时间序列分析方法预测的旅游者空间分布与2015年度相似。基于规划运用函数预测的旅游者空间分布，与前两者相比较，县（区）间的基尼系数下降，说明旅游者的空间分布在县（区）间进一步分散；空间自相关性减弱，说明分散的空间方向不是在原聚集区的四周，而是向某一或某几个方向扩散，或是在其他地区出现新的极核中心。相关性分析显示，两种方法的预测结果与2015年值的相关性强，说明新的极核中心并没有出现。结合插值分析结果可见，基于空间规划布局，旅游者的空间分布将呈现"点—轴"式分布。

第三节 基于"十三五"规划的空间结构演变特征

对2015年全省县（区）统计旅游人次与2020年预测的旅游人次分布的空间特征进行分析。

一、分布特征比较

（一）基尼系数比较

基尼系数是根据洛伦茨曲线判断收入分配公平程度的指标，画出洛伦茨曲线并基于其拟合函数求基尼系数是非常常用的方法。对各县（区）旅游人次的基尼系数进行分析，利用 Excel 对统计的县（区）旅游人次的洛伦茨曲线拟合函数，2015年的拟合函数为 $y=1.1409x^3-0.5785x^2+0.2816x$（$R^2=0.99$），基尼系数为：$G=0.5-0.233/0.5=0.534$，显示出县（区）间旅游人次分布非常不均衡。利用模型的预测值，再进行2020年的基尼系数的测算，结果为 $G=0.285$，显示出分布较为均衡。可见，基于规划发展的结果，基尼系数下降，旅游人次分布在单个县（区）的空间集中分布状况降低明显，县（区）间旅游人次分布呈现空间扩散。

旅游人次分布在单个县（区）的空间集中分布状况降低，主要是由于各县（区）A级景区开发的集中状况的降低。2015年加权A级景区数在县（区）间的基尼系数为0.461，依据规划该值在2020年将降为0.288。这一方面是由于单个县（区）内旅游资源的有限性，使得拥有较多A级景区的县（区）不可能一直维持A级景区数量较高的增长幅度；另一方面，是全省在A级景区规划布局上考虑在各县（区）间分布的相对均衡。

（二）空间自相关性比较

空间自相关性分析是检验某一要素属性值是否与其相邻空间点上的属性值相关联的重要指标，正相关表明空间现象有集聚性的存在；负相关则相反。使用ArcGIS10.3中Spatial Statistics Tools工具中Spatial Autocorrelation-Moran's I功能模块对2015年与2020年（预测）县（区）旅游人次的空间自相关性进行分析。分析结果显示，2015年全省旅游人次的县（区）分布的Moran's I结构表示概率的$p=0.0966$，表示标准差倍数的$Z=1.6614$，而2020年的$p=0.0010$，$Z=3.2876$。由于Moran's I分析中，Z值为正且显著时，表明存在正的空间自相关，正值越高，空间集聚特征越明显。可见，依据规划发展，2020年相比于2015年，县（区）间的自相关性显著增强，结合基尼系数分析的结论，可见县（区）间旅游人次的扩散主要是在相邻近的县（区）间进行。

这一现象并不是由于A级景区在邻近县（区）间扩散造成的，事实上，数据表明景区的Moran's I分析中的Z值下降，显现出A级景区在县（区）间的自相关性减弱。其原因应在于，随着连接各县（区）高速公路的建成，县（区）与中心城市连接的条件将趋同，以及A级景区的均衡性分布，就使得与中心城市的空间距离成为影响旅游者在县（区）中分布的主要因素，从而使全省呈现出旅游者分布由中心城区向外围邻近县（区）扩散的状况。

（三）插值分析比较

插值，就是用来填充图像变换时像素之间的空隙，在离散数据的基础上补插连续函数，使得这条连续曲线通过全部给定的离散数据点。空间分析中的插值方法有多种，其中，径向基函数（Radial basis function）是一系列精确插值方法的组合。本书以全省各县（区）的统计数据为依据，采用 GIS10.3 中 Geostatistical Analyst/Geostatistical Wizard 功能模块，对全省各县（区）A 级景区数进行径向基函数插值分析，并采用自然断裂法（natural breaks）对插值数据进行分类[①]，分析结果如图 6-7 所示。

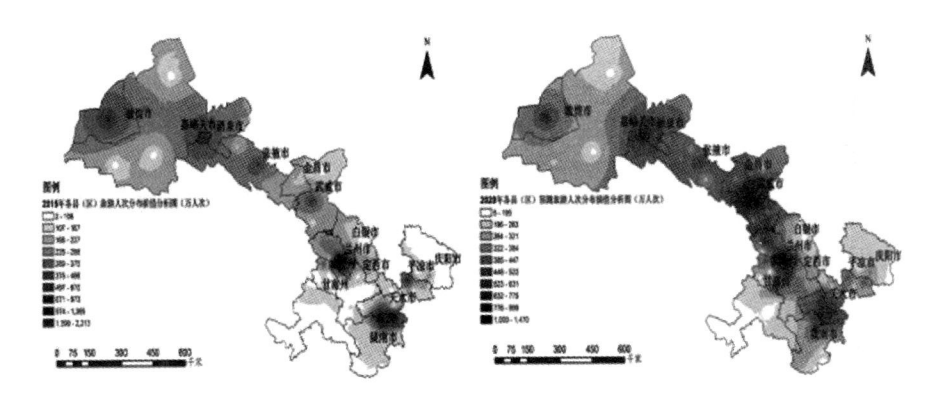

图 6-7 2015 年与 2020 年（预测）甘肃省县（区）旅游者空间分布插值分析对比图

插值分析的结果显示，依据规划发展，至 2020 年，旅游人次的分布在 2015 年围绕中心城区聚集分布的状况将强化，并向周边县（区）扩散，特别是武威市、酒泉—嘉峪关市、天水市中心城区极核对周边的扩散作用将显著增强，并使得甘肃省旅游者人次分布沿天水—兰州—武威—张掖—酒泉—嘉峪关—敦煌的东南—西北向的丝绸之路线旅游带得到强化，而陇南—天水—平凉的西南—东北向分布的旅游带也将显现雏形。

---

① Khan F. An initial seed selection algorithm for k-means clustering of georeferenced data to improve replicability of cluster assignments for mapping application [J]. Applied Soft Computing, 2012. 12 (11): 3698-3700.

由于机场、高铁等的大规模建设，将使得中心城市的交通干线通达能力大幅提高，"十三五"期间全省交通干线通达能力总值将提高52%，其中陇南市、庆阳市的增幅将超过100%，平凉市、武威市、天水市增幅将超过70%，这无疑将使得这些城市中心的空间扩散影响力大幅增加，城市中心影响空间范围之间的界限将被消解以至消失，从而使得旅游者呈现带状分布。甘肃省将主要表现在东南—西北方向丝绸之路旅游带，和甘肃东部的西南—东北向分布的旅游带。

二、分布变化特征

（一）A级景区梯度扩展开发，空间战略安排有较好的景区支撑力

各县（区）A级景区数的基尼系数进一步下降，说明景区分布呈扩展态势；平均最近邻值继续减小，说明这种扩展是在原A级景区较多地区的邻近区域，景区开发呈梯度扩散过程。

在"321"空间战略的各旅游线（区）的辐射区内，聚集了绝大部分A级景区，空间战略有较好的景区项目支撑。

（二）旅游集散中心城市空间布局渐趋完善，但集散功能不凸显

由于东西狭长的地形特点以及交通基础设施条件的制约，"十三五"规划布局力图将旅游中心城市建设成为区域旅游集散中心，希望能以区域集散中心带动各区域板块式发展。规划布局提出沿丝绸之路旅游线建设兰州、天水、平凉、敦煌、嘉峪关—酒泉、张掖等六大旅游集散中心城市。通过缓冲区与相交分析对重点建设的6个旅游集散中心城市的空间覆盖性进行分析。中心城市周边50km范围内覆盖84个A级景区，占规划A级景区210个的40.00%；100km范围内覆盖150个A级景区，占规划总数的71.43%；150km范围内覆盖180个A级景区，占规划总数的85.71%。A级景区距离集散中心的最短距离平均为79.06km，省级旅游集散中心能够对全省绝大部分A级景区发挥集散作用。集散中心的最短距离平均为

201.70km，最大为 301.56 km，最小为 121.02km，标准差 3.57，距离标准差相对较小，说明集散中心相对均质分布，有较好的空间覆盖性。

但在现有的规划布局中，将集散中心与目的地城市相混淆，在建设内容上强调这些城市的景区、交通、住宿等建设，忽视了集散功能，将导致中心城市集散辐射功能受限。

（三）旅游交通网络度有所提高，但仍处较低水平

相对于 2015 年，2020 年反映交通网络连通状况的 α、γ 指数均有所提高，旅游整体交通网络连通度有所改进，但整体网络连通度仍非常低。

交通网络连通度低较为突出的地区包括：河西走廊地区，"河西走廊一条道"的交通格局使得河西地区的旅游节点网络基本呈树枝状；西秦岭地区，这一地区的交通主线是以兰州为中心连接西南地区的南北线，包括 G75、G212、G213，"十三五"期间还将重点建设兰渝、兰成铁路，以及沿 G212、G213 的高速公路和十天高速等，而东西方向的连接线少，仅有 G316、S317、S311 等 3 条，并且道路状况都较差，同时，这一地区的交通主干线间的连接道路少，以上两方面原因，使得这一地区的交通网络连通度低。

（四）空间布局推动旅游者空间分布由"核心—边缘"向"点—轴"模式演变

基于规划运用函数预测结果的各县（区）间旅游人次的基尼系数低于 0.4，显著不均衡状态已不存在，旅游者的空间分布进一步分散化。

从全省各县（区）旅游人次的空间自相关性分析可见，相较于 2011 年，"十三五"末，各县（区）旅游人次从明显的空间聚集分布演变为空间随机分布模式。相关性分析可见，新的极核并没有出现。进一步审视旅游人次的插值分析结果，嘉峪关—酒泉经张掖到武威的旅游者空间分布连为一体，河西地区丝绸之路旅游"轴线"初步形成，旅游者的空间分布具有由"核心—边缘"空间模式向"点—轴"空间模式演变的趋势。

第四节 旅游空间结构优化对策

甘肃省"十三五"旅游空间布局,秉持非均衡发展思想,以"旅游景区+旅游中心城市"构建旅游目的地区域为重点,其实施将进一步推动甘肃省旅游在空间上的梯度开发过程,推动旅游者的空间分布向"点—轴"空间结构演变,适应了区域旅游空间结构演变的内在趋势。但是,现有的空间规划布局对于旅游交通网络建设重视度不高,对旅游中心城市的功能不明确,对景区开发的层次性不清晰。本书在甘肃"十三五"旅游规划建设布局的基础上,针对甘肃省旅游空间结构的实际,拾遗补阙,提出以下具体优化对策。

一、提升交通网络水平

交通网络化水平低,是甘肃旅游空间结构的最突出问题,也是甘肃旅游业发展的瓶颈制约。应当依托国家重点交通建设布局,在推动国道、省道升级的同时,重点加强旅游节点间以及交通主干道间的连接道路建设,提升甘肃省内外旅游交通网络化水平。

(一)提升内部交通网络水平

重点项目包括:

1. 祁连山腹地旅游线

建设武威—肃南裕固族自治县皇城乡—山丹军马场—民乐县—肃南裕固族自治县马蹄乡—肃南裕固族自治县城—肃南县祁连乡—嘉峪关市的祁连山腹地旅游公路,线路全长约820km,其中新建约610km,利用现有国道(G227)约25km,利用现有县道95km。线路的建设将改变千里河西走廊一条路的状况。与甘肃省内的G30、G312线相连接,构建武威—嘉峪关(酒泉)的河西走廊丝绸之路旅游交通大环线;与青海省内的G227、S204线相连接,构建西宁—嘉峪关(酒泉)—敦煌的甘青祁连旅游交通大环线。线路将直接连接现有4A级景区肃南马蹄寺旅游区、焉支山森林公园、祁丰文殊寺石窟群旅游景区,3A级景区张掖丹霞地质公园,2A级景区山丹焉支农庄、甘州区大野口水库

水利风景区、民乐公园等共7处A级景区；连接"十三五"重点建设的100个重点项目中的肃南马蹄寺景区、张掖丹霞地质公园、山丹焉支山—山丹皇家马场景区、肃南索朗格中华裕固风情园、肃南文殊寺石窟群景区、肃南皇城夏日塔拉景区等6个，其中新建肃南索朗格中华裕固风情园、肃南皇城夏日塔拉景区2处4A级景区。还将直接连接金塔寺、七一冰川、八一冰川、西路军红石窝战斗遗址、西路军倪家营战斗遗址、康乐草原、黑河梯级电站等甘肃省著名旅游资源。

这条线路还将与现有县道路连接，构建一系列的区域旅游小环线，包括：以酒（泉）祁（峰乡）路、酒（泉）嘉（峪关）路、嘉（峪关）祁（峰乡）路和新建祁连山腹地路为连接，包括肃南县城、酒泉市区、嘉峪关市区、文殊寺、八一冰川、七一冰川为结点河西走廊第一条旅游小环线；以S213（张掖—肃南）、S220（元山子村—肃南裕固族自治县）和新建祁连山腹地路为连接，包括张掖市区、肃南县城、黑河梯级电站、张掖丹霞地质公园等结点，构建河西走廊第二条旅游小环线；以G227、山（丹）民（乐）公路和新建祁连山腹地路为连接，包括山丹马场、民乐县城、张掖市、马蹄寺、金塔寺、黑河梯级电站等结点，构建河西走廊第三条旅游小环线；以武（威）皇（城）路、永（昌）皇（城）路和新建祁连山腹地路为连接，包括武威市区、皇城乡、永昌县、金昌市区、山丹马场等结点，构建河西走廊第四条旅游小环线。线路建设的空间布局如图6-8所示。

图6-8 祁连山腹地旅游线空间布局示意图

2. 西秦岭地区旅游环线

提升 G316、S306、S209 的道路等级，改善甘肃省南部地区东西向交通状况。

加快推进景区与景区、景区与城镇的连接道路，以南北向的 G212 线以及在建的兰渝高速为南北轴线，构建旅游环线。主要包括：新建或改建渭源县五竹—漳县殪虎桥公路，漳县大草滩—新寺、漳县草滩—岷县蒲麻、岷县闾井—扎角—宕昌哈达铺公路，连通 G316、G212、S209、S306。该线路将连接渭源霸陵桥、渭源首阳山、漳县贵清山/遮阳山、岷县狼渡草原、宕昌官鹅沟等 5 处 A 级景区，著名景区、中国历史文化名镇哈达铺，以及渭源县城、漳县县城、岷县县城、宕昌县城等节点，形成 G212 东部旅游环线。建设迭部腊子口乡—宕昌县南河乡，卓尼大峪沟—岷县秦许乡—迭部腊子口乡，连接 3A 级迭部腊子口风景区、4A 级大峪沟风景区、4A 级官鹅沟风景区以及宕昌县城、卓尼县城、迭部县城、岷县县城等节点，并延伸连接冶力关、莲花山等景区，构建 G212 西侧旅游环线。

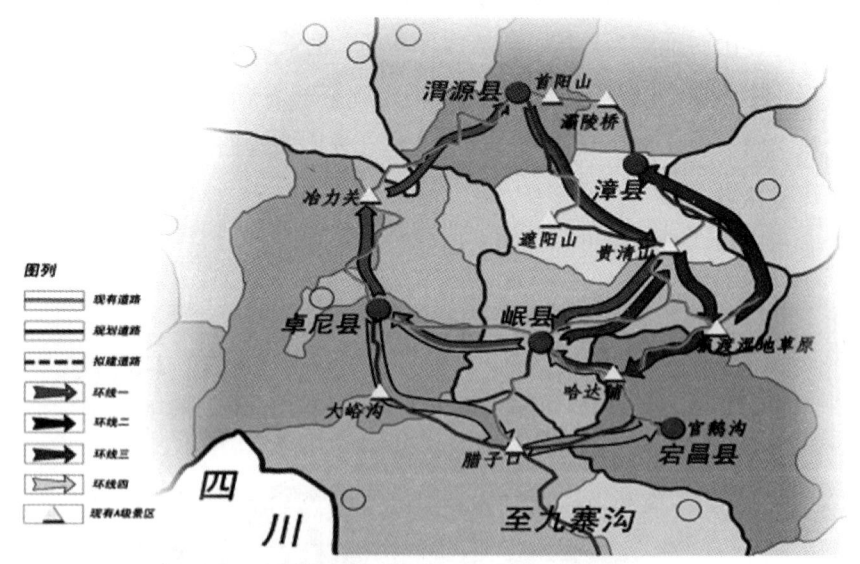

图 6-9 西秦岭地区旅游环线空间布局示意图

以上两大区域旅游道路的建设将提高全省的网络化水平，仍以 A 级景区和城镇为节点，将分别增加边线（L）18 条和 13 条，使得全省

指数值变为 1.66、α 指数值为 0.31、γ 指数值为 0.59，有了较大幅度提高。

（二）提升外部交通网络水平

重点是加快提高甘肃省南、北两个方向的外部交通连接，提高与周边各省、区的交通网络连接。重点项目包括：在确保兰渝、兰成铁路，兰渝高速公路，夏河机场等重大交通基础设施尽快、高质量完成的同时，提高 G212 道路等级，打通文县高楼山隧道，建设迭部县洛大乡—九寨沟县城公路，提高甘肃省南部与四川的交通网络连接；改善 G215 线道路状况，增加该线敦煌—青海海西（德林哈）段沿线旅游标志牌与汽车营地等其他旅游交通自助服务设施，增加祁连山腹地路与 G315 之间的交通连接线，提高河西地区与青海的交通连接，构建兰州—敦煌—西宁（拉萨）的旅游交通大环线；提升 S211、S212 线道路等级，加强公路沿线防护林建设和道路养护设施建设，提高 G312 县道路通行能力，特别是六盘山区段道路，提高甘肃与宁夏、内蒙古的旅游交通网络连接。

二、强化中心辐射作用

旅游者空间分布的分析表明，狭长的地理特征，使得甘肃省旅游者的空间分布体现为以中心城市为交通节点与极核中心的分布；解释模型分析表明，甘肃各县（区）旅游者的空间分布可视为经过中心城区集散后向各地流动的结果。因此，强化中心城区的集散辐射作用，对于优化甘肃省旅游空间结构具有重要的意义。应在大力推进机场、城市基础设施建设等国家已确定项目的同时，重点加快提升中心城市的旅游集散功能。建设兰州、天水、酒泉—嘉峪关、张掖、敦煌、平凉等中心度高的城市为中心集散城市，以区域性旅游集散中心建设为核心，强化中心城市对周边地区的中心辐射作用。

旅游集散中心的功能应包括：（1）交通枢纽。集散中心应成为对散客旅游者"集聚—扩散"的枢纽，团队旅游者中转的节点。通过线路的设置、旅游专线车的开通，引导旅游者有序地进入旅游目的地。通过旅游交通支持管理与车辆机务维修功能，具备车辆配套服务的能力，为旅游车辆的驻站、停放和机务保障提供必要的服务。通过现代高新技术的应用、交通信息的获取和处理、交通量的预测和各种交通方式的衔接和协调，促进交通智能化的应用，为旅客提供方便舒适安全的交通服务，引入交通地理信息系统和全球定位系统，对重点景区道路车流合理引导和监控，实现旅游者时空上的优化分布。完善公路配套设施建设，加快中心城市城郊公共交通建设，开通主城区与主要城郊休闲目的地的公交线路。（2）旅游中介服务功能。搭建成为交通、旅行社、景点景区、宾馆饭店等有关部门密切联系的桥梁和纽带，通过这一中介环节，为旅游者提供导游指南、代售景点门票、办理住宿登记等"一条龙"服务。（3）旅游综合服务功能。提供完善的餐饮、购物、住宿条件以及邮政、通信、银行、联运售票、旅游咨询、门票代售等服务项目，满足服务大区域的旅游综合服务功能的要求。

三、完善景区产品体系

甘肃的 A 级景区、旅游饭店、旅游人次等的空间分布均呈现出加强的极核中心分布的状态，且各要素间的相关性较强，但人均旅游支出却与以上各要素的相关性不强，而明显地受到区位交通条件的影响，说明甘肃的旅游交通支出比重高，各地旅游产品层次差异不明显，旅游产业效益提高主要是依赖人次增长，而不是效率的提高。同质的旅游产品，较高的交通支出比重，也将导致空间区位特征无法向优势转变，旅游者效用降低。因此，应在不断加大旅游资源开发，提升景区品质的同时，明确基于空间差异而产生的旅游景区的功能差异，实施分类化指导建设，构建功能互补、空间关系协调的景区产品体系。

1. 目的地地区

兰州、敦煌、天水等旅游目的地的景区建设，应强化文化内涵，提高

景区文化品位；整合景区周边各类资源，拓展景区空间与功能；大力建设参与性、娱乐性强的项目，推动旅游产品升级；完善旅游服务设施，提高服务质量，增强景区容纳能力和舒适性。通过景区建设，使得旅游者由"马上观花"向"下马赏花"的旅游方式转变，在提高旅游者数量的同时，更主要是依靠提供旅游者的滞留时间和人均支出，来实现旅游目的地的产业效益。

敦煌应以丝绸之路历史文化游为主题，以莫高窟、鸣沙山月牙泉为核心，拓展开发周围的雅丹国家地质公园、桥湾城、锁阳城、七一冰川、榆林窟、肃北梦柯冰川以及悬泉置遗址等，组合成为大敦煌景区群。

天水应以华夏龙脉、丝路胜迹、寻根朝觐为主题。以麦积山、伏羲庙为核心，拓展开发卦台山、女娲宫、大地湾遗址、小陇山、胡氏民居、南郭寺、后街清真寺等旅游资源，成为人文与自然高度协调的旅游区。

兰州应以西部黄河之都、西北山水名城为主题，以黄河风情线、白塔山、南山为核心，拓展开发官滩沟、吐鲁沟、黄河石林等，建设西北重要的都市休闲旅游圈。

2. 非传统旅游热点地区

临夏、庆阳、陇南等地区应集中力量，全力发展核心景区。应以现有知名旅游景区的建设为核心，整合各类资源，实现对知名景区投入的叠加效应，建设区域旅游业发展的龙头景区，成为较小尺度范围内的旅游极核。重点是加强这些景区的基础设施建设，完善吃、住等服务设施建设，提高景区内部的可游行。重点景区包括：漳县贵清山—遮阳山景区、宕昌官鹅沟景区、成县西狭景区、庆阳周祖陵景区等。

3. 过境旅游地区

天水—兰州、武威—张掖—嘉峪关—敦煌等旅游热点线路节点间的旅游过境地区，如定西、金昌等地，是旅游网络的程度中心度低，但中间中心度高的地区。应适度增加以观光为主的旅游景区，实现每2小时车程的景点布局，消除长途旅行中的旅游活动盲区。对天水—兰州沿线的水帘洞、大像山、姜维墓、榜罗镇会议会址、陇西李氏祠堂、渭河源，武威—嘉峪关—敦煌沿线的骊靬古城、张掖丹霞、河西长城遗址、黑水国汉墓群、明海古城等旅游资源与景区进行开发，拓展顺访旅游的项目内容与空间范围。完善沿线地区标志系统，建设自驾车营地、加油站等用于自助游、自驾游的服务配套设施，并完善咨询、向导、购物、维修、住宿、餐饮等服务功能。

第七章 结论与不足

第一节 研究结论

本书以对区域旅游空间结构要素系统的解析为立论基础,基于区域旅游空间结构是区域中旅游活动要素在空间区位中的表现与组合的认识,从"旅游活动要素"与"旅游区位要素"两个维度的组合辨析空间结构要素的类型,提出这些要素组合的系统框架。以这些要素为对象,依据"现状表征—历史演变—未来趋势"的路径,系统地揭示了甘肃省旅游空间结构的现状、演变的特征与成因,预测了演化趋势,提出了优化对策。

一、关于甘肃省旅游空间结构的特征、成因及各要素间的相互关系

旅游景区空间分布具有明显沿河分布的区位指向。甘肃地处西北,大部分地区属于干旱、半干旱地区,河流沿岸是人类生产、生活的主要空间区域,也是历史文化遗迹、现代文明发展的主要区域。同时,沿河也是甘肃多样自然景观分布的主要区域。在沿河地区中,自然条件良好、区位交通便利则是城市发展的区位条件。由此决定,沿河分布并在中心城市周边聚集,是甘肃省旅游资源以及 A 级景区空间分布的主要特征。

旅游者的空间分布具有明显资源与交通的区位指向性。旅游资源与区

位交通条件决定了旅游者的空间分布。在地理空间方法分析中，区（县）间的插值分析显示 A 级景区与旅游者的空间分布具有相似性；空间自相关性分析显示，各县（区）景区数的空间自相关性小，旅游者人次的空间自相关性大，说明旅游者空间分布不仅受旅游吸引要素影响，也受区位交通要素。在相关性分析中，旅游人次与 A 级景区及各地与交通中心的经济距离的相关显著性均高于 95%，相关性分别为 58.9%、-21.4%，一个为正的吸引因素，一个为负的阻碍因素。在旅游者空间分布的解释模型分析中，也显示了这种结果。这也体现了"旅"与"游"的本义，旅游者通过交通过程的"旅"，对旅游资源进行"游"的体验，这两者，一个是摩擦要素，一个是吸引要素。解释模型参数的检验，显示出各自变量与因变量之间非常强的相关关系，也说明了甘肃省旅游者是经过中心城市集散而流向各地的假设的成立。

国内客源市场空间分布具有明显的经济、人口与距离区位指向。全省各市（州）旅游空间吸引力半径具有明显的西高东低的特征，各地旅游空间吸引力半径与其距北上广等城市的距离相关性非常高，说明省内各地的空间指向具有一致性，即向东指向。旅游吸引力模型分析表明，客源市场的经济与人口是其与目的地间引力大小的引力因素，而距离则是阻碍因素。

旅游流网络结构具有明显区位方向指向性。中心城市具有较高中心性指数，在中心城市之间的区域则具有低程度中心，高中间中心性的特征，发挥了各地"桥"接的作用。空间跨度大，地域板块间交通受限，使得甘肃省旅游网络形成了以兰州为主中心，嘉峪关—酒泉、天水等为次中心，板块间相互较独立，板块内中心聚集的分布状态。客源市场的向东指向，南北方向连接交通不畅，使得旅游者的空间流动呈现"东出东进"的状况，从而决定了网络凝聚性东高西低的状况。

旅游饭店具有明显的中心城区指向。资本是饭店最主要的生产要素，也是产品生产中最具有流动性的要素。追求效益是其对空间选择的要求，旅游产业中的效益由旅游者的消费而产生。中心城区是旅游者的聚集与集散区，是旅游效益的主要产出区，这也决定了饭店的中心城区指向性。

由此可见，甘肃省旅游空间结构各要素均具有各自不同的区位指向性，但又相互联系，并内在地受到自然地理条件的影响。

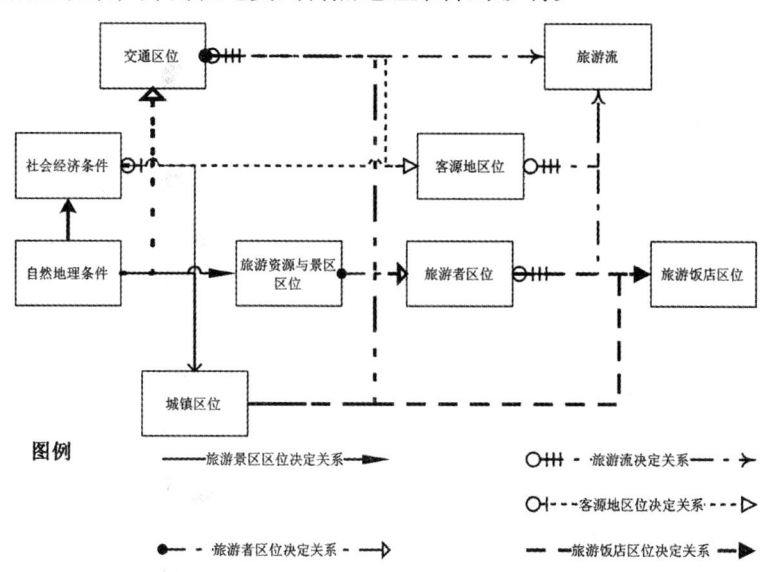

图 7-1 区域旅游空间结构要素间的决定关系图

二、关于甘肃省旅游空间结构历史演变特征与成因

A 级景区与旅游者空间分布现状与历史时期空间分析值比较情况如表 7-1 所示。

表 7-1 A 级景区与旅游者空间分布现状与历史时期分析值比较及趋势判断表

要素	分析指标	现状与历史时期的比较	变化趋势说明
A 级景区 （2015 相比 2011）	各县（区）景区数的基尼系数	减小	空间扩散开发
	各景区的平均最邻近值	减小	原富集区周边扩散开发
	演变趋势判断	空间梯度开发	
旅游者空间 （2015 相比 2008）	县（区）间的基尼系数	减小	空间扩散分布
	空间自相关性	增大	空间扩散为"极核—边缘"型
	演变趋势判断	空间分布由"极核"演变为"极核—边缘"型	

由表 7-1 可见，2015 年相比 2011 年，各县（区）A 级景区数的基尼系数下降，各县（区）间的 A 级景区数的不均衡状况有所减小；但各景区的平均最邻近值也在减小，即 A 级景区点状空间分布聚集性在增强，说明 A 级景区开发在空间上呈现由原聚集区向周边梯度演变的过程。

相比于 2008 年，2015 年各县（区）旅游者数的基尼系数在减少，但各县（区）间旅游者数的空间自相关性却在增强。说明旅游者的空间分布出现了由极核中心向周边扩散的趋势，空间分布模式由"极核"演变为"极核—边缘"型。

三、关于甘肃省旅游业空间结构演变的趋势特征与比较

依据甘肃省旅游业"十三五"规划，"十三五"期间甘肃省将实施"321"空间发展战略，通过旅游线路、A 级景区与旅游城市间的空间关系分析可见，该战略具有较好景区发展支撑。"十三五"规划的实施也将使全省旅游整体交通网络连通度有所改进，但全省整体网络连通度低的状况未在根本上得到解决，交通网络连通度低较为突出的地区主要是河西走廊地区与西秦岭地区。

依据规划判断趋势与现状空间分析值比较及演变趋势的判断情况如表 7-2 所示。

表 7-2 "十三五"A 级景区与旅游者空间分布规划趋势与现状分析值比较及趋势分析表

要素	分析指标	依据规划判断趋势与现状的比较	变化趋势说明
A 级景区空间分布演变	县（区）间的基尼系数	减小	空间扩散开发
	平均最邻近值	减小	原富集区周边扩散开发
	演变趋势判断	空间梯度开发	
旅游者空间分布演变	县（区）间的基尼系数	减小	空间扩散分布
	空间自相关性	减小	空间扩散不是极核—边缘型
	其他	各县（区）旅游人次预测值与现状相关性强	空间扩散不是新的极核出现
	演变趋势判断	空间分布由"极核—边缘"型向极核的某一个或几个方向演变，即"点—轴"型演变	

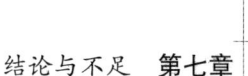

由表7-2可见,"十三五"规划的实施将进一步推进全省A级景区梯度开发。将依据规划的"十三五"末A级景区与交通状况的定量值带入旅游者空间分布的解释模型中,对依据规划的旅游者空间分布状况进行预测,再将其与旅游者空间分布的现状以及依据现有趋势进行预测的结果进行比较,可知"十三五"规划的实施,将推动旅游者空间分布由"核心—边缘"向"点–轴"模式演变,这一演变趋势也适应了产业空间演变的一般趋势与要求。

结合不同时期旅游者人次空间分布的插值分析以及相关性分析可见,各县(区)的旅游者空间分布遵循了以下的空间结构演变过程。

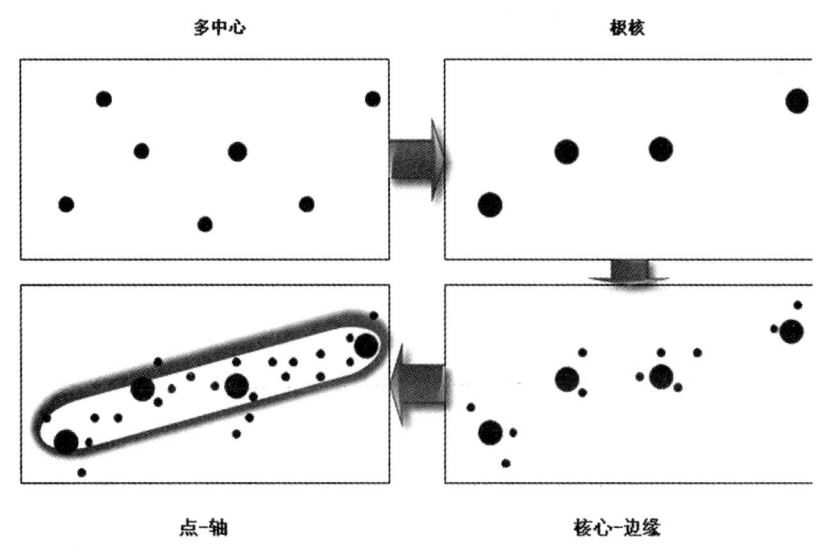

图7-2 区域旅游空间结构演变模式图

即旅游者的空间分布沿着"极核中心"向"核心—边缘"向"点—轴"模式演变路径,体现了旅游者空间分布的梯级层次扩展过程。

由丁旅游者的空间分布决定了旅游收入与旅游饭店等的空间分布,实际上这也决定了产业发展的空间分布,因此这种梯级层次扩展过程也是旅游产业空间演变的过程,这一过程符合区域产业空间结构演变的一般规律。

第二节　研究的创新点

一、区域旅游空间结构要素体系的重新梳理

科学、系统的区域旅游空间结构要素认识，是区域旅游空间结构研究的保证。本书基于区域旅游空间结构是旅游活动要素在空间中的分布与组合的原意，通过旅游活动与空间区位两个维度要素的组合，重新梳理了区域旅游空间结构的要素系统，为实证分析提供了方向指引。

二、针对西部欠发达地区省级区域旅游空间结构各要素的定量系统分析

区域旅游要素结构的定量系统分析，才能全面揭示区域旅游空间结构的表现特征、形成原因，才能为区域旅游空间结构优化提出可供参考的科学方案。

本书针对甘肃省省级区域，依据统计与抽样调查的数据，基于旅游与空间二维要素，对甘肃旅游供给、旅游者、旅游市场等的空间分布进行定量、系统的分析。以A级景区的空间位置分析，反映旅游吸引物的空间分布以及与其他区位要素的关系，显示出甘肃省的A级景区分布具有沿河与中心城市聚集的空间特征；通过各县（区）A级景区数的统计量分析，揭示A级景区在各县（区）间分布的特征，显示出全省景区开发具有梯度扩散性。通过对以城镇与A级景区为节点构成的交通网络的回路数、平均连线数、连通度指数值的分析，反映出甘肃省的旅游交通网络水平低的现状。通过各县（区）旅游人次、旅游收入、旅游人均支出的统计量分析，显示出旅游者与旅游收入具有中心极核分布的特征，但人均旅游支出差异不明显且具有较高的空间自相关性，说明旅游支出主要受到交通区位影响，甘肃各地旅游产品结构趋同；对这些要素统计的演变比较分析，显示出甘肃省旅游者空间分布呈现出由"极核"模式向"极核—边缘"模式演变的特征；

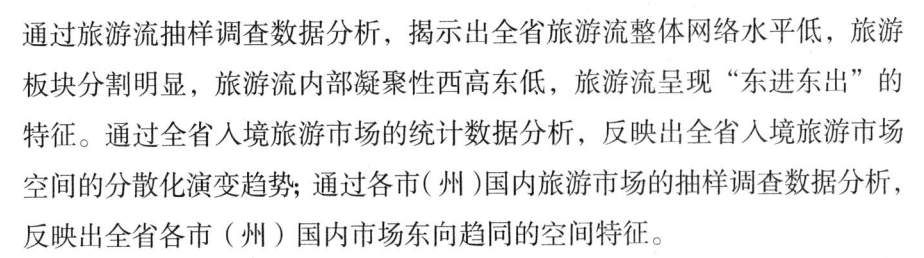

通过旅游流抽样调查数据分析，揭示出全省旅游流整体网络水平低，旅游板块分割明显，旅游流内部凝聚性西高东低，旅游流呈现"东进东出"的特征。通过全省入境旅游市场的统计数据分析，反映出全省入境旅游市场空间的分散化演变趋势；通过各市（州）国内旅游市场的抽样调查数据分析，反映出全省各市（州）国内市场东向趋同的空间特征。

甘肃省经济整体水平以及旅游产业发展均相对滞后，在西部欠发达地区各省区中具有典型代表性，对其旅游空间结构各要素的定量系统分析，不仅弥补了目前针对欠发达省区研究不足的现状；同时，经济欠发达地区自身经济发展对旅游业的影响小，对其各要素系统定量分析，也在很大程度上反映出资源导向型、自发状态下旅游发展的空间格局，对于解释旅游自身的空间特征具有典型性。

三、地理、经济、社会等多学科方法的结合揭示空间特征与关系

本书综合使用地理学、经济学、社会学等多学科方法，分析甘肃省旅游空间结构表现与演变的特征与成因。运用经济学中的基尼系数分析、聚类分析等方法，地理学中的密度分析、插值分析、趋势线分析、吸引力半径分析、引力模型分析等方法，社会网络分析中的中心性分析、凝聚性分析等方法，分析区域旅游空间结构要素的分布特征；运用经济学中的消费者模型、相关性分析等方法，地理学中自相关分析、最邻近距离、缓冲区分析、相交分析等方法，社会网络分析中的对称性分析方法，分析区域旅游空间要素之间的相互关系。不同方法的结论相互印证、相互补充，提供结论说明。

四、旅游者空间分布定量模型分析的改进与验证

模型分析是经济地理学进行空间分析的重要工具与研究的发展趋势，也是针对空间要素中因变量分析的较为准确、较为直观的有力分析工具。本书基于全省的旅游者空间分布具有正态分布的特征，以及各地的旅游者

人次与 A 级景区和交通区位条件的相关性分析，在较为全面地审视了现有的旅游者分布相关解释模型后，借鉴伯克曼关于通勤的正态分布模型，将各县（区）旅游者的空间分布视为由中心城市集散，并向各地流动的结果，以各县（区）加权的 A 级景区数、中心城市的交通中心指数、各县（区）与中心城区的经济距离为自变量，构建了旅游者空间分布的正态分布模型。以 2015 年统计数据为依据，运用对数取值、线性回归的方法，对各系数进行参数估计并进行参数检验，检验结果表明，模型各自变量的参数拟合性较强；相关性分析显示，运用估计模型运算的结果与实际值之间的相关性较强，模型具有较强的解释力。模型分析不仅解释了旅游者空间分布的影响因素，也为进一步的趋势预测提供了一个可供使用的模型，同时，模型参数的检验结果也说明了旅游者空间分布受制于旅游吸引物、交通条件的影响，以及各地旅游者是经过中心城市集散而流向各地的假设的成立。

第三节 研究的不足

一、基础数据有待完善

准确、完整的基础数据是进行科学研究并得出精细、严谨结论的基础，本书依据较为充分、可信的统计与抽样数据，但基础数据仍有待完善。

统计数据有待完善。旅游人次与旅游收入国民经济统计的基础数据之一，但是在部分县（区）或部分年份缺少，各县（区）2004—2015 年旅游人次统计的 957 个数据中，197 个数据采用线性回归（存在 5 个以上时间顺序数据）或均值（其他欠缺年份数据）方法填补，占总数 20.59%，111 个数据采用差值方法填补，占总数的 11.60%，两者占总数量的 32.19%，虽然这些数据都通过相应旅游局工作人员的核实，个别进行了修正，但仍不能保证完全的准确性。

抽样调查数据有待完善。问卷调查与访谈是获取抽样数据的基本方法，但在实践中，针对旅游者，无论是问卷还是访谈，都是成本较大的方法。

在研究过程中，一份有效调查问卷的经济成本约 1.3～3.9 元（包括打印费、人员劳务费、交通费、食宿费、旅游者的小礼品等费用），时间成本约 3～10（人×分钟）。因此在实际研究中，简单的询问成为调查旅游者客源地与旅游行程的主要方法，抽样也是简单随机抽样法。由此造成的问题在于信息量不足，对旅游者的行为过程、内在机理也难以深入了解。

二、机理研究有待深入

本书局限于对区域旅游要素的外在的空间表现研究，空间模式也是停留于外在的表现模式，成因分析也仅仅基于各种显性要素之间的关系分析，缺乏对旅游者行为成本、行为选择的空间意向决策分析，也缺乏各地区旅游业发展的政策、投入等要素的深入分析，旅游空间结构形成与演变的内在机理缺乏有效认识。这使得研究不够深入，所提出的优化对策也只能是就空间论空间，无法提供进一步基于内在机理的详尽对策。

三、优化标准有待明确

区域旅游空间结构的优化标准是旅游空间结构现状的评价衡量体系，是空间结构优化方案制订与实施的指针。优化标准体系的研究是本领域中最为重要也最值得关注的问题。它一方面需要全面地认识旅游各要素的优化布局，另一方面也需要将旅游放入社会经济整体系统中，认识其优化布局；它涉及复杂要素系统，同时标准体系也需要横向与纵向的实证比较，这是本书尚难以企及的。

四、模型要素有待充实

旅游者空间选择模型停留于交通与吸引物两个现行要素，虽然就全省各县（区）的统计数据进行分析，自变量和因变量之间的相关性较高，但函数整体的说明力尚未达到令人非常满意的程度。特别是常数项相关性低，说明还有其他隐形要素未能纳入模型考虑中，影响了模型的科学性。

参考文献

1. 连续出版物

[1] Ahas R, Anto A, Ular M, Taavi P, & Ain K. Seasonal Tourism Spaces in Estonia: Case Study with Mobile Positioning Data [J]. Tourism Management, 2007 (28): 898-910.

[2] Avinash K D & Joseph E S. Monopolistic Cmpetition and Otimun Poduct Dversity [J]. American Economic Review, 1997, 67 (3): 297-308.

[3] Bansal H & Eiselt H A. Exploratory Research of Tourist Motivations and Planning [J]. Tourism Management, 2004, 25 (3): 387-396.

[4] Deller D. Rural Poverty, Tourism and Spatial Heterogeneity [J]. Annals of Tourism Research, 2010, 37 (1): 180-205.

[5] Connell J & Stephen J P. Exploring The Spatial Patterns of Car-Based Tourist Travel in Lochlomond and Trossachs National Park, Scotland [J]. Tourism Management, 2008 (29): 561-580.

[6] Crompton J L & Kim S. The Influence of Cognitive Distance in Vacation Choice [J]. Annals of Tourism Research, 2001, 28 (2): 512-515.

[7] Connor A O, Zerger A & Itami B. Geo-temporal Tracking and Analysis of Tourist Movement [J]. Mathematics and Computers in Simulation, 2005 (69): 135-150.

[8] Crompton L J. The Influence of Cognitive Distance in Vacation Choice [J]. Annals of Tourism Research, 2001 (2): 512-515.

[9] Coshall J.Spectral Analysis of International Tourism Flows [J].Annals of Tourism Research, 2000, 27 (3): 577-589.

[10] Chang C L, Songsak S & Aree W.Modelling and Forecasting Tourism from East Asia to Thailand Under Temporal and Spatial Aggregation [J]. Mathematics and Computers in Simulation, 2009 (79): 1730-1744.

[11] Chen J C R.Geographic Information Systems (GIS) Applications in Retail Tourism and Teaching Curriculum [J].Journalof Retailing and Consumer Services, 2007 (14): 289-295.

[12] Crompton L C & Seong-Seop K.The Influence of Cognitive Distance in Vacation Choice [J].Annals of Tourism Research, 2001, 28 (2): 512-515.

[13] Dey B & Sarma K M.Information Source Usage Among Motive-Based Segments of Travelers to Newly Emerging Tourist Destinations [J]. Tourism Management, 2010, 31 (3): 341-344.

[14] Dye A S & Shih-Lung S.A GIS-Based Spatial Decision Support System for Tourists of Great Smoky Mountains National Park [J].Journal of Retailing and Consumer Services, 2007 (14): 269-278.

[15] Fodness D.Measuring Tourist Motivation [J].Annals of Tourism, 1994, 21 (3): 555-581.

[16] Goossens C.Tourism Information and Pleasure Motivation [J].Annals of Tourism Research, 2000, 27 (2): 301-321.

[17] Huybers T.Domestic Tourism Destination Choices: A Choice Model Analysis [J].Tourism Research, 2003, 5 (6): 445-459.

[18] Hwang Y H, Ulrike G & Daniel R F.Multicity Trip Patterns: Tourists to The United States [J].Annals of Tourism Research, 2006, 33(4): 1057-1078.

[19] Jin W & Yang K Z.Spatial Structure of Tourism System: Spatial Model for Monopolistic Competition with Asymmetry [J].Systems Engineering - Theory & Practice, 2007, 27(2): 76-82.

[20] Judd D R.Promoting Tourism in US Cities [J].Tourism Management, 1995, 16(3): 175-187.

[21] Joppe M, Martin D W & Waalen J.Image as A Destination: A Comparative Importance - Satisfaction.Analysis by Origin of Visitor [J].Journal of Travel Research, 2001, 252-260.

[22] Jian H X & Zeephongsekul P.Spatial and Temporal Modelling of Tourist Movements Using Semi - Markov Processes [J].Tourism Management, 2011, 32(4): 844-851.

[23] Jian X H, Fiona H E, Katrina S & Ciesielski V.Market Segments Based on The Dominant Movement Patterns of Tourists [J].Tourism Management, 2010, 31(4): 464-469.

[24] Jackson J & Peter M.Clusters In Regional Tourism: An Australian Case[J].Annals of Tourism Research, 2006, 33(4): 1018-1035.

[25] Kozak M.Comparative Analysis of Tourist Motivations by Nationality and Destinations [J].Tourism Management, 2002(23): 221-232.

[26] Kima J H & Imad A M.Forecasting International Tourist Flows to Australia: A Comparisonbetween The Direct and Indirect Methods [J].Tourism Management, 2005(26): 69-78.

[27] Kozak M & Rimmington M.Tourist Satisfaction with Mallorca, Spain, as An off - Season Holiday Destination [J].Journal of Travel Research, 2000, 38(3): 260-269.

[28] Lew A & Bob M.Modeling Tourist Movements: A Local Destination

Analysis [J] .Annals of Tourism Research, 2006, 33 (2): 403-423.

[29] McWilliams E & John L C.An Expanded Framework for Measuring The Effectiveness of Destination Advertising [J] .Tourism Management, 1997, 18 (3): 127-137.

[30] Prideaux B.The Role of Transportation System in Tourist Destination Developmen [J] .Tourism management, 2000, 21 (1): 53-63.

[31] Pearce D.Form and Function in French Resort [J] .Annals of Tourism Research, 1978 (26): 142-156.

[32] Pearce D.Tourist Development: Two Processes [J] .Travel Research, 1978 (1): 43-51.

[33] Pearce D.Tourism and Regional Development: Agenetic Approach [J] .Annals of Tourism Research, 1980, 7 (1): 69-82.

[34] Pearce D.Towards A Geography of Tourism [J] .Annals of Tourism Research, 1979, 6 (3): 245-272.

[35] Prideaux B.Factors Affecting Ateral Tourism Flows [J] .Annals of Tourism Research, 2005, 32 (3): 780-801.

[36] Papatheodorou A.Exploring The Evolution of Tourism Resorts [J] .Annals of Tourism Research, 2004, 31 (1): 219-237.

[37] Seddighi H R &T heocharous A L.A Model of Destination Choice: A Theoretical and Empirical Analysis [J] .Tourism Management, 2002, 23 (5): 475-487.

[38] Soo K K & Cathy H C.Dyadic Consensus on Family Vacation Destination Selection [J] .Tourism Management, 2005, 26 (4): 571-582.

[39] Sussmann S & Catherine R.A Cross-cultural Analysis of English and French Canadian's Vacation Travel Patterns [J] .International Journal of Hospitality Management, 1997, 16 (2): 191-208.

[40] Sirgy M J & Chenting S.Destination Image, Self-Congruity, and

Travel Behavior: Toward an Integrative Model [J].Journal of Travel Research, 2000, 38 (4): 340 - 352.

[41] Sirakaya E & Woodside A G.Building &Testing Theories of Decision Making by Travelers [J].Tourism Management, 2005, 26 (6): 815 - 832.

[42] Sirakaya E & Arch G.Building And Testing Theories Of Decision Making by Travellers [J].Tourism Management, 2005, 26 (6): 815 - 832.

[43] Shih H Y.Network Characteristics of Drive Tourism Destinations: An Application of Network Analysis in Tourism [J].Tourism Management, 2006, 27 (5): 1029 - 1039.

[44] Sussmann S & Catherine R.A Cross - cultural Analysis of English and French Canadian's Vacation Travel Patterns [J].International Journal of Hospitality Management, 1997, 16 (2): 191 - 208.

[45] Surd V, Ion I, & Veronica C.Tourist Organization of Space in The Eastern Carpathians - thenortherngroup [J].Procedia Social and Behavioral Sciences, 2011 (19): 280 - 288.

[46] Urtasuna A & Gutiérrez I.Tourism Agglomeration and Its Impact on Social Welfare: An Empirical Approach to The Spanish Case [J].Tourism Management, 2006 (27): 901 - 912.

[47] Vasiliadis C H A & Kobotis A.A.Spatial Analysis - An Application of Nearest - Neighbour Analysis to Tourism Locations in Macedonia [J].Tourism Management, 1999, (20): 141 - 148.

[48] YuShih H.Network Characteristics of Drive Tourism Destinations [J].Tourism Management, 2006 (27): 1029 - 1039.

[49] 郭来喜, 吴必虎, 刘锋.中国旅游资源分类系统与类型评价[J].地理学报, 2000, 55 (3): 353 - 362.

[50] 吴必虎.中国城市居民旅游目的地选择行为研究[J].地理学报, 1997, 52 (2): 97 - 103.

[51] 吴必虎.旅游系统:对旅游活动与旅游科学的一种解释[J].旅游学刊,1998,13(1):21-25.

[52] 吴必虎,唐子颖.旅游吸引物空间结构分析——以中国首批国家4A级旅游区(点)为例[J].人文地理,2003,18(1):1-5.

[53] 黄金火,吴必虎.区域旅游系统空间结构的模式与优化——以西安地区为例[J].地理科学进展,2005,24(1):116-126.

[54] 保继刚,郑海燕.桂林国内客源市场的空间结构演变[J].地理学报,2002,57(1):96-106.

[55] 陈健昌,保继刚.旅游者行为研究及其实践意义[J].地理研究,1988,7(3):44-51.

[56] 卞显红.长江三角洲国家AAAA级旅游区空间结构[J].经济地理,2007,27(1):157-160.

[57] 卞显红.城市旅游核心—边缘空间结构形成机制[J].地域研究与开发,2009,28(4):67-71.

[58] 卞显红,王苏洁.城市旅游空间规划布局及其生态环境的优化与调控研究[J].人文地理,2003,18(5):75-79.

[59] 卞显红,王苏洁.旅游地旅游空间结构的分析及其优化研究——以江苏常州市为例[J].北京第二外国语学院学报,2002(4):35-40.

[60] 卞显红.城市旅游集散中心的功能提升研究——以上海为例[J].地域研究与开发,2009,28(4):67-71.

[61] 卞显红.旅游产业集群网络结构及其空间相互作用研究——以杭州国际旅游综合体为例[J].人文地理,2012(4):137-142.

[62] 卞显红,王苏洁.旅游目的地空间规划布局研究[J].江南大学学报(人文社会科学版),2004,3(1):61-65.

[63] 卞显红.城市旅游空间结构研究[J].地理与地理信息科学,2003,19(1):105-108.

[64] 杨新军,牛栋,吴必虎.旅游行为空间模式及其评价[J].经济地理,

2000, 20（4）：105-117.

[65] 杨新军，马晓龙. 大西安旅游圈：国内旅游客源空间分析与构建［J］. 地理研究，2004, 23（5）：695-704.

[66] 杨新军，牛栋. 旅游行为空间模式及其评价［J］. 经济地理，2000（4）：105-108.

[67] 杨新军，马晓龙，霍云霈. 旅游目的地区域（TDD）及其空间结构研究——以西安为例［J］. 地理科学，2004, 24（5）：620-626.

[68] 杨新军，马晓龙. 区域旅游：空间结构及其研究进展［J］. 人文地理，2004, 19（1）：76-81.

[69] 马耀峰，李君轶. 旅游者地理空间认知模式研究［J］. 遥感学报，2008, 12（2）：378-384.

[70] 高楠，马耀峰，李天顺，吴冰. 基于"点—轴"理论的陕西旅游空间结构研究［J］. 干旱区资源与环境，2012, 26（3）：177-182.

[71] 庞闻，马耀峰. 关中天水经济区核心—边缘旅游空间结构解析［J］. 人文地理，2012, 123（1）：152-160.

[72] 毕丽芳，马耀峰，高楠. 国内旅游空间结构研究进展［J］. 资源开发与市场，2012, 28（3）：270-272.

[73] 石培基，李国柱. 点—轴系统理论在我国西北地区旅游开发中的运用［J］. 地理与地理信息科学，2003（5）：91-95.

[74] 齐志南，石培基. 基于"点轴—系统"理论的甘肃省旅游空间结构优化研究［J］. 吉林师范大学学报，2007（4）：102-103.

[75] 陆林. 山岳风景区旅游者空间行为研究——兼论黄山与美国黄石公园之比较［J］. 地理学报，1996（4）：346-353.

[76] 陈浩，陆林，章锦，郑嫣婷. 珠江三角洲城市群旅游空间结构与优化分析［J］. 地理科学，2008, 28（1）：114-118.

[77] 王朝辉，陆林，方婷，夏巧云. 世博建设期上海市旅游住宿产业空间格局演化［J］. 地理学报，2012, 67（10）：1423-1437.

[78] 陈浩，陆林，郑嫣婷. 珠江三角洲城市群旅游空间格局演化［J］.

地理学报，2011，66（10）：1427-1437.

[79] 汪德根，陆林，刘昌雪．近20年中国旅游地理学［J］．旅游学刊，2003，18（1）：68-75.

[80] 汪德根，陆林，陈田，刘昌雪．基于点—轴理论的旅游地系统空间结构演变研究［J］．经济地理，2005，25（6）：904-909.

[81] 宣国富，陆林．三亚市旅游客流空间特性研究[J].地理研究，2004(1)：115-124.

[82] 马勇，董观志．武汉大旅游圈的构建与发展模式研究［J］．经济地理，1996（2）：99-104.

[83] 崔凤军，张建中．泰山旅游需求时空分布规律及旅游者行为［J］．经济地理，1997（3）：62-67.

[84] 窦群，崔凤军．地理学基本观点在旅游发展研究中的运用［J］．地理学报，1998（S1）：212-216.

[85] 董观志．深圳华侨城旅游客源分异规律的量化研究［J］．经济地理，1999，19（6）：118-122.

[86] 彭华．旅游发展驱动机制及动力模型探析［J］．旅游学刊，1999（6）：39-44.

[87] 冯淑华．古村落旅游客源市场分析与行为模式研究［J］．旅游学刊，2002（6）：45-48.

[88] 韩德宗．旅游需求预测重力模型和旅行发生模型[J].预测，1986(6)：66-70.

[89] 黄震方，陈志刚．国内外生态旅游者行为特征的比较研究［J］．旅游经济，2003（12）：71-73.

[90] 金平武．人学生旅游行为特征分析——以杭州市高校为例［J］．旅游学刊，2004（4）：19-22.

[91] 李丽梅，保继刚．大学生旅游行为研究——以中山大学为例［J］．桂林旅游高等专科学校学报，2004，11（4）：45-54.

[92] 林岚，康志林，甘萌雨．基于航空口岸的台胞大陆旅游［J］．地理研究，

2007（2）：403-412.

［93］牛亚菲.旅游供给与需求的空间关系研究［J］.地理学报,1996（1）：80-87.

［94］邱扶东,汪静.旅游决策过程调查研究［J］.旅游科学,2005（2）：1-5.

［95］邱扶东,吴明证.旅游决策影响因素研究［J］.心理科学,2004（4）：1214-1217.

［96］沈涵.游客的旅游地选择与购买决策模型分析［J］.旅游学刊,2005（3）：43-47.

［97］唐亦功.西安及毗邻地区旅游线路的配置及规划［J］.西北大学学报（自然科学版）,2002,32（2）：186-188.

［98］王筱春,赵世林.云南旅游目的地空间结构研究［J］.地理学与国土研究,2002（1）：99-102.

［99］王瑛,王铮.旅游业区位分析［J］.地理学报,2000,55（3）：346-353.

［100］魏立华,丛艳国.老龄人口旅游空间行为特征及其对旅游业发展的启示［J］.人文地理,2001（1）：20-23.

［101］吴晋峰,包浩生.旅游流距离衰减现象演绎研究［J］.人文地理,2005（2）：62-65.

［102］吴晋峰,包浩生.旅游系统的空间结构模式研究［J］.地理科学,2002,22（1）：95-101.

［103］谢彦君,吴凯.期望与感受：旅游体验质量的交互模型［J］.旅游科学,2000（2）：1-4.

［104］余颖,张捷.老年旅游者的出游行为决策研究［J］.旅游学刊,2003,18（3）：25-28.

［105］张红,李九全.桂林境外游客结构特征及时空动态模式研究［J］.地理科学,2000（4）：350-354.

［106］张捷,都金康.观光旅游地客流时间分布特性的比较研究［J］.地

理科学，1999（1）：49-54．

[107] 张捷，都金康，周寅康，张思彦，潘冰．自然观光旅游地客源市场的空间结构研究——以九寨沟及比较风景区为例［J］．地理学报，1999（4）：357-364．

[108] 张凌云．旅游地引力模型研究的回顾与前瞻［J］．地理研究，1989（1）：76-86．

[109] 张卫红．旅游动机定量分析及其对策研究［J］．旅游管理，1999，21（4）：51-54．

[110] 张友兰．旅游预测模型及应用［J］．河北省科学院学报，2002，17（2）：85-88．

[111] 赵荣．王斌．西安市国内游客旅游行为研究［J］．西北大学学报（自然科学版），2002，32（4）：429-432．

[112] 马晓龙．西安旅游区入境旅游流时空演化及系统调控［J］．人文地理，2004，90（4）：88-93．

[113] 薛莹．旅游流在区域内聚：从自组织到组织［J］旅游学刊，2006，21（4）：47-54．

[114] 朱竑，陈晓亮．中国A级旅游景区空间分布结构研究［J］．地理科学，2008，28（5）：607-615．

[115] 朱青晓．旅游目的地系统空间结构模式探究［J］．地域研究与开发，2007，26（3）：57-60．

[116] 张玲．旅游空间结构及演化模式研究［J］．桂林旅游高等专科学校学报，2005，16（6）：65-68．

[117] 刘俊．区域旅游目的地空间系统初探［J］．桂林旅游高等专科学校学报，2003，14（1）：45-48．

[118] 黄华，王洁，明庆忠，王峰．基于本地旅游需求驱动的旅游地空间系统重构［J］．旅游学刊，2012，27（9）：40-45．

[119] 陶伟，戴光全，吴霞．“世界遗产地苏州”城市旅游空间结构研究［J］．经济地理，2002，22（4）：487-491．

[120] 袁俊,余瑞林,刘承良,等.武汉城市圈国家A级旅游景区的空间结构[J].经济地理,2010,30(2):324-328.

[121] 潘竟虎,从忆波.中国4A级及以上旅游景点(区)空间可达性测度[J].地理科学,2012,32(11):1321-1327.

[122] 汪宇明.核心—边缘理论在区域旅游规划中的运用[J].经济地理,2002,23(12):372-375.

[123] 林岚,杨蕾蕾,戴学军,唐得昊.旅游目的地系统空间结构耦合与优化研究——以福建省为例[J].人文地理,2011,120(4):140-146.

[124] 李兆平.CD生产函数与CES生产函数的几点比较[J].运筹与管理,1997,6(3):102-102.

[125] 严忠江,海峰.CES生产函数及其运用[J].数量经济技术经济研究,2002(9):95-98.

[126] 王鹏,戴学军.GIS的中国旅游流信息系统的建模方法研究[J].衡阳师范学院学报,2001,22(6):91-93.

[127] 毛小岗,宋金平,于伟.北京市A级旅游景区空间结构及其演化[J].经济地理,2011,31(8):1381-1386.

[128] 金准.产品结构变动对旅游流空间结构的优化效应分析——以杭州为例[J].旅游学刊,2006,21(7):42-47.

[129] 秦学.城市游憩空间结构系统分析——以宁波市为例[J].经济地理,2003,23(2):267-288.

[130] 苗红.甘南州旅游开发的空间竞争分析[J].干旱区资源与环境,2004,18(6):108-111.

[131] 张军谋.甘肃省入境客流量预测模型构建研究[J].旅游学刊,2010,25(11):33-38.

[132] 宗跃光.大都市空间扩展的廊道效应与景观结构优化——以北京市区为例[J].地理研究,1998,17(2):119-124.

[133] 王雯萱,谢双玉.湖北省A级旅游景区的空间格局与优化[J].地

域研究与开发，2012，31（2）：124-128.

[134] 李玲，李娟文.湖北省旅游中心地空间结构系统优化研究[J].经济地理，2005，25（5）：740-744.

[135] 陈秀琼，黄福才.基于社会网络理论的旅游系统空间结构优化研究[J].地理与地理信息科学，2006，26（5）：75-80.

[136] 赵清，郑国强，黄巧华.南京城市森林景观格局特征与空间结构优化[J].地理学报，2007，62（8）：870-878.

[137] 周蓓.四川省航空旅游网络空间特征及其结构优化研究[J].地理与地理信息科学，2008，24（1）：101-104.

[138] 陈文晖.我国国内旅游需求的空间特征与空间优化研究[J].中国软科学，2003（5）：12-16.

[139] 唐根年，徐维祥，罗民超.浙江区域块状经济地理空间分布特征及其产业优化布局研究[J].经济地理，2003，24（1）：457-461.

[140] 张洪，夏明.安徽省旅游空间结构研究——基于旅游中心度与旅游经济联系的视角[J].经济地理，2011，31（12）：2116-2120.

[141] 程晓丽，黄国萍.安徽省旅游空间结构演变及优化[J].人文地理，2012（6）：145-150.

[142] 陈梅花，张欢欢，石培基.大兰州滨河带旅游空间结构演变研究[J].干旱区资源与环境，2010，24（1）：195-199.

[143] 冯晓玉，杨宏伟.环准噶尔旅游产业带景区系统空间结构的分形研究——"以阿勒泰千里旅游画卷"为例[J].经济地理，2012，32（11）：171-176.

[144] 晋迪，宋保平，高楠.基于"点-轴"理论的山西旅游空间结构特征研究[J].干旱区资源与环境，2013，27（5）：196 202.

[145] 任桐，刘继生.吉林省旅游竞争力的空间维度及其障碍度分析[J].经济地理，2011，31（12）：2138-2143.

[146] 郭长江，崔晓奇，宋绿叶，韩军青.国内外旅游系统模型研究综述[J].中国人口与资源与环境，2007，17（4）：101-106.

续表

[147] 张仁军.基于 GIS 与 Multi Agent Systerm 的景区游空间行为模拟系统[J].四川师范大学学报（自然科学版），2006，29（4）：495-498.

[148] 陈秀琼,黄福才.基于社会网络理论的旅游系统空间结构优化研究[J].地理与地理信息科学，2006，22（5）：75-80.

[149] 黄潇婷.基于时间地理学的景区旅游者时空行为模式研究[J].旅游学刊，2009，24（6）：82-87.

[150] 靳诚,陆玉麒,徐菁.基于域内旅游流场的长三角旅游空间结构探讨[J].中国人口·资源与环境，2009，19（1）：114-119.

[151] 薛莹.江浙沪地区的内聚旅游流分析[J].旅游科学，2006，20（3）：6-12.

[152] 左昕昕,靳鹤龄,严江平.兰州市旅游资源空间结构研究[J].干旱区资源与环境，2007，21（11）：151-156.

[153] 刘春玲,刘岩.临城小天池森林生态旅游区空间结构拓扑分析[J].地理学与国土研究，2000，16（1）：64-66.

[154] 孙根年.论旅游业的区位开发与区域联合开发[J].人文地理，2001，16（4）：1-5.

[155] 李山,王铮,钟章奇.旅游空间相互作用的引力模型及其应用[J].地理学报，2012，67（4）：526-544.

[156] 薛莹.旅游流在区域内聚：从自组织到组织——区域旅游研究的一个理论框架[J].旅游学刊，2006，21（4）：47-54.

[157] 刘名俭,黄猛.旅游目的地空间结构体系构建研究——以长江三峡为例[J].经济地理，2005，25（4）：581-584.

[158] 章锦河,张捷.旅游生态模型及黄山实证分析[J].地理学报，2004，59（5）：763-771.

[159] 章锦河,张捷,李娜,梁琳,刘泽华.中国国内旅游流空间场效应

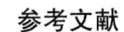

续表

分析［J］.地理研究，2005，24（2）：293-303.

［160］章锦河，赵勇.皖南旅游资源空间结构分析［J］.地理与地理信息，2004，20（1）：99-103.

［161］刘法建，张捷，章锦河，陈冬冬.中国入境旅游流网络省级旅游地角色研究［J］.地理研究，2009（6）：1142-1151.

［162］翁瑾，杨开忠.旅游系统的空间结构：一个具有不对称特点的垄断竞争的空间模型［J］.系统工程理论与实践，2007（2）：76-82.

［163］李文亮，翁瑾，杨开忠.旅游系统模型比较研究［J］.旅游学刊，2005，20（2）：20-24.

［164］朱晓华，乌恩.旅游系统网络空间分形研究的科学展望［J］.地理科学进展，2007，26（1）：133-142.

［165］林岚，许志晖.旅游者空间行为及其国内外研究综述［J］.地理科学，2007，27（3）：434-439.

［166］陈睿，吕斌.区域旅游地空间自组织网络模型及其应用［J］.地理与地理信息科学，2004，20（6）：81-86.

［167］刘俊.区域旅游目的地空间系统初探［J］.桂林旅游高等专科学校学报，2003，14（1）：42-45.

［168］任开荣.区域旅游系统空间结构演化研究——以丽江市为例［J］.安徽农业科学，2010，38（18）：9806-9807.

［169］涂建军.四川省入境旅游客流时空动态模式研究［J］.长江流域资源与环境，2004，13（4）：338-342.

［170］马晓龙.西安旅游区入境旅游流时空演变及系统调控［J］.人文地理，2006（4）：88-93.

［171］向延平.旅游发展与经济增长空间自相关分析——基于武陵山区的经验数据［J］.经济地理，2012，32（8）：87-93.

［172］殷平.旅游交通成本对旅游目的地空间竞争的影响研究［J］.地域研究与开发，2012，31（6）：87-91.

[173] 郭文,王丽,黄震方.旅游空间生产及社区居民体验研究——江南水乡周庄古镇案例[J].旅游学刊,2012,27(4):28-38.

[174] 陈建,朱翔.县域旅游空间布局模型构建研究[J].经济地理,2012,32(12):163-168.

[175] 王春豪,宏伟.新疆优秀旅游城市空间分布特征与成因研究[J].经济地理,2012,32(11):70-75.

[176] 陶伟,王花妮.遗产旅游地平遥古城本土小企业的空间聚集[J].旅游学刊,2012,27(12):88-94.

[177] 戢晓峰,梁斐雯,陈方.云南旅游交通网络空间布局与优化对策[J].经济地理,2012,32(11):52-57.

[178] 黄河清,张佑印,顾静.中国区域旅游产业结构变化的空间差异分析[J].经济地理,2012,32(4):155-172.

[179] 唐澜,吴晋峰,王金莹,杨新菊.中国入境商务旅游流空间分布特征及流动规律研究[J].经济地理,2012,32(9):149-155.

[180] 丁华,陈杏,张运洋.中国世界地质公园空间分布特征与旅游发展对策[J].经济地理,2012,32(12):187-190.

[181] 胡志毅,张兆干.城市饭店的空间布局分析[J].经济地理,2002,22(1):106-111.

[182] 董雪旺.旅游地空间关系的生态学解释——以山西省旅游业发展为例[J].经济地理,2004,24(1):110-114.

[183] 薛领,翁瑾.我国区域旅游空间结构演化的微观机理与动态模拟研究[J].旅游学刊,2010,25(8):26-33.

[184] 杨国良,张捷,艾南山,刘波.旅游流齐夫结构及空间差异化特征——以四川省为例[J].地理学报,2006,61(12):1281-1289.

[185] 程胜龙,陈思源,马交国,周武生,王乃昂.甘肃旅游资源类型及其空间结构研究[J].人文地理,2008(4):105-111.

[186] 何爱红.甘肃旅游资源开发的空间布局选择[J].干旱区资源与环境,2009,23(3):194-200.

[187] 尹贻梅,陆玉麒,邓祖涛.国内旅游空间结构研究述评[J].旅游科学,2004,18(4):49-54.

[188] 袁俊,鲁励夫.旅游资源空间结构研究——以石首市为例[J].襄樊学院学报,2004,25(5):75-81.

[189] 邬万江,张连富,卢伟.用Excel建立灰色数列预测模型的研究[J].佳木斯大学学报(自然科学版),2005,23(3):378-380.

[190] 甘肃发展年鉴编委会.甘肃发展年鉴2012[J].北京:中国统计出版社,2012.

[191] 国家统计局.中国统计年鉴2012[J].北京:中国统计出版社,2012.

2.专著

[192] Gunn C A.Tourism Planning: Concepts Practices Cases (Third Edition)[M].London: Taylor&Francis Press, 1994.

[193] Gunn C A.Vacation Scape: Designing Tourist Region[M].London: Taylor & Francis Press, 1988.

[194] Pearce D.Tourist Development: A Geographical Analysis[M].New York: Longman Press, 1995.

[195] Murphy P E.Tourism: A Community Approach[M].London: Methuen Press, 1985.

[196] Dredge D & John J.Stories of Practice: Tourism Policy and Planning (New Directions in Tourism Analysis)[M].Surrey : Ashgate Publishing Limited, 2011.

[197] 斯蒂芬 L.J.史密斯.游憩地理学:理论与方法[M].吴必虎,等译.北京:高等教育出版社.1992.

[198] 吴必虎.中国国内旅游客源市场研究[M].上海:华东师范大学出版社,1999.

[199] 保继刚,楚义芳,彭华.旅游地理学[M].北京:高等教育出版社,

1999.

[200] 柴彦威. 中国城市的时空间结构[M]. 北京：北京大学出版社，2002.

[201] 楚义芳. 旅游的空间经济分析[M]. 西安：陕西人民出版社，1992.

[202] 罗明义. 旅游经济分析：理论·方法·案例[M]. 昆明：云南大学出版社，2001.

[203] 马耀峰，李天顺. 中国入境旅游研究[M]. 北京：科学出版社，1999.

[204] 舒伯阳，冯玮主. 旅游消费者行为研究[M]. 大连：东北财经大学出版社，2005.

[205] 王铮，丁金宏. 区域科学原理[M]. 北京：科学出版社，1994.

[206] 吴必虎. 区域旅游规划原理[M]. 北京：中国旅游出版社，2001.

[207] 吴必虎. 中国国内旅游客源市场研究[M]. 上海：华东师范大学出版社，1999.

[208] 吴必虎，徐斌，邱扶东. 中国国内旅游客源市场系统研究[M]. 上海：华东师范大学出版社，1999.

[209] 曾菊新. 空间经济：系统与结构[M]. 武汉：武汉出版社，1996.

[210] 陈传康，孙文昌. 陈传康旅游文集[M]. 青岛：青岛出版社，2003.

[211] 郭仁忠. 空间分析[M]. 北京：高等教育出版社，2001.

[212] 劳维·约翰，彼得逊·艾尔德. 社会行为地理——综合人文地理学[M]. 成都：四川科学技术出版社，1989.

[213] 林珲，赖进贵，周成虎. 空间综合人文学与社会科学研究[M]. 北京：科学出版社，2010.

[214] 孙久文. 区域经济学[M]. 北京：首都经济贸易大学出版社，2006.

[215] 徐红罡. 旅游系统分析[M]. 天津：南开大学出版社，2009.

[216] 杨吾扬，梁进社．高等经济地理学［M］．北京：北京大学出版社，2000.

[217] 赵伟，藤田昌久，郑小平．空间经济学：理论与实证新进展［M］．杭州：浙江大学出版社，2009.

[218] 邹薇．高级微观经济学［M］．武汉：武汉大学出版社，2005.

[219] ［英］史密斯．旅游决策分析方法［M］．李天元，等译．天津：南开大学出版，2006.

[220] 马勇，李玺，李娟文．旅游规划与开发［M］．北京：科学出版社，2004.

[221] 翁瑾，杨开忠．旅游空间结构的理论与应用［M］．北京：新华出版社，2005.

[222] 卞显红，王苏洁．长江三角洲城市旅游空间一体化分析及其联合发展战略［M］．北京：经济科学出版社，2006.

[223] 李小建．经济地理学［M］．北京：高等教育出版社，2006

[224] 林南枝，陶汉军．旅游经济学（第3版）［M］．天津：南开大学出版社，2009.

[225] 刘军．整体网络分析讲义［M］．上海：上海人民出版社，2009.

[226] 中国科学院地理科学与资源研究所，甘肃省旅游局．甘肃省旅游业发展规划［M］．北京：中国旅游出版社，2009.

[227] 唐五湘，程桂枝．Excel在预测中的运用［M］．北京：电子工业出版社，2001.

[228] 朱建中，高汝熹．数理经济学［M］．武汉：武汉大学出版社，1993.

[229] 裴凤琴，张淑萍．中国旅游地理［M］．成都：西南财经大学出版社，2011.

3. 会议论文集

[230] 郭来喜．中国旅游资源的基本特征与旅游区划研究［A］//中美人

文地理学研究讨论会文集［C］.北京：科学出版社，1988.

4. 学位论文

［231］卞显红.城市旅游空间结构形成机制分析：以长江三角洲为例［D］.南京：南京师范大学，2007.

［232］吴国清.都市旅游目的地空间结构演化的网络化机理［D］.上海：华东师范大学，2008.

［233］汪威.丝绸之路甘肃段旅游中心城市体系构建及其空间一体化发展研究［D］.兰州：西北师范大学，2007.

［234］臧晓.青岛城市旅游空间结构及其优化研究［D］.青岛：青岛大学，2006.

［235］朱青晓.旅游目的地系统空间结构优化研究［D］.开封：河南大学，2005.

［236］王宝平.成长型旅游目的地空间结构与游客行为研究［D］.西安：西北大学，2007.

［237］谢守红.大都市区空间组织的形成演变研究［D］.上海：华东师范大学，2003.

［238］李丽群.金昌市域旅游空间结构优化研究［D］.兰州：西北师范大学，2007.

［239］黄华.边疆省区旅游空间结构的形成与演进研究——以云南省为例［D］.上海：华东师范大学，2012.

［240］李瑛.基于旅游者行为的旅游目的地区域空间组织研究［D］.西安：西北大学，2007.

［241］王毅品.空间结构分析在旅游开发中的应用——以甘南藏族自治州玛曲县为例［D］.兰州：西北师范大学，2010.

［242］钟私.漓江流域生态旅游资源开发的空间结构演变研究［D］.北京：北京林业大学，2009.

［243］马晓龙.区域旅游系统空间结构：要素分析及其优化——以西安地

区为例［D］.西安：西北大学，2004.

［244］张华.区域旅游系统空间结构模式研究——以岳阳为例［D］.上海：华东师范大学，2008.

［245］于慰杰.山东半岛城市旅游空间结构及区域合作研究［D］.北京：中国地质大学，2010.

［246］黄明华.苏锡常都市圈空间关系研究［D］.上海：华东师范大学，2003.

［247］张玲.玉溪市生态旅游开发研究［D］.重庆：西南师范大学，2005.

［248］刘晓亮.旅游目的地系统空间结构研究——以丽江市为例［D］.乌鲁木齐：新疆师范大学，2011.

［249］廖爱平.旅游吸引力及引力模型研究［D］.北京：北京林业大学，2005.

［250］王巍.浙江省旅游空间结构研究［D］.宁波：宁波大学，2011.

5. 报告

［251］国家旅游局.2011年中国旅游景区发展报告［R］.北京：中国旅游出版社，2012.

6. 国际、国家标准

［252］中华人民共和国国家质量监督检验检疫总局.旅游景区质量等级的划分与评定：GB/T 17775－2003［S］.2004.

［253］国家质检总局、国家标准化管理委员会.旅游饭店星级的划分与评定：CB/T14308－2010［S］.2010.

［254］中华人民共和国交通部.中华人民共和国公路工程技术标准：JTGB01－2003［S］.2003

［255］星球地图出版社编委.甘肃省地图集［S］.北京：星球地图出版社，2009.

7. 电子文献

[256] 甘肃省旅游局.旅游资讯分类名录[EB/OL].http://www.gsta.gov.cn/pub/lyzw/jqjs/lyzxflml/index.html,2012-03-21.

[257] 国务院发展研究中心信息网.2010年国内抽样调查[EB/OL].http://edu-data.drcnet.com.cn/web/ChannelPage.aspx?channel=lyxy,2012-03-21.

[258] 甘肃政府网.甘肃省人民政府办公厅关于印发甘肃省"十二五"旅游业发展规划的通知[EB/OL].http://www.gansu.gov.cn/content/2011-08/66629.html,2011-08-03.

[259] 国务院发展研究中心信息网.入境旅游统计[EB/OL].http://lib.nwnu.edu.cn/digital_info/OpenURL.asp?datab=国研&url=http://edu.drcnet.com.cn,2012-03-21.

附录

附录1 甘肃省各市（州）A级景区名录（截至2015年9月31日）

城市	5A级（4个）	4A级（73个）	3A级（64个）	2A级（77个）	1A级（2个）
兰州市		兰州水车博览园、兰州五泉山公园、榆中兴隆山自然护区、永登吐鲁沟森林公园、榆中青城古镇景区、皋兰什川古梨园景区	兰州市五一山森林生态旅游区、兰州市龙头山森林生态旅游区、兰州石源园林山庄、兰州植物园、兰山风景区、兰州徐家山森林公园	兰州白塔山公园、兰州水车园、兰州仁寿山公园、安宁滑雪场、永登星河种植园、榆中金色隆源生态休闲园、永登青龙山森林公园、石佛沟国家森林公园、陇萃堂购物景区、永登猪驮山景区、皋兰县西电管理局新农业综合示范园	
嘉峪关市	嘉峪关文物景区	东湖生态旅游景区、紫轩葡萄酒庄园、嘉峪关市中华孔雀苑景区、嘉峪关市方特欢乐世界景区	嘉峪关城市博物馆	三禾奇石文化交流中心	三禾奇石文化交流中心
天水市	天水麦积山风景名胜区	伏羲庙、南郭寺、玉泉观、甘谷大像山、武山水帘洞景区、秦安县凤山景区、张家川回乡风情园景区	清水温泉度假村、武山木梯寺景区、武山卧牛山景区	天水马跑泉公园、天水龙园、天水挂台山、秦州区李广墓景区、秦州区诸葛军垒景区、甘谷县姜维墓景区、甘谷县尖山寺森林公园、清水县赵充国陵园景区、清水县花石崖景区、张家川县关山云凤景区、张家川县宣化拱北、秦州区炳凌寺景区、秦安县文庙景区、秦安县上关明清一条街景区、甘谷县黑潭寺景区、甘谷县蔡家寺景区、清水县小华山景区、清水县三皇谷景区、麦积区龟凤山景区、麦积区崇福寺景区、麦积区凤凰山景区	
白银市		景泰黄河石林风景旅游区、会宁红军会宁会师旧址	靖远法泉寺风景旅游区、寿鹿山森林公园		
武威市		武威文庙（博物馆）、武威雷台旅游区、武威神州荒漠野生动物园、武威沙漠公园、武威市凉州白塔寺景区	天祝三峡森林公园、古浪马路滩生态旅游区、黄羊河休闲农业旅游区、凉州植物园	武威天梯山石窟、武威西郊公园、鸠摩罗什寺、武威天乙生态园、古浪战役纪念馆、民勤红崖山水库、海藏公园、凉州区磨嘴子神泉山庄	
金昌市		金昌市永昌骊靬古城景区	金昌金水湖、金川公园、永昌北武当景区	永昌北海子公园	

-275-

续表

城市	5A级 （4个）	4A级 （73个）	3A级 （64个）	2A级 （77个）	1A级 （2个）
张掖市		张掖大佛寺（甘州区博物馆）、肃南马蹄寺风光旅游区、焉支山森林公园、祁丰文殊寺石窟群旅游景区、张掖国家湿地公园、张掖丹霞地质公园、张掖市山丹县大佛寺景区、张掖市高台西路军纪念馆、肃南裕固风情走廊、张掖市大湖湾景区、张掖市玉水苑景区、张掖市民乐扁都口景区、张掖市肃南冰沟丹霞景区	高台月牙湖公园、高台祁连葡萄庄园、张掖甘泉公园、山丹南湖生态植物示范园、甘州区二坝湖水利风景区、张掖市民乐圣天寺旅游景区、张掖市临泽香菇寺景区、张掖临泽梨园口战役纪念馆	山丹艾黎捐赠文物陈列馆、临泽双泉湖旅游景区、山丹焉支农庄、甘州区大野口水库水利风景	
酒泉市	酒泉敦煌鸣沙山月牙泉风景名胜区	酒泉西汉胜迹、酒泉敦煌阳关文物旅游景区、酒泉敦煌雅丹地质公园、酒泉玉门市赤金峡风景区、酒泉富康梦天堂景区	金塔鸳鸯湖风景区、酒泉常青苑、敦煌古城、阿克塞哈萨克民族风情园、阿克塞金沙湖景区、敦煌三危山、金塔鼎湖金泽溪景区、瓜州桥湾城旅游景区、玉门王进喜纪念馆景区、敦煌夜市、敦煌同舟岛、敦煌雷音寺景区	酒泉大法幢寺、敦煌历史博览园、苏干湖旅游景区、肃州花城湖生态旅游风景区	敦煌白马塔景区
平凉市	平凉崆峒山风景名胜区	崇信龙泉寺风景名胜区、泾川大云寺·王母宫、灵台古灵台·荆山森林公园、庄浪云崖寺、泾川团家沟水土保持生态风景区、平凉市华亭莲花台景区	平凉太统森林公园、华亭米家沟生态园、平凉柳湖公园、崆峒区南山生态公园、静宁成纪文化城、华亭双凤山公园、华亭莲华湖景区	庄浪紫荆山公园	
庆阳市		庆城周祖陵、庆阳市华池南梁红色旅游景区、庆阳市天富亿生态民俗村景区	合水陇东古石刻艺术博物馆、环县东老爷山景区、宁县古豳文化旅游景区、正宁县调令关森林公园	庆阳农耕民俗文化村、庆阳东湖公园、华池双塔森林公园、镇原潜夫山森林公园、合水夏家沟森林公园、宁县桂花园森林公园	

续表

城市	5A级（4个）	4A级（73个）	3A级（64个）	2A级（77个）	1A级（2个）
定西市		漳县贵清山/遮阳山旅游景区、定西市渭源渭河源景区	通渭温泉度假区、陇西仁寿山森林公园、岷县狼渡湿地草原、渭源首阳山	定西安定区玉湖公园、定西安定区西岩山公园、临洮岳麓山森林公园、临洮县三易花卉园景区、渭源县马铃薯科技示范园区、渭源灞陵桥公园、临洮佛归寺、临洮西湖公园	
临夏州		和政松鸣岩风景名胜区、永靖黄河三峡风景名胜、康乐莲花山、和政古动物化石博物馆、	临夏市枹罕山庄、临夏州积石山县大墩峡景区积石山县、临夏州积石山县大山庄峡景区、临夏东郊公园、临夏市东公馆景区	临夏红园、积石民俗村风景区、临夏县关滩沟	
甘南州		夏河拉卜楞寺、临潭治力关风景区、卓尼大峪沟景区、拉尕山、合作当周草原旅游景区、碌曲则岔石林旅游景区	迭部腊子口风景区、合作米拉日巴佛阁、迭部县茨日那景区、迭部县俄界景区、舟曲县巴寨沟景区	夏河桑科草原旅游风景区、玛曲天下黄河第一弯旅游风景区、碌曲郎木寺旅游景区、舟曲翠峰山风景区、舟曲亚哈藏民俗旅游文化生态园、卓尼县阿子塘宝塔、夏河县摩尼宝唐卡展览中心	
陇南市		武都万象洞、成县《西峡颂》风景区、康县阳坝自然风景区、宕昌官鹅沟风景区、陇南市西和晚霞湖景区、陇南市秦文化博物馆景区、陇南市金徽酒文化生态旅游景区、陇南市两当云屏三峡旅游景区、陇南市两当兵变红色旅游景区		成县杜公祠风景区、武都朝阳洞风景区、武都水濂洞	

附录2 甘肃省各市（州）2015年重要旅游指标统计表

指标 地区	旅游收入（亿元）	旅游收入占GDP比重	旅游人次（万人次）	1A级景区数（个）	2A级景区数（个）	3A级景区数（个）	4A级景区数（个）	5A级景区数（个）	A级景区总数（个）	一星饭店数（家）	二星饭店数（家）	四星饭店数（家）	五星饭店数（家）	星级饭店客房数（间）	星级饭店床位数（张）
兰州市	334.56	15.96%	4121.25	0	11	6	6	0	23	0	7	33	11	1	9272	16277
嘉峪关市	35.98	18.45%	571.44	1	0	1	4	1	7	0	7	10	3	0	2064	3952
金昌市	12.72	5.67%	236.94	0	1	3	1	0	5	0	1	5	3	0	1073	1131
白银市	39.36	7.29%	689.02	0	0	2	2	0	4	0	3	8	2	0	1132	1970
天水市	125.7	22.44%	2216.5	0	21	3	7	1	32	0	8	18	8	0	3159	5631
武威市	39.89	9.58%	786.47	0	8	4	5	0	17	0	6	9	3	0	1591	2915
张掖市	87	23.29%	1507	0	4	8	13	0	25	1	6	21	7	0	2328	4251
酒泉市	151	26.96%	1736	1	4	12	5	1	23	0	16	29	15	2	5697	11082
定西市	18.89	6.20%	443.71	0	8	4	2	0	14	1	10	13	0	0	1419	2685
陇南市	45.4	14.65%	965.5	0	3	0	9	0	12	0	7	10	8	0	1994	3612
平凉市	70.5	19.80%	1308	0	1	7	6	1	15	1	8	11	4	0	1858	3467
庆阳市	29.86	4.90%	650	0	6	4	3	0	13	0	6	4	3	0	1363	2396
临夏州	38.54	17.52%	898	0	3	5	4	0	12	0	2	11	0	0	1322	2567
甘南州	34.03	26.89%	770.02	0	7	5	6	0	18	5	12	15	4	0	2335	4588

—278—

附录

附表3 甘肃省各县（区）2015与2020（规划）重要旅游供给指标统计表

县（区）	A级景区总数（个）	星级饭店数	星级饭店客房数	星级饭店床位数	2015年 选择的交通中心	2015年 与交通中心的实际距离(km)	2015年 车速(km/h)	2015年 与交通中心的经济距离(h)	道路	2020年 A级景区数	2020年 选择的交通中心	2020年 与交通中心的实际距离(km)	2020年 车速(km/h)	2020年 与交通中心的经济距离(h)
肃北县	0	0	0	0	嘉峪关市	503	60	8.38	G312/G215	2	敦煌市	198	100	1.98
瓜州县	1	8	602	1041	嘉峪关市	310	60	5.17	G312	4	敦煌市	102	100	1.02
敦煌市	10	32	3130	6500	嘉峪关市	389	100	3.89	G30	11	敦煌市	1	100	0.01
玉门市	2	3	154	319	嘉峪关市	132	100	1.32	G312	5	嘉峪关市	132	100	1.32
金塔县	2	3	133	252	酒泉市	51.22	100	0.51	S214	5	酒泉市	51.22	100	0.51
阿克塞县	3	1	98	146	嘉峪关市	465	60	7.75	G312	4	敦煌市	86	100	0.86
嘉峪关市	7	20	2064	3952	嘉峪关市	1	60	0.01	城市道路	10	嘉峪关市	1	100	0.01
肃州区	5	15	1580	2824	酒泉市	1	60	0.02	城市道路	6	酒泉市	1	100	0.01
高台县	4	4	259	493	张掖市	85.7	60	1.43	G227	6	张掖市	85.7	100	0.86
临泽县	4	4	118	233	张掖市	43.5	60	0.73	G227	4	张掖市	43.5	100	0.44
甘州区	6	15	1305	2304	张掖市	1	60	0.04	城市道路	7	张掖市	1	100	0.04
民勤县	1	2	128	279	武威市	95.1	60	1.59	S211	2	武威市	95.1	100	0.95
山丹县	5	5	407	757	张掖市	65.7	60	1.10	G227	6	张掖市	65.7	100	0.66
永昌县	3	1	49	98	金昌市	23	60	0.38	S17	6	金昌市	23	100	0.23
民乐县	2	2	65	138	张掖市	69.5	60	1.16	G227	3	张掖市	69.5	100	0.70
金川区	2	6	709	1033	金昌市	1	60	0.01	城市道路	6	金昌市	1	100	0.01

续表

县（区）	A级景区总数（个）	星级饭店数	星级饭店客房数	星级饭店床位数	2015年 选择的交通中心	2015年 与交通中心的实际距离（km）	2015年 车速（km/h）	2015年 与交通中心的经济距离（h）	道路	A级景区数	2020年 选择的交通中心	2020年 与交通中心的实际距离（km）	2020年 车速（km/h）	2020年 与交通中心的经济距离（h）
凉州区	13	13	1273	2259	武威市	1	60	0.01	城市道路	19	武威市	1	100	0.01
肃南县	4	4	174	326	张掖市	96	60	1.60	G227	5	张掖市	96	100	0.96
古浪县	2	1	56	115	武威市	58.6	60	0.98	G312	4	武威市	58.6	100	0.59
天祝县	1	2	134	262	兰州市	130	60	2.17	G312	2	兰州市	130	100	1.30
景泰县	2	3	284	508	白银市	93.8	100	0.94	S217	5	白银市	93.8	100	0.94
靖远县	1	1	85	154	白银市	70.7	100	0.71	G109/S207	2	白银市	70.7	100	0.71
永登县	4	1	39	57	兰州市	100	100	1.00	G312	6	兰州市	100	100	1.00
环县	1	3	389	691	庆阳市	147	60	2.45	S202/G309/G211	3	庆阳市	147	100	1.47
皋兰县	2	0	0	0	兰州市	34	60	0.57	G6	3	兰州市	34	100	0.34
白银区	0	4	303	482	白银市	1	60	0.02	城市道路	3	白银市	1	100	0.01
华池县	2	1	80	141	庆阳市	117	60	1.95	S202/G211/S202	3	庆阳市	117	100	1.17
七里河区	2	8	1592	2870	兰州市	7	60	0.12	城市道路	4	兰州市	7	100	0.07
榆中县	4	2	199	462	兰州市	48.3	100	0.48	G312	5	兰州市	48.3	100	0.48
会宁县	1	1	41	81	定西市	32	100	0.32	G312	2	定西市	32	100	0.32
合水县	2	1	43	72	庆阳市	72.8	60	1.21	S202/G309	3	庆阳市	72.8	100	0.73
永靖县	1	3	319	590	兰州市	74.3	100	0.74	G213	3	兰州市	74.3	100	0.74
庆城县	1	1	97	150	庆阳市	63.1	60	1.05	S202/G309/G211	3	庆阳市	63.1	100	0.63
镇原县	1	1	120	260	庆阳市	60.6	60	1.01	S318	2	庆阳市	60.6	100	0.61
安定区	2	5	340	620	定西市	1	60	0.01	城市道路	3	定西市	1	100	0.01
临洮县	4	3	207	404	兰州市	102	100	1.02	G212	5	兰州市	102	100	1.02
东乡县	0	0	0	0	临夏州	18	60	0.30	G213	0	临夏州	18	100	0.18
积石山县	3	2	104	206	临夏州	55	60	0.92	S309	6	临夏州	55	100	0.55

—280—

续表

县(区)	A级景区总数(个)	星级饭店数	星级饭店客房数	星级饭店床位数	2015年 选择的交通中心	与交通中心的实际距离(km)	车速(km/h)	与交通中心的经济距离(h)	道路	A级景区数	2020年 选择的交通中心	与交通中心的实际距离(km)	车速(km/h)	与交通中心的经济距离(h)
临夏县	1	0	0	0	临夏州	21	60	0.35	G213	2	临夏州	21	100	0.21
西峰区	3	4	460	792	庆阳市	1	60	0.01	城市道路	4	庆阳市	1	100	0.01
宁县	2	1	110	174	庆阳市	56	60	0.93	S202/S303	3	庆阳市	56	100	0.56
临夏市	4	6	853	1651	临夏州	1	60	0.02	城市道路	6	临夏州	1	100	0.01
静宁县	1	1	66	114	平凉市	96	100	0.96	G312	2	平凉市	96	100	0.96
崆峒区	4	13	1118	2115	平凉市	1	60	0.01	城市道路	5	平凉市	1	100	0.01
广河县	0	0	0	0	兰州市	102	60	1.70	G75/S309	2	兰州市	102	100	1.02
夏河县	3	10	647	1303	甘南州	64	60	1.07	G213/S312	3	甘南州	64	100	0.64
和政县	2	1	108	216	临夏州	39	60	0.65	S317/S309	3	临夏州	39	100	0.39
正宁县	1	1	64	116	庆阳市	108	60	1.80	S202/G211/S303	2	庆阳市	108	100	1.08
康乐县	1	2	98	184	兰州市	120	60	2.00	G75/S311	4	兰州市	120	100	1.20
通渭县	1	3	116	226	天水市	52	60	0.87	天巉路	2	天水市	52	100	0.52
泾川县	2	1	46	92	平凉市	70	100	0.70	G312	5	平凉市	70	100	0.70
渭源县	4	2	135	247	定西市	85	60	1.42	G316	5	定西市	85	100	0.85
庄浪县	2	1	83	154	平凉市	96	60	1.60	G312/S218	3	平凉市	96	100	0.96
陇西县	1	2	101	178	定西市	89	100	0.89	G30	4	定西市	89	100	0.89
华亭县	4	5	312	583	平凉市	63.3	60	1.06	S203/S304	4	平凉市	63.3	100	0.63
崇信县	1	2	105	219	平凉市	57.2	60	0.95	S203/S304	2	平凉市	57.2	100	0.57
卓尼县	2	1	60	120	甘南州	103.8	60	1.73	S306	2	甘南州	103.8	100	1.04
灵台县	1	1	128	190	平凉市	128	60	2.13	G312, S202	3	平凉市	128	100	1.28
临潭县	1	7	521	1078	甘南州	74	60	1.23	S306	2	甘南州	74	100	0.74
秦安县	3	1	66	110	天水市	44	60	0.73	天巉路	6	天水市	44	100	0.44
张家川县	3	1	80	156	天水市	82	40	2.05	县道	4	天水市	82	40	2.05

续表

县(区)	A级景区总数(个)	星级饭店数	星级饭店客房数	星级饭店床位数	2015年 选择的交通中心	与交通中心的实际距离(km)	车速(km/h)	与交通中心的经济距离(h)	道路	A级景区数	2020年 选择的交通中心	与交通中心的实际距离(km)	车速(km/h)	与交通中心的经济距离(h)
甘谷县	5	2	182	322	天水市	54	100	0.54	G30	5	天水市	54	100	0.54
漳县	1	3	110	198	定西市	131	100	1.31	G212	2	定西市	131	100	1.31
清水县	5	1	110	220	天水市	20	40	0.50	县道	6	天水市	20	40	0.50
武山县	3	1	150	300	天水市	67	100	0.67	G30	4	天水市	67	100	0.67
碌曲县	2	1	44	80	甘南州	112	60	1.87	G213	2	甘南州	112	100	1.12
岷县	1	6	410	812	定西市	95	100	0.95	G212	2	定西市	95	100	0.95
麦积区	7	11	946	1679	天水市	39	100	0.39	G30	8	天水市	39	100	0.39
玛曲县	1	1	84	124	甘南州	122	60	2.03	G213/S204	2	甘南州	122	100	1.22
礼县	1	2	178	330	天水市	65.8	60	1.10	S306	2	天水市	65.8	100	0.66
宕昌县	1	0	0	0	陇南市	76	100	0.76	G212	2	陇南市	76	100	0.76
迭部县	3	4	232	474	甘南州	133	60	2.22	G213/S313	3	甘南州	133	100	1.33
两当县	2	2	58	100	天水市	97.7	60	1.63	G316	3	天水市	97.7	100	0.98
西和县	1	2	129	245	天水市	80	60	1.33	S306	5	天水市	80	100	0.80
徽县	1	3	242	428	陇南市	99.2	60	1.65	G316	3	陇南市	99.2	100	0.99
舟曲县	4	3	159	306	陇南市	92	100	0.92	G212	4	陇南市	92	100	0.92
成县	2	4	310	587	天水市	123	60	2.05	G316	3	天水市	123	100	1.23
武都区	3	5	532	952	陇南市	1	100	0.00	城市道路	4	陇南市	1	100	0.01
康县	1	3	203	343	陇南市	82	60	1.37	G212	2	陇南市	82	100	0.82
文县	0	3	182	347	陇南市	91	60	1.52	G212	4	陇南市	91	100	0.91
红古区	0	4	148	266	兰州市	108	60	1.80	G109	1	兰州市	108	100	1.08
西固区	0	2	138	272	兰州市	18	60	0.30	G109	2	兰州市	18	100	0.18
城关区	8	34	7116	12270	兰州市	1	60	0.02	城市道路	10	兰州市	1	100	0.01
安宁区	3	0	0	0	兰州市	13.4	60	0.22	城市道路	4	兰州市	13.4	100	0.13
秦州区	6	16	1459	2536	天水市	1	60	0.01	城市道路	7	天水市	1	100	0.01
合作市	2	9	588	1103	甘南州	1	60	0.01	城市道路	3	甘南州	1	100	0.01
平川区	0	4	419	745	白银市	78.5	100	0.79	G109	2	白银市	78.5	100	0.79

附录 4　甘肃省 1990—2015 年主要国家及地区客源市场统计表[1]

年份客源地	1990年	1991年	1992年	1993年	1994年	1995年	1996年	1997年	1998年	1999年	2000年	2001年	2002年	2003年	2004年	2005年	2006年	2007年	2008年	2009年	2010年	2011年	2012年	2013年	2014年	2015年
中国台湾	9116	14808	17360	14450	5789	10631	18594	21606	26977	38116	55218	50369	42526	17339	41496	52745	62559	54361	15304	8890	12285	22817	21525	22627	14661	15883
中国香港与中国澳门	6559	11952	14324	8978	6815	8824	9091	9955	5457	11116	14501	25774	31608	16277	43846	63696	56076	42991	8048	6727	7961	13568	13563	12607	5323	7018
日本	25027	38545	42246	38949	30394	37733	35022	35267	33368	41180	52827	43462	50196	13765	33912	39804	38891	41067	10780	11540	14273	12628	21226	10977	4332	7171
美国	2838	3953	4855	4592	4764	3643	4899	6504	8456	8279	20545	14193	15469	6711	15141	15803	17296	29966	11022	5358	6025	8002	6409	7210	3678	3297
德国	3330	4189	5210	2733	2971	5122	5752	6118	4891	6435	10928	9046	6751	4640	10386	9292	14302	13362	5398	2806	2413	2694	2347	2678	1222	1173
法国	4027	4136	5904	6034	5600	3564	3511	4522	3698	5335	8938	12583	7901	4473	10323	10810	8174	14036	4017	2470	2893	2922	3871	3260	1487	1508
英国	2503	3042	4298	3175	3580	2275	2056	2914	3722	2877	6484	5158	6969	5452	8268	9144	8206	11694	3894	2824	1387	1703	1867	2576	1125	1017
新加坡	635	2058	2937	2070	2409	2428	1715	3488	3281	2759	8099	7248	11192	1949	6585	6851	9139	11516	2644	2199	2300	3003	2306	2589	2691	2358
马来西亚	433	621	574	562	902	549	3237	2410	2597	2253	5161	5023	6218	1883	7371	8621	7486	8676	2522	2755	3490	4466	1789	3501	2187	2273
韩国	109	94	71	92	1201	1852	1622	2332	1010	1175	5084	5599	8415	4946	5892	11214	16949	30553	7993	2874	4622	6101	12537	10406	2714	3378
澳大利亚	631	839	1032	1046	1338	1045	1087	1404	2196	1380	1735	4161	4214	4014	9042	8825	6977	9203	4343	1997	2258	2189	2452	3307	1638	831
加拿大	972	901	897	952	809	696	979	900	957	1677	3094	3677	4971	962	6168	6346	4507	6534	1355	1550	1242	1654	1813	2283	1049	929
泰国	929	945	923	380	583	516	508	511	764	798	1811	782	1781	471	1440	2847	1985	3164	1134	509	265	754	915	915	606	761
菲律宾	143	74	87	978	429	457	163	429	52	317	1075	2060	1072	130	1053	1283	1077	1287	151	264	176	131	131	131	264	387
俄罗斯	354												414	313	1410	3264	2255	5129	386	268	355	206	268	368	224	272
其他	5763	12753	9089	18958	15802	11559	16215	17903	24934	20889	17604	33484	37115	18176	34375	37939	47375	47699	4205	7680	8222	8242	9009	12326	5549	6252

[1]　国务院发展研究中心信息网．人境旅游统计 [EB/OL]．http://edu-data.drcnet.com.cn/．

附录5 甘肃省各市（州）国内旅游市场的旅游者抽样调查统计表（2015年）

	总计	兰州市	嘉峪关市	金昌市	白银市	天水市	武威市	张掖市	酒泉市	定西市	陇南市	平凉市	庆阳市	临夏州	甘南州
北京	271	30	38	0	2	40	29	6	94	0	2	19	5	1	5
上海	123	19	15	0	0	13	12	3	47	0	0	13	0	1	0
浙江	127	13	18	2	1	12	5	15	43	0	1	10	0	0	7
江苏	201	18	29	2	0	37	11	10	71	1	0	13	1	1	7
山东	151	35	19	0	1	17	12	9	37	0	0	12	5	0	4
陕西	621	90	37	1	2	172	38	40	87	9	0	82	40	8	15
宁夏	178	18	7	4	23	22	8	6	12	2	2	40	15	8	11
新疆	211	17	29	3	1	33	21	27	57	3	0	10	6	1	3
内蒙古	44	9	4	1	6	3	2	5	0	0	0	4	0	1	4
四川	252	22	37	4	1	40	21	14	55	1	0	13	6	4	34
重庆	38	5	7	0	1	2	3	5	6	0	0	4	3	0	2
云南	111	7	40	0	0	5	9	4	16	1	0	13	0	0	16
贵州	29	7	1	1	0	3	1	0	12	0	0	2	0	0	2
广西	52	5	17	0	0	6	1	2	20	0	0	1	0	0	0
西藏	17	3	1	0	0	4	1	1	4	0	0	0	0	0	3
湖南	126	13	33	0	0	8	5	5	50	1	0	7	1	0	2
湖北	87	16	18	1	0	12	3	4	24	0	0	3	2	3	1
黑龙江	51	3	19	0	0	7	1	4	13	0	0	3	0	0	1
天津	70	5	3	0	0	11	7	1	34	0	0	8	1	0	0
河北	125	12	8	0	1	22	10	16	38	0	0	7	2	5	4
山西	75	13	12	0	0	15	4	6	13	1	0	6	0	2	
辽宁	79	18	17	0	0	9	8	2	17	0	0	3	3	1	1
吉林	31	6	9	0	1	4	0	1	9	0	0	0	0	0	1
安徽	53	6	10	1	1	9	5	2	17	0	0	2	0	0	0
福建	109	7	28	0	0	14	5	12	33	1	0	6	1	0	1
江西	33	4	14	0	2	4	2	1	2	0	0	2	0	1	1
河南	213	41	24	4	0	44	19	11	36	1	0	14	1	4	11
广东	158	24	35	0	0	18	10	10	45	0	0	9	1	1	5
海南	26	6	3	0	0	0	5	1	2	0	0	7	0	0	1
青海	188	38	4	6	1	22	20	14	24	2	1	7	2	8	39
总计（人次）	3850	510	536	30	47	609	281	235	923	23	7	320	96	49	181

附 录

附录6 甘肃省A级景区与最邻近景区、城市、公路、铁路、河流的邻近距离统计表（截至2015年9月31日）

序号	景区	等级	与最邻近A级景区距离（km）	与最邻近县（区）距离（km）	与最邻近公路距离（km）	与最邻近铁路距离（km）	与最邻近河流距离（km）
1	平凉崆峒山风景名胜区	5A	5.63	19.79	1.82	117.43	2.69
2	嘉峪关文物景区	5A	5.51	8.41	0.02	5.28	5.86
3	兰州水车博览园	4A	10.81	15.02	0.83	9.54	14.90
4	兰州五泉山公园	4A	5.16	7.33	0.66	1.81	2.96
5	榆中兴隆山自然护区	4A	19.85	6.92	13.74	3.45	30.78
6	永登吐鲁沟森林公园	4A	32.65	28.03	19.47	22.65	24.92
7	东湖生态旅游景区	4A	7.52	8.96	12.47	17.56	15.41
8	紫轩葡萄酒庄园	4A	12.50	15.70	9.58	1.82	6.10
9	伏羲庙	4A	5.35	11.58	3.93	7.45	16.36
10	天水麦积山风景名胜区	5A	11.79	25.87	8.36	24.61	10.09
11	玉泉观	4A	5.35	16.89	7.37	12.80	18.66
12	南郭寺	4A	5.53	12.96	5.34	10.13	18.48
13	景泰黄河石林风景旅游区	4A	57.14	33.35	26.36	15.14	5.09
14	会宁红军会宁会师旧址	4A	42.78	5.94	2.72	43.17	3.06
15	武威文庙（博物馆）	4A	5.74	15.24	8.80	7.06	7.85
16	武威雷台旅游区	4A	3.04	14.57	12.89	12.48	7.82
17	武威神州荒漠野生动物园	4A	10.36	32.79	29.00	24.40	6.79
18	武威沙漠公园	4A	10.36	24.42	24.96	23.92	1.72
19	张掖大佛寺（甘州区博物馆）	4A	6.30	7.07	4.77	0.69	6.00
20	肃南马蹄寺风光旅游区	4A	29.18	27.95	26.56	51.44	28.18
21	酒泉西汉胜迹	4A	7.21	7.27	0.88	15.26	1.41
22	酒泉敦煌雅丹地质公园	4A	84.17	115.19	72.93	167.54	3.47
23	酒泉敦煌阳关文物旅游景区	4A	12.07	45.30	5.18	162.64	17.99
24	酒泉敦煌鸣沙山月牙泉风景名胜区	5A	12.07	33.93	4.52	151.09	5.93
25	崇信龙泉寺风景名胜区	4A	30.60	5.92	14.28	94.91	0.67
26	泾川大云寺·王母宫	4A	8.89	2.55	0.50	108.52	1.68

续表

序号	景区	等级	与最邻近A级景区距离（km）	与最邻近县（区）距离（km）	与最邻近公路距离（km）	与最邻近铁路距离（km）	与最邻近河流距离（km）
27	灵台古灵台·荆山森林公园	4A	33.69	20.29	31.92	77.61	1.87
28	庄浪云崖寺	4A	17.67	21.55	41.54	68.82	6.80
29	泾川田家沟水土保持生态风景区	4A	8.89	9.88	7.04	117.03	3.97
30	庆城周祖陵	4A	33.19	12.69	8.31	188.65	4.18
31	漳县贵清山/遮阳山旅游景区	4A	31.26	19.55	13.48	12.08	5.75
32	和政松鸣岩风景名胜区	4A	5.87	7.63	29.08	61.42	24.21
33	永靖黄河三峡风景名胜区	4A	33.67	2.60	3.01	5.42	2.34
34	夏河拉卜楞寺	4A	11.54	12.42	14.31	92.65	1.07
35	临潭冶力关风景区	4A	40.16	36.00	32.32	49.09	13.58
36	卓尼大峪沟景区	4A	40.45	16.99	39.31	36.39	9.22
37	武都万象洞	4A	21.68	28.68	0.98	3.50	1.71
38	成县《西峡颂》风景区	4A	9.01	9.83	2.35	33.86	11.30
39	康县阳坝自然风景区	4A	42.00	20.80	27.92	31.02	2.94
40	宕昌官鹅沟风景区	4A	14.40	16.38	8.69	16.00	11.84
41	敦煌古城	3A	12.89	37.84	6.53	149.79	13.74
42	兰州市五一山森林生态旅游区	3A	2.34	8.38	3.80	6.53	3.28
43	甘谷大像山	4A	5.48	1.55	1.80	0.92	0.74
44	武山水帘洞景区	4A	21.93	11.67	5.03	9.66	6.43
45	靖远法泉寺风景旅游区	3A	68.33	22.88	12.08	18.74	17.87
46	天祝三峡森林公园	3A	32.65	42.03	25.12	26.61	32.55
47	武威市凉州白塔寺景区	4A	10.03	27.56	10.56	3.35	2.85
48	古浪马路滩生态旅游区	3A	9.72	49.66	4.61	3.61	14.85
49	张掖市大湖湾景区	4A	10.88	18.05	7.82	9.34	14.10
50	高台祁连葡萄庄园	3A	10.88	16.14	0.55	1.42	14.88
51	高台月牙湖公园	3A	7.70	7.46	11.06	16.80	1.66
52	金塔鸳鸯湖风景区	3A	20.62	11.47	31.26	45.84	4.35
53	酒泉常青苑	3A	46.97	58.40	49.32	27.22	11.89
54	阿克塞哈萨克族风情园	3A	5.73	40.07	7.51	201.53	59.96
55	阿克塞金沙湖景区	3A	10.64	30.90	9.33	196.55	52.67

附　录

续表

序号	景区	等级	与最邻近A级景区距离(km)	与最邻近县(区)距离(km)	与最邻近公路距离(km)	与最邻近铁路距离(km)	与最邻近河流距离(km)
56	酒泉玉门市赤金峡风景区	4A	15.28	34.44	0.26	6.41	8.01
57	敦煌三危山	3A	1.21	3.63	3.13	117.16	2.52
58	金塔金鼎湖金泽溪风景区	3A	62.07	50.62	85.78	99.11	0.42
59	瓜州桥湾城旅游景区	3A	70.29	69.51	4.88	2.98	7.13
60	玉门王进喜纪念馆景区	3A	15.28	19.77	9.56	2.23	4.94
61	平凉太统森林公园	3A	5.63	18.24	2.47	111.96	7.45
62	华亭米家沟生态园	3A	5.89	7.35	24.75	74.81	7.61
63	平凉柳湖公园	3A	14.54	4.92	3.32	114.92	1.93
64	崆峒区南山生态公园	3A	17.30	14.11	10.33	98.26	11.68
65	静宁成纪文化城	3A	39.24	6.60	2.86	85.09	2.84
66	华亭莲华湖景区	3A	1.86	1.88	20.07	76.27	8.02
67	合水陇东古石刻艺术博物馆	3A	5.30	1.60	1.22	176.49	5.19
68	庆阳市华池南梁红色旅游景区	4A	23.34	27.42	30.84	242.91	4.63
69	通渭温泉度假区	3A	20.81	16.59	26.41	38.53	7.55
70	临夏市枹罕山庄	3A	0.71	2.47	2.52	37.82	3.99
71	迭部腊子口风景区	3A	27.65	35.85	23.95	28.78	14.30
72	兰州白塔山公园	2A	3.61	8.83	1.81	3.22	1.62
73	兰州水车园	2A	3.61	5.26	2.49	3.97	2.47
74	兰州徐家山森林公园	3A	3.41	7.49	2.80	5.12	5.36
75	兰州仁寿山公园	2A	1.76	11.39	0.98	4.49	5.59
76	安宁滑雪场	2A	9.11	20.43	0.81	10.68	0.93
77	永登星河种植园	2A	21.79	32.27	1.38	23.40	20.44
78	榆中金色隆源生态休闲园	2A	15.47	13.87	1.71	7.69	19.73
79	永登青龙山森林公园	2A	28.40	29.09	11.67	8.07	10.52
80	永昌北海子公园	2A	11.58	11.74	7.06	2.03	14.41
81	天水马跑泉公园	2A	4.63	6.85	2.37	4.73	1.37
82	天水龙园	2A	4.63	11.46	0.82	8.44	4.51
83	天水卦台山	2A	9.66	11.62	6.92	2.38	3.49
84	武威天梯山石窟	2A	27.17	16.80	6.81	10.66	0.23
85	武威西郊公园	2A	3.75	8.15	7.17	8.16	1.34
86	山丹艾黎捐赠文物陈列馆	2A	4.36	25.80	0.06	11.81	14.03
87	临泽双泉湖旅游景区	2A	0.80	1.44	3.19	1.23	7.30

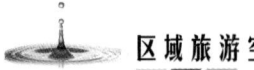

续表

序号	景区	等级	与最邻近A级景区距离（km）	与最邻近县（区）距离（km）	与最邻近公路距离（km）	与最邻近铁路距离（km）	与最邻近河流距离（km）
88	张掖市临泽香姑寺景区	3A	21.27	21.94	23.29	22.44	5.54
89	张掖市民乐圣天寺旅游景区	3A	15.18	1.24	0.73	41.50	0.20
90	酒泉大法幢寺	2A	7.21	15.12	3.50	18.31	4.79
91	敦煌历史博览园	2A	6.76	9.04	5.97	124.87	9.61
92	苏干湖旅游景区	2A	5.73	44.95	4.12	204.99	64.64
93	肃州花城湖生态旅游风景区	2A	7.44	11.00	10.76	25.25	0.15
94	庄浪紫荆山公园	2A	25.23	1.05	38.79	69.38	15.19
95	华亭双凤山公园	3A	5.11	6.44	18.87	71.66	3.54
96	庆阳农耕民俗文化村	2A	7.75	10.85	0.68	146.35	12.51
97	庆阳东湖公园	2A	2.97	3.11	1.70	153.48	13.78
98	华池双塔森林公园	2A	23.34	5.14	44.63	243.30	8.47
99	镇原潜夫山森林公园	2A	34.22	2.98	29.85	139.98	0.12
100	合水夏家沟森林公园	2A	5.30	3.74	5.62	181.46	6.04
101	正宁县调令关森林公园	3A	33.02	18.53	3.57	149.06	0.94
102	环县东老爷山景区	3A	69.66	22.48	21.96	184.60	14.77
103	定西安定区玉湖公园	2A	5.50	3.08	0.96	1.34	2.07
104	定西安定区西岩山公园	2A	5.50	2.79	2.37	4.07	3.24
105	陇西仁寿山森林公园	3A	36.17	2.98	1.99	5.24	3.36
106	临洮岳麓山森林公园	2A	8.00	5.09	2.74	26.91	4.77
107	临洮县三易花卉园景区	2A	3.66	12.99	7.28	20.53	8.78
108	渭源县马铃薯科技示范园区	2A	20.81	4.22	24.04	52.55	4.96
109	岷县狼渡湿地草原	3A	37.26	36.60	39.20	32.82	17.32
110	渭源灞陵桥公园	2A	9.28	2.91	1.78	1.54	2.06
111	临夏红园	2A	2.91	2.47	1.67	35.34	3.44
112	临夏东郊公园	3A	2.68	4.21	4.72	38.68	1.65
113	积石民俗村风景区	2A	10.20	2.55	26.09	34.10	15.02
114	夏河桑科草原旅游风景区	2A	19.15	19.11	43.59	115.82	10.19
115	合作当周草原旅游风景区	4A	6.75	43.19	16.42	103.17	31.99
116	合作米拉日巴佛阁	3A	6.75	40.02	15.77	103.90	25.54
117	玛曲天下黄河第一弯旅游风景区	2A	68.91	5.39	39.90	189.03	0.96

附 录

续表

序号	景区	等级	与最邻近A级景区距离（km）	与最邻近县（区）距离（km）	与最邻近公路距离（km）	与最邻近铁路距离（km）	与最邻近河流距离（km）
118	碌曲郎木寺旅游景区	2A	6.51	19.08	18.65	129.46	11.01
119	碌曲则岔石林旅游景区	4A	6.51	17.72	15.58	135.86	14.29
120	舟曲翠峰山风景区	2A	16.96	7.12	10.45	8.67	1.60
121	成县杜公祠风景区	2A	9.01	4.59	3.95	36.47	6.30
122	武都朝阳洞风景区	2A	9.92	28.31	0.18	1.41	0.94
123	武都水濂洞	2A	21.68	7.05	0.81	0.11	1.76
124	肃北人民公园	1A	7.21	16.52	10.59	25.35	0.29
125	敦煌白马塔景区	1A	13.79	20.23	5.16	137.30	0.39
126	焉支山森林公园	4A	4.36	29.28	2.78	15.98	15.14
127	祁丰文殊寺石窟群旅游景区	4A	28.79	38.84	35.36	42.96	4.76
128	张掖国家湿地公园	4A	6.19	10.34	5.82	5.82	2.55
129	兰州龙头山森林生态旅游区	3A	2.71	13.86	7.18	7.37	3.06
130	兰州石源园林山庄	3A	9.02	21.77	5.44	7.90	4.42
131	兰州植物园	3A	1.76	13.15	1.89	5.53	7.22
132	兰山风景区	3A	2.34	6.13	1.47	4.19	1.72
133	嘉峪关城市博物馆	3A	2.85	1.48	6.23	13.06	8.16
134	清水温泉度假村	3A	4.14	2.63	31.65	23.51	0.91
135	寿鹿山森林公园	3A	57.14	39.26	27.87	25.76	41.87
136	黄羊河休闲农业旅游区	3A	10.03	25.63	6.03	1.98	7.41
137	张掖甘泉公园	3A	6.19	9.38	4.42	3.03	1.35
138	山丹南湖生态植物示范园	3A	7.23	36.74	0.92	17.49	23.31
139	甘州区二坝湖水利风景区	3A	17.06	21.70	0.85	2.00	3.88
140	张掖丹霞地质公园	4A	13.23	14.18	4.55	10.31	5.62
141	渭源首阳山	3A	1.72	12.14	1.54	6.95	4.11
142	石佛沟国家森林公园	2A	10.81	18.38	2.45	12.36	19.41
143	陇萃堂购物景区	2A	2.71	11.86	4.47	5.08	1.42
144	永登猪驮山景区	2A	20.29	38.00	4.63	10.01	7.33
145	秦州区李广墓景区	2A	7.27	25.57	0.73	24.22	9.53
146	秦州区诸葛军垒景区	2A	7.27	31.47	5.90	30.71	3.90
147	秦安县凤山景区	4A	12.50	12.12	39.40	35.61	7.02
148	甘谷县姜维墓景区	2A	5.48	6.48	6.09	6.04	1.28
149	甘谷县尖山寺森林公园	2A	11.87	18.33	17.80	17.87	4.83

续表

序号	景区	等级	与最邻近A级景区距离（km）	与最邻近县（区）距离（km）	与最邻近公路距离（km）	与最邻近铁路距离（km）	与最邻近河流距离（km）
150	清水县赵充国陵园景区	2A	3.41	5.34	30.23	21.95	1.88
151	清水县花石崖景区	2A	14.70	12.67	17.88	10.10	9.64
152	张家川县关山云凤风景区	2A	4.40	4.38	46.44	52.27	0.17
153	张家川县宣化拱北	2A	4.40	4.45	45.98	47.90	2.05
154	鸠摩罗什寺	2A	3.04	11.56	10.52	10.93	4.80
155	武威天乙生态园	2A	12.66	21.94	13.36	16.15	3.99
156	古浪战役纪念馆	2A	9.72	40.13	3.55	8.79	5.35
157	民勤红崖山水库	2A	40.64	32.91	50.24	56.12	7.44
158	临洮佛归寺	2A	3.66	16.65	10.11	17.51	11.42
159	临洮西湖公园	2A	4.74	18.02	13.55	14.37	15.10
160	拉尕山	4A	9.92	29.13	9.33	11.00	9.70
161	山丹焉支农庄	2A	7.23	31.66	1.54	10.55	21.44
162	甘州区大野口水库水利风景	2A	17.92	18.60	0.20	18.02	17.61
163	张掖市民乐扁都口景区	4A	21.17	21.04	15.03	23.09	0.57
164	康乐莲花山	4A	2.85	3.50	5.00	10.65	7.51
165	庆阳市天富亿生态民俗村景区	4A	1.17	3.06	1.81	10.73	4.45
166	麦积区凤凰山景区	2A	5.70	1.45	51.41	48.65	3.58
167	陇南市西和晚霞湖景区	4A	2.25	0.17	0.96	11.08	14.62
168	临夏县关滩沟	2A	26.14	0.48	1.36	2.38	0.70
169	凉州区磨嘴子神泉山庄	2A	7.70	1.14	6.54	14.79	2.03
170	甘谷县蔡家寺景区	2A	28.69	0.47	43.62	44.42	1.30
171	卓尼县阿子塘宝塔	2A	8.21	3.16	0.18	4.61	0.83
172	宁县桂花园森林公园	2A	15.18	15.64	1.86	52.33	5.51
173	舟曲亚哈藏民俗旅游文化生态园	2A	22.57	28.87	23.65	22.88	0.56
174	陇南市金徽酒文化生态旅游景区	4A	7.21	2.23	0.75	15.72	3.53
175	金川公园	3A	1.86	0.35	21.91	77.74	8.05
176	甘谷县黑潭寺景区	2A	2.97	3.03	4.40	155.73	16.58
177	张家川回乡风情园景区	4A	1.72	13.28	3.25	7.18	3.32

续表

序号	景区	等级	与最邻近A级景区距离（km）	与最邻近县（区）距离（km）	与最邻近公路距离（km）	与最邻近铁路距离（km）	与最邻近河流距离（km）
178	陇南市两当云屏三峡旅游景区	4A	17.82	1.16	11.40	44.64	11.71
179	平凉市华亭莲花台景区	4A	6.40	1.17	21.94	54.32	16.30
180	临夏州积石山县大山庄峡景区	3A	21.29	4.11	4.09	65.20	10.52
181	临夏州积石山县大墩峡景区	3A	21.29	0.72	13.48	58.45	1.99
182	敦煌同舟岛	3A	27.33	12.74	2.69	25.79	1.30
183	宁县古豳文化旅游区	3A	26.30	25.41	19.63	12.92	10.09
184	敦煌雷音寺景区	3A	26.30	1.31	6.04	13.34	7.29
185	清水县小华山景区	2A	14.57	17.76	14.44	10.63	0.78
186	清水县三皇谷景区	2A	14.57	10.79	5.74	5.74	10.45
187	武山木梯寺景区	3A	1.54	0.51	3.58	6.09	4.56
188	海藏公园	2A	0.80	1.26	2.48	0.44	6.64
189	张掖市高台西路军纪念馆	4A	1.21	2.51	2.06	117.63	3.41
190	张掖市山丹县大佛寺景区	4A	24.82	27.08	10.82	94.77	6.34
191	金昌市永昌骊靬古城景区	4A	3.87	2.79	0.58	120.25	5.61
192	舟曲县巴寨沟景区	3A	28.04	1.43	0.39	143.57	1.50
193	张掖临泽梨园口战役纪念馆	3A	8.98	16.12	43.90	40.44	3.32
194	敦煌夜市	3A	8.98	8.46	34.93	39.05	10.33
195	武山卧牛山景区	3A	0.71	1.95	2.33	37.28	4.13
196	嘉峪关市中华孔雀苑景区	4A	28.94	38.37	55.00	59.96	1.25
197	嘉峪关市方特欢乐世界景区	4A	28.94	22.43	40.92	87.15	15.97
198	夏河县摩尼宝唐卡展览中心	2A	23.16	32.67	24.71	33.70	0.42
199	和政古动物化石博物馆	4A	4.68	5.61	34.69	24.53	38.35
200	陇南市秦文化博物馆景区	4A	4.68	2.08	33.00	21.76	38.94
201	麦积区崇福寺景区	2A	2.25	2.19	3.02	9.59	13.68
202	张掖市肃南冰沟丹霞景区	4A	20.31	0.81	0.94	4.71	17.03

续表

序号	景区	等级	与最邻近A级景区距离（km）	与最邻近县（区）距离（km）	与最邻近公路距离（km）	与最邻近铁路距离（km）	与最邻近河流距离（km）
203	秦州区炳凌寺景区	2A	6.86	5.66	0.00	3.73	11.33
204	皋兰县西电管理局新农业综合示范园	2A	0.48	0.72	26.56	23.45	0.13
205	永昌北武当景区	3A	0.48	0.56	26.90	23.89	0.02
206	张掖市玉水苑景区	4A	15.01	13.54	7.88	13.19	11.77
207	肃南裕固风情走廊	4A	6.71	7.89	5.19	2.13	2.12
208	秦安县上关明清一条街景区	2A	3.41	6.78	26.93	18.77	0.92
209	秦安县文庙景区	2A	25.50	26.73	29.91	20.53	2.35
210	迭部县俄界景区	3A	11.74	15.08	2.65	14.68	12.92
211	临夏市东公馆景区	3A	5.07	16.39	0.58	13.05	9.32
212	迭部县茨日那景区	3A	9.66	18.54	0.76	0.90	2.26
213	酒泉富康梦天堂景区	4A	1.54	1.90	4.06	7.37	4.67
214	陇南市两当兵变红色旅游景区	4A	12.66	15.88	0.89	5.00	2.60
215	金昌金水湖	3A	35.01	16.68	15.47	183.45	10.13
216	凉州植物园	3A	5.87	5.36	26.54	60.41	20.64
217	嘉峪关市三禾奇石文化交流中心	1A	14.40	10.14	22.72	24.49	0.67
218	榆中青城古镇景区	4A	33.06	7.15	47.04	73.90	10.40
219	定西市渭源渭河源景区	4A	1.17	4.17	0.76	10.38	3.86
220	皋兰什川古梨园景区	4A	7.18	17.47	12.58	14.55	2.49
	平均		14.81	15.52	13.21	45.01	8.54

后 记

本书是在我的博士论文《甘肃省旅游空间结构》的基础上，再结合近年来自己完成的几篇论文及相关成果完成的。空间属性是旅游的最根本属性，空间研究是区域旅游研究的热点与焦点。本书尝试将经济地理关于资源在空间的配置和经济活动的空间区位分析的方法引入到区域旅游空间的分析中，以空间要素内容纳入经济学"供""需"分析框架体系内的思路，建立区域旅游空间分析的逻辑与范式。在理论构建的基础上，本书依据甘肃省统计与调研数据，较全面梳理甘肃旅游空间结构的现状表征与历史演变的特征，分析其成因，对未来的发展趋势进行预测。文中有很多论点与研究方法还不成熟和完善，需要在今后的研究中不断深入。

衷心感谢我的导师石培基老师对我学业上的关心和该书内容的指导。石老师严谨、严格，甚至严厉，但是却又循循善诱、耐心细致、诲人不倦。正是他"软硬兼施"般的教导，为愚钝的我，拉开了那扇厚重的科学研究之门的一丝缝隙，虽然还很懵懂，但却见着了一丝曙光。老师的教导，我没齿难忘，"感恩"二字必将永记于心。老师严谨治学、宽厚待人的品行，我将孜孜学习。我将以他为光辉榜样，在人生漫漫征途中，永远朝着自强不息、厚德载物的境界前行。

感谢我的师门同学们——张胜武、张学斌、刘海龙以及王培振、李德发等等，他们让我真正体会到"同门如同家"的情谊。对我所有在学习上希望帮助的请求，"好""行""马上"是他们不变的回答。

感谢王三北教授、高亚芳教授对该书成稿提供的帮助和指导。感谢我的同学张晓婷、郭冰华、李雪婷等，他们参与了大量的数据调查与整理工作。

本书在撰稿过程中参阅了大量专家、学者的优秀成果，虽列出了参考文献，但也难免挂一漏万，敬请见谅，本书出版得到吉林大学出版社的大力支出与帮助，在此一并致谢！

由于时间仓促，加之水平所限，书中难免会有缺陷和疏漏之处，敬请读者及同仁批评指正，以便在以后的使用中不断补充完善。